Markus Grill

Kranke Geschäfte

Wie die Pharmaindustrie uns manipuliert

Rowohlt

1. Auflage August 2007
Copyright © 2007 by Rowohlt Verlag GmbH,
Reinbek bei Hamburg
Alle Rechte vorbehalten
Lektorat Julia Vorrath
Satz aus der Life PostScript (InDesign)
von hanseatenSatz-bremen, Bremen
Druck und Bindung Clausen & Bosse, Leck
Printed in Germany
ISBN 978 3 498 02509 0

Für Franz

Inhalt

Einführung   9

1. Teuer und überflüssig – Das Geschäft mit angeblich neuen Medikamenten   15
Wie viel forscht die Pharmaindustrie wirklich?   15
Das Verhältnis von Forschung und Marketing   29
Die Pharmaindustrie als gewinnträchtigste Branche –
und wer die Gewinne bezahlt   34

2. Politik und Lobbyarbeit   45
VFA, BPI, Pro Generika – Die Lobbyorganisationen der
Pharmaindustrie in Berlin   45
Wie die Pharmalobby Gesetze beeinflusst   59
Der Verein «Freiwillige Selbstkontrolle für die
Arzneimittelindustrie»   71

3. Widerstandsversuche von Wissenschaftlern   75
Ulrich Schwabes «Arzneiverordnungsreport» und die
«Me too»-Liste   76
Peter Schönhöfer und das «arznei-telegramm»   94
Peter T. Sawicki und das IQWiG   99

4. Manipulationen der öffentlichen Meinung   111
Versteckte PR: Adel Massaad und sein «Institut für
Gesundheitsaufklärung»   112

Der Kampf der Pharmaindustrie gegen das IQWiG   125

Zensur von Fachzeitschriften   138

Professoren im Dienst der Pharmaindustrie   142

Pharma-Schleichwerbung in der ARD und andere
PR-Tricks   159

PR-Tricks in Zeitungen und Zeitschriften   170

5. Korruption von Ärzten   181
Besuch vom Pharmareferenten: Die alltägliche Manipulation
in der Arztpraxis   182

Machenschaften en detail: Das Beispiel Ratiopharm   194

Scheinforscher: Wie Ärzte durch Anwendungsbeobachtungen
zusätzlich abkassieren   216

Gesponserte Fortbildung: Einladung zu Kongressen
in touristischer Umgebung   230

6. Selbsthilfegruppen im Visier der Pharmaindustrie   241

**7. Wie erkenne ich, ob mein Arzt manipuliert ist? Wo kann
ich mich als Patient unabhängig informieren?**   259

Anmerkungen   269

Literaturverzeichnis   284

Danksagung   285

Warum die Pharmaindustrie für ihr Geschäft ein paar Mythen braucht

Wissen Sie eigentlich, warum Sie jeden Monat 14 Prozent Ihres Bruttoverdienstes an die Krankenkasse zahlen? Kommt Ihnen das auch ein bisschen viel vor? Deutschland pumpt so viel Geld in sein Gesundheitssystem wie kaum ein anderes Land. Nur drei Staaten geben noch mehr aus: die USA, Frankreich und die Schweiz.

Vielleicht denken Sie: Hohe Krankenkassenbeiträge sind in Ordnung, schließlich ist unser Gesundheitssystem besonders gut, und Qualität hat eben ihren Preis. Schön wär's! Denn obwohl die Deutschen enorm viel Geld für die Gesundheitsversorgung ausgeben, ist die Qualität im internationalen Vergleich nur mittelmäßig. Gemessen an der Überlebensrate bei Brustkrebs, Darmkrebs oder Gebärmutterhalskrebs landet Deutschland innerhalb der OECD-Staaten nur auf den hinteren Plätzen.

Bei der Frage, warum wir so viel Geld für unsere Gesundheit zahlen müssen, hilft ein Blick auf den größten Kostentreiber im System: die Arzneimittelausgaben. Vor zehn Jahren haben die gesetzlichen Krankenkassen noch 17 Milliarden Euro für Arzneimittel bezahlt, im Jahr 2006 waren es bereits 26 Milliarden Euro – ein Plus von 48 Prozent. Für das Jahr 2007 zeichnet sich erneut ein Anstieg um mehr als 8 Prozent ab. Kein anderer Bereich im Gesundheitswesen ist derart gefräßig: So stiegen die Ausgaben für ärztliche Behandlung in den vergangenen zehn Jahren lediglich um 11 Prozent, die für Krankenhäuser um 22 Prozent. Während jedes Mitglied einer gesetzlichen Krankenkasse im vergangenen Jahr für Arzthonorare durchschnittlich 441 Euro zahlen musste, kosteten Arzneimittel jeden Versicherten satte 513 Euro. Eine Perversion des Systems: Im Jahr 2001 gaben wir für Pillen und Pülverchen erstmals mehr Geld aus als für alle Arztpraxen im Land – und daran hat sich seitdem auch nichts geändert.

Warum aber sind Arzneimittel so teuer geworden? Sie denken, das Gesundheitsministerium oder die Krankenkassen verhandeln mit der Pharmaindustrie über den Preis eines neuen Medikaments? Stimmt leider nicht. Denn für die Pharmaindustrie herrschen in Deutschland perfekte Bedingungen: Sie selbst legt den Preis für ein neues Präparat fest, und sobald es zugelassen ist, muss die Krankenkasse ihn bezahlen. Die Pharmareferenten müssen nach der Zulassung also nur noch möglichst viele Ärzte dazu bringen, es zu verordnen – und schon sprudeln die Gewinne für das Unternehmen. So einfach funktioniert die Ausbeutung der Gesetzlichen Krankenversicherung.

Sie wenden vielleicht ein: Na gut, neue Medikamente sind teurer als alte, dafür sind sie auch besser! Stimmt leider auch nicht. Zwar ist dieser Mythos weit verbreitet – wie noch einige andere Mythen in diesem Markt der Gesundheit. Aber um die Zulassung für ein neues Medikament zu erhalten, muss das Pharmaunternehmen nur nachweisen, dass es wirkt. Es muss also gegenüber einem Placebo (einer Pille ohne Wirkstoff) irgendeine therapeutische Wirkung zeigen. Ob es tatsächlich besser ist als ein bewährtes Arzneimittel oder gar schlechter, interessiert in der Zulassungsbehörde erst einmal niemanden.

Aber untersucht die Behörde nicht wenigstens, ob das Medikament sicher ist? Schon wieder: leider nein. Denn die Pharmaunternehmen selbst dürfen solche Studien durchführen. Und erst wenn die Konzerne eine Studie haben, die das gewünschte Ergebnis zeigt, reichen sie die Unterlagen bei der Behörde ein und beantragen die Zulassung. In vielen Fällen wurden so die Nebenwirkungen von neuen Arzneimitteln bagatellisiert oder entscheidende Beobachtungen über Jahre zurückgehalten. Die Behörde selbst testet vor der Zulassung nichts. Sie prüft lediglich die von den Pharmakonzernen eingereichten Unterlagen.

Sie denken vielleicht: Arzneimittel sind eben deshalb so teuer, weil Forschung und Entwicklung neuer Medikamente so viel Geld verschlingen. Die Pharmaindustrie erzählt diese Geschichte gern – aber es ist eine glatte Lüge. In Wirklichkeit geben die Konzerne für Forschung nur noch halb so viel aus wie für Marketing und Verwaltung. Im Kern sind Pharmaunternehmen heute eher Marketingfirmen mit angeschlossener Forschungsabteilung. Im Jahr 2005 hat die gesamte Pharmabranche gerade mal zehn echte Neuheiten hervorgebracht. Also Präparate, die nicht nur neu sind, sondern auch einen Fortschritt für Patienten bringen. Statt wirklich Neues zu erforschen, hat die Pharmaindustrie sich in den zurückliegenden Jahren auf die faule Haut gelegt. Denn sie hat zum großen Teil einfach bewährte Medikamente nachgebaut, die chemische Struktur leicht verändert und sie dann als Neuheiten auf den Markt geworfen. Diese Pseudoneuheiten können gut sein, etwa so gut wie die bisherigen Präparate. Aber wirklich innovativ sind sie nicht. Dennoch erhalten die Pharmakonzerne mit diesem Trick den vollen Patentschutz und können erst mal dieselben astronomischen Preise verlangen wie für echte Neuheiten.

Warum also soll ein Konzern noch viel Geld in die hochriskante Entwicklung neuer Medikamente stecken, wenn er mit solchen aufgemotzten Ladenhütern genauso gut fährt? Das wäre aus der Perspektive der Pharmaunternehmen völlig unsinnig. Nach Einschätzung unabhängiger Wissenschaftler waren die Hälfte der zwischen 1978 und 2004 in Deutschland neu zugelassenen Arzneimittel solche Scheininnovationen. Die Politik unterstützt diese Schummelei auch noch, indem sie auf den Nachweis verzichtet, dass ein neues Präparat besser sein muss als ein altes. Auf Medikamente, die wirklich benötigt werden, wie solche, um Krebs zu heilen, Parkinson, Alzheimer oder Multiple Sklerose, warten Patienten unterdessen vergeblich. Ein Zufall?

Wer keine wirklich überzeugenden Produkte mehr herstellt,

braucht andere Anreize, damit die Ärzte seine Medikamente verordnen. Die Palette der Tricks ist dabei schier grenzenlos: Die Werbespezialisten der Pharmakonzerne bezahlen Professoren für gefällige Gutachten und beeinflussen Therapie-Leitlinien in ihrem Sinn. Klinikärzte werden zu Kongressen an touristisch reizvolle Orte eingeladen, Flug und Hotel werden selbstverständlich vom Pharmaunternehmen bezahlt. Vom niedergelassenen Orthopäden bis zum einfachen Landarzt werden Mediziner mit Espressomaschinen, Designerlampen und honorierten Scheinstudien versorgt, damit sie die «richtigen» Präparate verordnen. Und wo die Überzeugung durch derlei Zuwendungen nicht funktioniert, übt die Pharmaindustrie auch schon mal Druck auf Medizinzeitschriften aus, um das Erscheinen unliebsamer Artikel zu verhindern. PR-Agenturen werden damit beauftragt, unabhängige Wissenschaftler in schlechtem Licht erscheinen zu lassen, und ihre Kritiker überzieht die Industrie gern mit einer Welle von Prozessen – Geld spielt für die Pharmariesen schließlich keine Rolle. Es gibt keine Branche, die seit Jahren so hohe Gewinne einfährt wie die Pharmabranche – und es gibt keine Branche, die den Menschen so viel Sand über ihr wahres Geschäftsgebaren in die Augen streut. Ausgenommen vielleicht die Waffenindustrie.

Die Politik hat dieses korrupte System in seinem ganzen Ausmaß bisher nicht wirklich zur Kenntnis genommen – oder davor die Augen verschlossen. Jedenfalls knicken die Gesundheitsminister, egal ob sie Horst Seehofer oder Ulla Schmidt heißen, noch immer regelmäßig ein vor den Lobbyisten der Pharmaindustrie. Und diese verfügen stets auch über einen direkten Draht ins Kanzleramt. Manchmal hat die Politik schon zaghaft einen Aufstand versucht, Veränderungen geplant und Gesetze entworfen – doch am Ende schaffte es «Big Pharma» noch jedes Mal, dass nichts umgesetzt wurde, was ihre Macht wirklich bedrohen könnte:

- So gibt es in Deutschland, im Unterschied zu den meisten anderen euopäischen Ländern, bis heute keine Positivliste, in der die wirksamen und wirtschaftlichen Medikamente verzeichnet sind, die also eine «positive» Auswahl unter den 45 000 hierzulande zugelassenen Medikamenten darstellt.
- Es gibt keine echten Preisverhandlungen zwischen Krankenkassen und Pharmaunternehmen über neue Medikamente.
- Es gibt keine Pflicht, Zulassungsstudien so durchzuführen, dass ein neues Präparat beweisen muss, dass es besser ist als ein bewährtes Präparat, um von den Krankenkassen bezahlt zu werden.
- Es gibt fast keine unabhängigen Informationen über neue Arzneimittel für Ärzte. Die meisten Mediziner beziehen ihr Wissen von Pharmareferenten und werden dabei nach Strich und Faden manipuliert.
- Es gibt keine Pflicht, dass Medizinprofessoren öffentlich angeben müssen, ob und von welchen Pharmakonzernen sie Geld erhalten oder mit welchen Unternehmen sie Beraterverträge abgeschlossen haben.
- Es gibt kein Verbot vergüteter Anwendungsbeobachtungen, bei denen es sich größtenteils um Scheinstudien handelt, die den Arzt gegen Honorar dazu bringen sollen, einem Patienten das Präparat zu verordnen, das angeblich «beobachtet» werden soll.
- Es gibt keinen staatlichen Korruptionsbeauftragten, der den ganzen Sumpf aus Geschenken, Reisen, Essenseinladungen, Vortragshonoraren und Schecks für Verordnungen trockenlegt, mit denen Ärzte dazu gebracht werden, überteuerte Medikamente zu verordnen.

Marcia Angell, die frühere Herausgeberin der bedeutendsten medizinischen Fachzeitschrift, des «New England Journal of Medicine», hat einmal gesagt, die Pharmaindustrie sei wie «ein 800-Pfund-Gorilla, der macht, was er will». Derzeit ist dieser Gorilla von Habgier und schnellem Profit getrieben. Dabei bräuchten wir eine Pharmaindustrie, die sich ihrer Verantwortung wieder bewusst wird und die sich bemüht, Medikamente herzustellen, die einen echten Fortschritt bedeuten. Um das zu erreichen, hilft es aber nicht, den Gorilla nur ständig weiterzufüttern. Viel nützlicher wäre es, ihm klare Grenzen setzen.

1. Teuer und überflüssig – Das Geschäft mit angeblich neuen Medikamenten

Die Pharmaindustrie erzählt gern, dass neue Medikamente derart teuer sind, weil Forschung und Entwicklung so viel Geld verschlingen und diese Ausgaben wieder eingespielt werden müssten. Eine glatte Lüge: Nach unabhängigen Berechnungen gibt die Industrie nur etwa ein Achtel dessen für die Entwicklung eines neuen Medikaments aus, wie sie behauptet (nur rund 80 Millionen Euro statt 600 Millionen). Doppelt so viel Geld wie in die Forschung stecken Konzerne dagegen ins Marketing. Kein Wunder: Denn die meisten Arzneimittel, die derzeit auf den Markt kommen, sind nicht wirklich neu, sondern bloß Abwandlungen bereits bestehender Medikamente, sogenannte Scheininnovationen, für die man viel Werbung machen muss. Trotzdem gelingt es der Pharmaindustrie, weiterhin Mondpreise für neue Präparate zu verlangen – und damit ihre Stellung als eine der gewinnträchtigsten Branchen der Welt zu verteidigen.

Wie viel forscht die Pharmaindustrie wirklich?

Seit Juni 2005 schaltet die deutsche Pharmaindustrie Werbespots mit Patienten, die in kurzen Statements erzählen, dass sie dank neuer Arzneimittel ein besseres Leben führen können. Ein Mädchen namens Cathrin Hübener erzählt zum Beispiel: «Ich habe Rheuma. Aber mit den richtigen Medikamenten kann ich trotzdem Tänzerin werden.» Serpil Würfel, eine junge Frau aus Berlin, sagt in einer anderen Anzeige: «Ich muss mit Multipler Sklerose zurechtkommen. Mit einem neuen Medikament kommen die Schübe wenigstens seltener. Und schwächer.» All diese Frauen und Männer in den Anzeigen und Werbespots der Pharmaindustrie tragen ein rotes T-Shirt mit der Aufschrift «Forschung ist die beste Medizin».[1] In den Spots präsentieren sich die Konzerne zudem als besonderes ethisch motivierte Unternehmen: So prangt auf den Anzeigeplakaten neben den Patientenzitaten der Spruch: «Millionen Menschen können wir schon helfen. Aber noch nicht allen. Darum forschen wir weiter.»

Kampagne «Forschung ist die beste Medizin»

Die Anzeigen erscheinen in den größten Publikumszeitschriften wie «Stern» und «Spiegel», die TV-Spots flimmern in ARD, ZDF, RTL, Sat.1, Pro7, Vox, DSF, n-tv und N24. Das Budget der Kampagne im Jahr 2007 beträgt 5,6 Millionen Euro. In den vergangenen drei Jahren, von 2004 bis 2006, ließ sich die Industrie die Imagewerbung jährlich zehn Millionen Euro kosten.

Warum aber investiert die Pharmaindustrie seit 2004 mehr als 35 Millionen Euro in die Beeinflussung der öffentlichen Meinung? Welche Absicht ist damit verbunden, sich in den Medien als forschungsstark zu präsentieren?

Hinter der Kampagne steht der «Verband Forschender Arzneimittelhersteller» (VFA), die Lobbyorganisation der weltweit tätigen Pharmakonzerne in Deutschland. Mit der konkreten Umsetzung wurde die Berliner Werbeagentur Scholz & Friends beauftragt. «Die Informationskampagne soll», wie Susan Knoll, Geschäftsführerin Kommunikation beim VFA, erläutert, «in der Gesamtbevölkerung ein tieferes Verständnis und grundsätzliche Sympathie für die Arbeit der forschenden Pharma-Unternehmen wecken.» Denn, so räumt sie ein: «Es gibt unbestritten in allen Teilen der Bevölkerung Informationsdefizite über die Branche.»

Nach zwei Jahren scheint die Imagekampagne jedenfalls erste Früchte zu tragen. Bewerteten im Jahr 2004, vor Ausstrahlung der

Spots, die meisten Menschen die «Innovationskraft» der Pharmabranche auf einer Notenskala zwischen eins und sechs noch mit der Note drei, gaben ihr nach der ersten Welle der Werbespots im Jahr 2005 die Menschen im Durchschnitt bereits die Note zwei. Im Jahr 2006, nach der zweiten Anzeigenwelle, kletterte der Wert sogar auf die Note eins – damit erreichte die Pharmaindustrie das gleiche Innovationsimage, das man der Telekommunikations- oder der Autoindustrie zuspricht. Dies jedenfalls sind die Ergebnisse einer vom Pharmaverband VFA selbst veröffentlichten Umfrage des Meinungsforschungsinstituts GfK Healthcare vom Oktober 2006. Das Image der Pharmaindustrie bessere sich durch die Werbekampagne also spürbar.

Mit der Realität hat das Werbebrimborium in Sachen Forschung allerdings herzlich wenig zu tun. Denn entscheidend für die Frage, wie innovativ die Pharmaindustrie wirklich ist, ist die Zahl der neuen Medikamente, die jedes Jahr auf den Markt kommen. Informationsdefizite, wie von Susan Knoll beklagt, gibt es in der Tat, allerdings in einem ganz anderen Sinn als von der Pharmaindustrie gemeint. Denn die meisten Menschen haben keine Ahnung, wie wenig die Pharmaindustrie tatsächlich forscht. Sie haben ein noch viel zu positives Bild von dieser Branche.

Bevor ein neues Medikament auf den Markt kommt, dauert es im Schnitt zehn bis zwölf Jahre. Nachdem ein Pharmaunternehmen in seinen Labors einen vielversprechenden Wirkstoff entdeckt hat, wird die neue Substanz zuerst in Tierversuchen untersucht (präklinische Phase), wobei bereits 90 Prozent der an Tieren erfolgreich getesteten Substanzen nicht am Menschen anwendbar sind, weil der menschliche Körper eben meistens anders reagiert als Mäuse im Labor. Hat ein Wirkstoff diese erste Hürde trotzdem genommen, schließen sich klinische Untersuchungen am Menschen in drei Phasen an. In Phase I wird die Verträglichkeit und Sicherheit des Wirkstoffs an etwa 30 Personen getestet: an gesunden Freiwilligen, oft Studenten, die damit ihr Einkommen aufbessern, aber auch ihre Gesundheit aufs Spiel setzen. Als zum Beispiel im März 2006 die deutsche Biotechfirma TeGenero in London ihren neuen Wirkstoff an sechs jungen Männern testen ließ, erlitten alle schwerste Schäden an mehreren Organen wie Leber, Niere, Lunge oder Herz, ihre Haut verfärbte sich lila bis gelb, und vor allem ihr Kopf schwoll stark an. Zuvor war der Wirkstoff an Affen und Kaninchen getestet worden, ohne dass sich Schäden zeigten.[2]

In der anschließenden Phase II, die jedes Medikament in der Entwicklung durchläuft, wird bei 50 bis 200 Patienten die Wirkung nachgewiesen, das Therapiekonzept überprüft und die geeignete Dosis ermittelt. In Phase III schließlich muss an 200 bis 10 000 echten Patienten ein signifikanter Wirkungsnachweis erbracht werden. Nach Abschluss dieser Studien kann ein Pharmaunternehmen dann die Zulassung des neuen Medikaments bei den Arzneimittelbehörden beantragen: In den USA bei der Food and Drug Administration (FDA), auf europäischer Ebene bei der European Medicines Agency (EMEA) mit Sitz in London und in Deutschland bei der 2007 neu geplanten Deutschen Arzneimittel- und Medizinprodukteagentur (DAMA), die das Bundesinstitut für Arzneimittel und Medizinprodukte (BfArM) ablösen soll.[3]

Sobald dann ein Medikament zugelassen ist, kann es in Deutschland voll zu Lasten der Krankenkassen verordnet werden. Die Zulassung bedeutet aber nur, dass das Medikament wirkt und dass Nebenwirkungen und Unverträglichkeiten untersucht worden sind. Sie bedeutet nicht, dass das Medikament besser, also wirksamer oder nebenwirkungsärmer sein muss als eines, das schon auf dem Markt ist.

Die Patentschutzzeit für ein neues Medikament beträgt üblicherweise zwanzig Jahre. Die Zeit läuft allerdings von der Beantragung des Patents an, sodass man die Entwicklungsphase abziehen muss. Einem Pharmaunternehmen verbleiben deshalb rund acht bis zehn Jahre, in dem es sein Medikament ohne Konkurrenz vermarkten kann. Nach Ablauf des Patentschutzes können andere Firmen das

Medikament nachbauen. Sobald diese Nachbauten, sogenannte Generika, auf dem Markt sind, fällt der Preis.

Derzeit gibt es in Deutschland rund 45 000 zugelassene Medikamente. Die hohe Zahl kommt dadurch zustande, dass alle Zubereitungsformen (Tabletten, Kapseln, Zäpfchen) und unterschiedlichen Dosierungen jeweils als ein eigenes Arzneimittel zählen.

Was ist ein neues Medikament?

Was aber ist überhaupt ein neues Medikament? Für die US-Zulassungsbehörde FDA wie für EMEA und BfArM hängt die Beantwortung dieser Frage zunächst einmal entscheidend davon ab, ob es sich um eine neue chemische Wirksubstanz (New Molecular Entity: NME) handelt.

Legt man dieses Kriterium zugrunde, wurden laut der aktuellsten Ausgabe des «Arzneiverordnungsreports» im Jahr 2005 in Deutschland 21 neue Medikamente zugelassen. Damit ist allerdings noch nicht gesagt, dass es sich bei diesen Medikamenten um einen echten Fortschritt für die Patienten handelt. Denn «neu» bedeutet bei Arzneimitteln zunächst nur, dass der Wirkstoff in genau dieser Zusammensetzung bisher nicht erhältlich war. Es bedeutet nicht, dass die neue Substanz «besser» wirkt als bisher Bekanntes. Bei manchen vermeintlichen Neuheiten handelt es sich zum Beispiel nur um leichte Abwandlungen bereits bestehender Arzneimittel, die gegenüber eingeführten und bewährten Medikamenten gar keinen Fortschritt zeigen. Bei anderen wird erst im Lauf der Jahre klar, dass ihre Risiken höher sind als ihr Nutzen, dass sie also nicht nur nicht besser sind als bisherige Arzneimittel, sondern sogar schlechter: Jüngste Beispiele sind das Schmerzmittel Vioxx oder der Cholesterinsenker Lipobay. Lipobay (in den USA unter dem Namen Baycol vermarktet) wurde 1997 als Hoffnungsträger des Bayer-Konzerns gepriesen, im August 2001 allerdings vom Markt genommen, nachdem über 100 Todesfälle nach Einnahme von Lipobay bekannt geworden waren. Vioxx, ein Mittel zur Behandlung rheumatischer Schmerzen, war zunächst auch ein Verkaufsschlager des US-Pharmakonzerns Merck mit einem Umsatz von 2,5 Milliarden Dollar jährlich, musste aber im September 2004 ebenfalls vom Markt genommen werden, nachdem sich in einer Studie gezeigt hatte, dass Patienten, die Vioxx nahmen, häufiger Herzinfarkte und Schlaganfälle erlitten als Patienten, die ein anderes Schmerzmittel einnahmen.

Grundsätzlich ist es für Arzneimittelhersteller nur interessant, Medikamente für solche Krankheiten zu entwickeln, an denen möglichst viele Patienten in den Industrieländern leiden. Und am lukrativsten ist es für die Unternehmen, wenn die Krankheiten prinzipiell nicht heilbar, sondern nur behandelbar sind. Deshalb werden viele ähnliche Medikamente gegen hohe Cholesterinwerte, gegen Bluthochdruck oder Asthma entwickelt, selbst dann, wenn es bereits gut wirksame Medikamente gibt. So wurden in den letzten 25 Jahren zum Beispiel 179 neue Mittel gegen Herzbeschwerden auf den Markt gebracht. «Gegen Tuberkulose, eine typische Armutskrankheit, an der weltweit jedes Jahr über 1,7 Millionen Menschen sterben, wurden im gleichen Zeitraum nur drei Medikamente entwickelt», prangert der «Buko-Pharmabrief» an, das Mitteilungsorgan einer pharmakritischen Initiative, die auf Arzneimittelskandale weltweit aufmerksam macht.[4] Die klassischen Tropenkrankheiten wie Malaria oder die Schlafkrankheit verursachen auch heute noch fast zehn Prozent der globalen Krankheitslast, dennoch dienten unter den neu entwickelten Medikamenten in den letzten Jahren weniger als ein Prozent der Bekämpfung dieser Krankheiten. Die Konzerne entwickeln also nicht jene Medikamente, die global gesehen am dringendsten gebraucht werden, sondern Präparate, für die es die zahlungskräftigsten Kunden gibt. Das unterscheidet sie zwar nicht von einem Autokonzern. Allerdings behaupten Autokonzerne auch nicht ständig, dass es sich bei ihnen um besonders ethisches Unternehmen handelt.

Die Neuheiten des Jahres 2005

Doch wie steht es um die Medikamente für Patienten in den westlichen Industrieländern? Um die wirkliche Forschungsleistung und Innovationskraft der Pharmaunternehmen einschätzen zu können, hilft ein genauerer Blick auf die 21 Neueinführungen des Jahres 2005 in Deutschland.[5] Die Bewertung orientiert sich dabei an der anerkannten Klassifikation des Kölner Pharmakologen Uwe Fricke: Demnach erhält ein neues Medikament den Buchstaben «A», wenn eine innovative Struktur beziehungsweise ein neuartiges Wirkprinzip vorliegt, das eine therapeutische Relevanz hat. «B» heißt, dass es sich um eine Verbesserung bereits bekannter Wirkprinzipien handelt. Unter «C» sind Analogpräparate und Scheininnovationen aufgelistet, die sich nicht oder nur unwesentlich von bisherigen Präparaten unterscheiden. Die Note «D» bekommen Medikamente ohne ausreichend gesichertes Wirkprinzip oder bei denen der therapeutische Nutzen unklar ist. «A/D» besagt schließlich, dass es sich zwar um ein neues Wirkprinzip handelt, die klinische Relevanz jedoch zweifelhaft ist.

Wie also sind die 21 neuen Arzneimittel des Jahres 2005 bewertet worden?

- **Aloxi** eine Injektionslösung zur Vorbeugung gegen Erbrechen bei einer Chemotherapie für Krebspatienten. Hersteller: Ribosepharm. Preis für eine Einheit: 101 Euro. Bewertung: B.
- **Alvesco** ein Asthmamedikament. Hersteller: Altana. Preis für ein 160-myg-Dosieraerosol: 69 Euro. Bewertung: B.
- **Aptivus** ein Medikament für Aids-Patienten. Hersteller: Boehringer Ingelheim. Preis für eine Packung mit 120 Weichkapseln: 970 Euro. Bewertung: A.
- **Argatra** ein gerinnungshemmendes Infusionslösungskonzentrat. Hersteller: Mitsubishi Pharma. Bewertung: A.
- **Avastin** ein Krebsmedikament, das in Studien einen Überlebensvorteil (Lebensverlängerung) von fünf Monaten zeigt. Hersteller:

Roche Pharma. Preis für eine Infusionsflasche: 1589 Euro. Bewertung: A.

- **Azilect** zur Behandlung der Parkinson-Krankheit. Hersteller: Lundbeck. Preis für 100 Tabletten: 425 Euro. Bewertung: C.
- **Emselex** Tabletten zur Behandlung von Inkontinenz. Hersteller: Bayer. Preis für 49 Tabletten (je 7,5 mg): 94 Euro. Bewertung: C.
- **Kepivance** Medikament für Krebspatienten, die therapiebedingt an schweren Entzündungen der Mundschleimhaut leiden. Hersteller: Amgen. Preis für eine Packung (6 Einheiten): 5981 Euro. Bewertung: A.
- **Lotemax** Augentropfen zur Behandlung von Entzündungen am Auge nach Operationen. Hersteller: Mann Pharma. Preis pro Packung: 20 Euro. Bewertung: C.
- **Noxafil** für Patienten mit Pilzinfektionen innerer Organe. Hersteller: Essex Pharma. Preis für eine Suspension: 854 Euro. Bewertung: B.
- **Orfadin** Medikament für Kinder, die an einer extrem seltenen Stoffwechselkrankheit (Tyrosinämie Typ 1) leiden. Preis für eine Packung 10-mg-Hartkapseln: 4153 Euro. Bewertung: A.
- **Panretin Gel** eine Hautsalbe zur Behandlung bei Aids-Erkrankungen. Hersteller: Cephalon. Preis für eine Salbe: 1635 Euro. Bewertung: A.
- **Primovist** ein Kontrastmittel für die Kernspintomographie. Hersteller: Schering. Preis für die kleinste Packung (5 mal 10ml): 1082 Euro. Bewertung: C.
- **Somatuline** Fertigspritzen mit dem Wirkstoff Lanreotid für Patienten, die unter ausgeprägten Vergrößerungen von Körperendgliedern leiden. Hersteller: Ipsen. Preis für eine Spritze (90mg): 2032 Euro. Bewertung: C.
- **Strattera** ein Psychopharmakon zur Behandlung der Aufmerksamkeitsdefizit-Störung (ADHS) bei Kindern und Jugendlichen ab sechs Jahren. Der Arzneiverordnungsreport rät, das Medikament bei Kindern und Jugendlichen wegen der «suizidalen Ver-

haltensweisen» bei vier bis fünf von 1000 Kindern nicht einzusetzen.[6] Hersteller: Lilly. Preis für 28 Tabletten à 25 mg: 111 Euro. Bewertung: A/D.

- **Tarceva** Tabletten mit dem Wirkstoff Erlotinib zur Behandlung von Lungenkrebs bei Patienten, bei denen mindestens eine Chemotherapie versagt hat. Herstellerfirma: Roche. Preis für eine Monatstherapie: 3130 Euro.[7] Bewertung: A.
- **Xagrid** Hartkapseln, die die Thrombozytenzahl bei Risikopatienten verringert. Herstellerfirma: Shire. Preis für 100 Kapseln: 568 Euro. Bewertung: A. Die Autoren des Arzneiverordnungsreports empfehlen als Primärtherapie trotzdem weiter den Wirkstoff Hydroxycarbamid, weil Xagrid «bei Risikopatienten wesentlich mehr vaskuläre Nebenwirkungen» hat.[8]
- **Xolair** ein Medikament für Patienten mit schwerem allergischem Asthma. Herstellerfirma: Novartis. Preis für eine mittlere Packung (10 Einheiten): 4694 Euro. Bewertung: A. Der «Arzneiverordnungs-Report» rät von der Anwendung ab, weil die Wirksamkeit bei schwer therapierbaren Asthmatikern «eher marginal und zudem methodisch nicht einwandfrei nachgewiesen worden» ist. Außerdem sei die Therapie mit «exorbitant hohen Kosten» verbunden.[9]
- **Zemplar** eine Injektionslösung bei schwerem Nierenversagen. Hersteller: Abbott Pharma. Preis für eine 2-ml-Ampulle: 251 Euro. Bewertung: C.
- **Zonegran** ein Epilepsie-Medikament. Hersteller: Eisai Pharma. Preis für eine Packung mit 98 Hartkapseln: 211 Euro. Bewertung: C.

Die Bilanz: Von den 21 zugelassenen Arzneimitteln im Jahr 2005 schafften es lediglich zehn in die Kategorie A, verfügten also über ein neues Wirkprinzip mit therapeutischer Relevanz. Zehn Medikamente – das war der ganze echte innovative Ausstoß der «Forschenden Arzneimittelhersteller». Ob die zehn Neuerungen aber auch echte therapeutische Verbesserungen sind oder mit ihnen die Gefahr langfristiger ernsthafter Nebenwirkungen verbunden ist (siehe Vioxx, siehe Lipobay) wird sich erst zeigen.[10]

Zehn innovative Präparate einer weltweit tätigen Riesenbranche sind ein mageres Ergebnis. Dabei war das Jahr 2005 gar keine Ausnahme: Marcia Angell, die ehemalige Herausgeberin der angesehenen medizinischen Fachzeitschrift «New England Journal of Medicine», berichtet aus den USA, dass dort in den fünf Jahren von 1998 bis 2002 insgesamt 415 neue Medikamente zugelassen wurden, von denen aber nur 14 Prozent wirklich innovativ waren. Das heißt knapp vier neue Wirkstoffe pro Jahr, die einen echten Fortschritt bedeuten. «Bei weiteren neun Prozent handelte es sich um alte Präparate, die man in irgendeiner Form abgewandelt hatte, sodass sie nach Ansicht der FDA eine entscheidende Verbesserung darstellten. Und die restlichen 77 Prozent? Unglaublich, aber wahr: Es waren alles Nachahmerpräparate («Me too»-Präparate) – die Behörde stufte sie nicht besser ein als Produkte, die sich zur Behandlung derselben Krankheit bereits auf dem Markt befanden.»[11]

Der kritische Bremer Pharmakologe und Mitherausgeber des unabhängigen «arznei-telegramms», Peter Schönhöfer, legt besonders strenge Maßstäbe an und kommt nach Sichtung aller neu zugelassenen Medikamente in den Jahren 1990 bis 2002 zu dem noch bescheideneren Resultat, dass von den in dieser Zeit zugelassenen 395 «new molecular entities» nur sieben «echte Innovationen» übrig bleiben, das heißt ein einziges Medikament alle zwei Jahre, das einen echten Fortschritt für die Patienten bedeutet. Dazu kommen laut Schönhöfer jedes Jahr ein bis zwei «Schritt-Innovationen», die immerhin Verbesserungen in der Therapie leisten.

Die Herausgeber des «Arzneiverordnungs-Reports», der jährlich neu ermittelten Arzneimittelumsätze anhand von Krankenkassendaten, kommen nach Sichtung aller neu zugelassenen Wirkstoffe seit 1978 zu dem Ergebnis, dass nur knapp 28 Prozent aller Neuzulassungen «therapeutisch bedeutsame neue Wirkprinzipien» zeigen.[12] Das entspricht auch der Einschätzung der US-amerikanischen Arzneimittelbehörde FDA, die davon ausgeht, dass nur jedes vierte neue Medikament irgendeinen Fortschritt für die Therapie bringt.[13]

Wie scharf man die Kriterien auch immer fasst: Viel mehr als eine Handvoll «echter Innovationen» der Pharmaindustrie pro Jahr findet keiner der unabhängigen Experten. Dazu kommen jede Menge Präparate, die sich schon lange auf dem Markt befinden, aber nur nutzlos und teuer sind. Schon 1999 bilanzierte der Arzt und Buchautor Hans Halter: «Im großen und ganzen, so lautet die Faustregel der Pharmakologen, wird nur alle zehn Jahre ein wirklich wichtiges Medikament entdeckt – und dann dauert es in der Regel noch einmal zehn Jahre, bevor die Ärzte die Novität verordnen. Die weitaus meisten Medikamente, die es in Deutschland zu kaufen gibt, sind teurer Schrott»[14] – und daran hat sich bis heute nicht viel geändert.

Ehrlicherweise muss man natürlich sagen, dass es heute schwerer ist als früher, Medikamente zu entdecken, die einen echten Fortschritt bedeuten. Viele gute Wirkstoffe sind bereits auf dem Markt, echte Neuheiten sind selten und spürbare Verbesserungen etwa in der Krebstherapie sehr viel schwerer zu erreichen. Das Problem dabei ist nur, dass die meisten Pharmaunternehmen auf diese schwierigere Situation nicht mit mehr Forschungsanstrengungen reagieren. Sie verlassen sich stattdessen auf ihre vorhandene Produktpalette und versuchen, sie mit noch mehr Marketing an Arzt und Patient zu bringen.

Das clevere Geschäft mit Scheininnovationen

Weil es so wenig echte Neuentdeckungen gibt, verlegen sich die Pharmakonzerne darauf, scheinbare Neuheiten in den Markt zu drücken. Es ist immer das gleiche Drama für ein Unternehmen: Läuft nach zehn oder zwölf Jahren der Patentschutz für ein Präparat ab, stürzen sich Generika-Hersteller auf das Medikament und produzieren eine identische Kopie. Die Nachbauten werden in der Regel günstiger angeboten. Also muss auch der Originalhersteller den Preis senken, was aber Umsatz und Gewinne schmälert. Einen Ausweg aus dieser Misere finden die Originalhersteller, indem sie die chemische Formel des Originalprodukts ein wenig verändern. Damit beantragen sie dann erneut Patentschutz, können es unter einem anderen Namen als «verbesserte Version» auf dem Markt anpreisen und hoffen, dass die Ärzte auf den Trick hereinfallen. Man muss sich das so vorstellen, als ob VW den alten Golf IV einfach neu lackiert (neues Aussehen), einen größeren Rückspiegel einbaut (unwesentliche Veränderung) und ihn dann als neues Modell wieder auf den Markt bringt – und mehr Geld dafür verlangt.

Für Pharmaexperten wie Gerd Glaeske vom Sachverständigenrat für das Gesundheitswesen handelt es sich bei diesen Produkten um «Scheininnovationen» oder «ökonomische Innovationen», also um abgekupferte Medikamente, deren Molekülstruktur oft nur an einer Stelle unwesentlich verändert wurde, sodass sie zwar über keinen nachweisbaren Zusatznutzen für Patienten verfügen, aber genauso teuer verkauft werden können wie echte Neuheiten. Bei ihrer Strategie, angebliche Neuheiten auf den Markt zu werfen, hilft der Pharmaindustrie der Glaube vieler Ärzte und Patienten, dass ein neues Medikament automatisch besser sein muss als ein altes – was in den meisten Fällen aber ein Mythos ist.

Der Vorstandsvorsitzende des Verbands Forschender Arzneimittelhersteller (VfA), Andreas Barner, weist den Vorwurf der «Scheininnovationen» dagegen heftig zurück und rechtfertigt diese Medikamente stattdessen als Ergebnisse von «Parallelforschung». Barner gibt zwar zu, dass viele «Neuheiten» bereits auf dem Markt befindlichen Medikamenten zum Verwechseln ähneln, sagt aber, dass die Medikamente nicht abgekupfert wurden, sondern dass in verschiedenen Pharmaunternehmen die Forscher eben genau zur gleichen Zeit am gleichen Medikament gearbeitet haben und die eine Firma dann eben nur etwas schneller auf den Markt kam als die andere. Deshalb soll auch für die späteren Präparate der Patentschutz gelten. Das heißt, alle Firmen dürfen die hohen Preise patentgeschützter Medikamente verlangen.

Um Scheininnovationen zu entwickeln, braucht man selbstverständlich keinen großen Forschungsaufwand zu betreiben. Umso wichtiger wird dagegen das Marketing. Denn: Je ähnlicher zwei Medikamente sind, desto mehr Aufwand ist nötig, die Ärzte von angeblichen Unterschieden zu überzeugen.

Wie erfolgreich die Marketingarbeit ist, sieht man auch am Anstieg der Verordnung von Scheininnovationen. Sie nahmen in Deutschland allein im Jahr 2005 um 20 Prozent zu – für Gerd Glaeske «eine schon fast vorsätzliche Verschwendung von Versicherungsgeldern». Die Präparate haben sich zu einer wahren Plage entwickelt, die die Arzneimittelausgaben in Deutschland unnötig teuer machen. Nach Ansicht der Verfasser des «Arzneiverordnungs-Reports 2006» waren rund 50 Prozent aller neu zugelassenen Medikamente in den vergangenen Jahren Scheininnovationen. Im Jahr 2005 gaben die Krankenkassen mehr als 4,9 Milliarden Euro für diese Präparate aus. Würde man diese teuren angeblichen Neuheiten konsequent durch bewährte Medikamente und Generika ersetzen, könnten die Krankenkassen 1,6 Milliarden Euro im Jahr sparen – ohne dass auch nur ein Patient schlechter versorgt wäre.[15]

Zum Beispiel Nexium

Ein gutes Beispiel für eine teure und erfolgreiche Scheininnovation ist Nexium Mups, ein Mittel gegen Sodbrennen, das die Bildung der Magensäure hemmt. Hergestellt wird es vom Pharmakonzern AstraZeneca. Es kam 2001 auf den Markt, als der Patentschutz des Vorgängerprodukts Prilosec auslief, mit dem AstraZeneca weltweit sechs Milliarden Dollar Umsatz machte – ein echter

«Blockbuster» für den Konzern. So werden in Anlehnung an Hollywood-Kassenschlager auch die Top-Medikamente in der Pharmaindustrie genannt.

Der Wirkstoff von Prilosec war Omeprazol. Die Firma änderte die Zusammensetzung ein wenig, nannte den Wirkstoff Esomeprazol, taufte das Medikament auf den Namen Nexium, startete einen Werbefeldzug für angeblich eine halbe Milliarde Dollar und drückte Nexium als verbesserte Form von Prilosec auf den Markt.[16] Um Nexium gegenüber seinem Vorgängerprodukt besser aussehen zu lassen, griffen die Wissenschaftler von AstraZeneca aber noch zu einem weiteren Trick, wie die Wissenschaftsautorin Marcia Angell schreibt: «Sie verglichen 20 und 40 Milligramm Nexium mit 20 Milligramm Prilosec. Mit derart gezinkten Karten sah Nexium wie eine Verbesserung aus – die aber nur geringfügig war und sich nur in zwei der vier Studien zeigte.»[17] Man vergleicht also eine niedrige Dosierung des älteren Präparats mit einer teilweise höheren Dosierung des neuen Präparats und kann damit einen geringen Fortschritt zeigen – so dünn ist also die wissenschaftliche Basis für ein Medikament, das in Deutschland noch heute ein Kassenschlager ist. Mit knapp vier Millionen Verordnungen pro Jahr war Nexium die erfolgreichste Neueinführung eines Medikaments in den vergangenen zehn Jahren. Die Ärzte verordnen das Präparat massenhaft – auch wenn die Kassenärztliche Vereinigung das Präparat als unwirtschaftlich gebrandmarkt hat: «Esomeprazol (Nexium) zeigt im Vergleich zu anderen Protonenpumpeninhibitoren keinen klinisch bedeutsamen Wirksamkeitsunterschied. Kostengünstigere Omeprazol-Generika erzielen den gleichen Behandlungserfolg. Die aktuelle Studienlage bietet keinen Grund, den teureren PPI Esomeprazol (Nexium) zu verordnen.»[18]

Würden sich die Ärzte tatsächlich an den Rat der Ärzteorganisation halten und statt Nexium das günstigere Generikum (Omeprazol) verordnen, hätten die Krankenkassen im Jahr 2005 immerhin 99 Millionen Euro einsparen können. Mit ein Grund, weshalb Nexium in der Statistik der weltweit umsatzstärksten Arzneimittel mit 4,4 Milliarden Euro inzwischen Platz drei belegt, liegt im Marketinginstrument «Anwendungsbeobachtung»: Allein in Deutschland hat AstraZeneca 30 000 Ärzten dafür Geld bezahlt, dass sie die Wirkung von Nexium an ihren Patienten beobachten. Das heißt, jeder vierte niedergelassene Arzt in Deutschland erhielt Geld für die Verordnung eines Präparats, von dem selbst die Kassenärztliche Vereinigung aus wirtschaftlichen Gründen abrät (mehr zu den sogenannten Anwendungsbeobachtungen in Kapitel 5).

Das Verhältnis von Forschung und Marketing

Ihre hohen Preise für neue Arzneimittel verteidigen die Pharmaunternehmen gerne damit, dass sie Hunderte von Millionen Euro für Forschung und Entwicklung ausgeben und diese Kosten anschließend wieder erwirtschaften müssten. Im vergangenen Jahr hat der Verband Forschender Arzneimittelhersteller (VFA) die Broschüre «Statistics 2006» herausgegeben und an Journalisten in ganz Deutschland verschickt, damit diese die pharmafreundlichen Zahlen und Fakten in ihre Artikel einbauen. Die sechzig Seiten starke Broschüre betont die Rolle der Pharmaindustrie «als Wirtschaftsfaktor», «als Innovationsfaktor» und schreibt: «Für die Entwicklung eines neuen Arzneistoffes waren im Jahr 2001 Ausgaben von durchschnittlich 800 Millionen US-Dollar [618 Millionen Euro, d. Verf.] erforderlich.» Insgesamt, so liest man weiter, hätten die Konzerne 4,07 Milliarden Euro für Forschung und Entwicklung ausgegeben.

Wie die Pharmaindustrie auf die beeindruckende Zahl von 618 Millionen Euro Forschungsausgaben pro Medikament kommt, ist schwer nachvollziehbar. Vermutlich rechnen die Unternehmen viele Kosten, die man eigentlich dem Marketing zurechnen müsste, wie Anwendungsbeobachtungen, Referentenhonorare für

Ärzte, Einladungen zu Kongressen etc., dem prestigereicheren Forschungsbudget zu. Bayer-Chef Werner Wenning zählt offenbar sogar die Kosten für die Pharmareferenten zu Forschungsausgaben. In einem Interview erklärte er vor kurzem, er halte es für «irreführend», «den gesamten Bereich der wissenschaftlichen Information als Marketing- und Vertriebsausgaben zu definieren. [...] Unsere Branche braucht eine gewisse Infrastruktur, weil unsere Produkte nun mal einen hohen Erklärungsbedarf haben. [...] Der Außendienst bringt ja auch die Informationen des Arztes zurück in das Unternehmen.»[19] Wenn man freilich die Aufwendungen für Pharma-Außendienstler als Forschungsausgaben verbucht, kommt man natürlich auf einen sehr beeindruckenden Forschungsetat. Mit der gleichen Berechtigung könnte auch ein Elektrogeschäft seine Werbeprospekte als Forschungsausgaben verbuchen, schließlich haben auch Waschmaschinen «einen hohen Erklärungsbedarf» und der einzelne Verkäufer wäre nicht nur Verkäufer, sondern auch irgendwie Wissenschaftler, wenn er der Zentrale meldet, dass sich wieder drei Kunden über die Qualität der Waschmaschine beschwert haben.

Hinter der Zahl von 618 Millionen Euro Forschungsausgaben für jedes neue Medikament steckt aber auch erpresserisches Potenzial. Gemeint ist: Wenn wir, die Pharmaindustrie, nicht mehr so viel Geld für unsere Arzneimittel verlangen dürfen, müssen wir die Forschung reduzieren, und dann bekommt ihr Patienten keine so guten Medikamente mehr. Wenn ihr also weiterhin lebensrettende Medikamente haben wollt, müsst ihr voller Dankbarkeit alles bezahlen, was wir auf den Markt werfen. Oder wie Bayer-Chef Werner Wenning gedroht hat: «Ohne Gewinne werden wir das hohe Innovationstempo, das unsere Industrie hat, nicht beibehalten können.»[20]

Die Wissenschaftsautorin Marcia Angell hat zu den 618 Millionen Euro pro Medikament eine Gegenrechnung aufgemacht: Sie hat einfach die gesamten Forschungsausgaben des Jahres 2000 der Pharmaindustrie in den USA (26 Milliarden Dollar bzw. 20 Milliarden Euro) durch die 98 neuen Medikamente geteilt, die die Branche auf den Markt gebracht hat: Die Durchschnittskosten nach Steuern waren unter diesen Angaben nicht höher als 135 Millionen Euro.[21] Nimmt man den größeren Zeitraum von 1994 bis 2000, kommt man sogar nur auf rund 77 Millionen Euro für die Entwicklung eines neuen Medikaments – das ist zwar immer noch viel Geld, aber nur etwa ein Achtel dessen, was der Verband Forschender Arzneimittelhersteller behauptet.

Nichts ist offenbar wichtiger für das Geschäftsmodell und die gesellschaftliche Akzeptanz der Pharmaindustrie als das Image, ständig an der Bekämpfung von Krankheiten zu arbeiten und viele Milliarden in die Erforschung neuer Medikamente zu stecken, die der Allgemeinheit zugutekommen.

Doppelt so viel Geld für Marketing

Noch schwieriger als die Höhe der Forschungsausgaben ist die Frage zu beantworten, wie viel Geld die Industrie für Marketing ausgibt. In der vom Verband Forschender Arzneimittelhersteller (VFA) verteilten Broschüre «Statistics 2006» sucht man zwischen den vielen Zahlen und Fakten leider vergebens nach der Höhe der Marketingausgaben. Diese Zahl weisen die Unternehmen in ihren Geschäftsberichten fast nie separat aus, sondern meist nur zusammen mit den Verwaltungskosten. Schließlich sind die Marketingausgaben im Gegensatz zu den Forschungsausgaben nicht so prestigeträchtig. Der Pharmakonzern Pfizer hat in seinem Jahresbericht 1999 immerhin eingeräumt, dass er 39,2 Prozent seines Umsatzes für Marketing und Verwaltung ausgibt.[22] Es gibt keinen Grund zu der Annahme, dass die Ausgaben der größten Pharmaunternehmen seither gesunken sind.

«Public Citizen», die von dem Rechtsanwalt und grünen US-Präsidentschaftskandidaten Ralph Nader gegründete größte Verbraucherschutzorganisation in den USA, hat im Jahr 2003 alle verfügbaren Informationen zum Verhältnis von Forschung und Marketing zusammengetragen und einen interessanten Report über die Profite der Pharmaindustrie veröffentlicht.[23] Das Ergebnis: Den Pharmaunternehmen verbleiben satte 17 Prozent ihrer Einkünfte als Gewinn, 14,1 Prozent geben sie für Forschung aus und 30,8 Prozent für Marketing und Verwaltung. Die Marketing- und Verwaltungsausgaben der Arzneimittelhersteller sind also doppelt so hoch wie die Forschungsausgaben. Ob VFA-Kommunikationschefin Susan Knoll das meinte, als sie davon sprach, dass es «unbestritten in allen Teilen der Bevölkerung Informationsdefizite über die Branche» gebe?

Die US-Zeitschrift «Advertising Age» veröffentlichte 2002 ein Ranking der größten Werbebudgets in den USA – unter den ersten zehn Plätzen fanden sich auch zwei Pharmaunternehmen: Pfizer und Johnson & Johnson. Die beiden Arzneimittelkonzerne gaben demnach mehr Geld für Werbung aus als Coca-Cola, McDonald's oder Toyota. Eine Harvard-Studie aus dem Jahr 2003 zeigt, dass sich allein die an Patienten gerichtete Werbung der Pharmaindustrie («direct-to-consumer advertising») in den USA zwischen 1996 und 2001 mehr als verdreifachte. Die Bilanz ist eindeutig: Während es der Pharmaindustrie immer seltener gelingt, wirklich neue Medikamente zu entwickeln, die einen Fortschritt für Patienten bedeuten, nehmen die sogenannten Scheininnovationen zu, die mit allen Marketingtricks an Patienten gebracht werden müssen, weil es keine wirklich überzeugenden medizinischen Argumente gibt.

Das Missverhältnis von Marketing und Forschung ist in Deutschland noch ausgeprägter als in den USA. Der Heidelberger Pharmakologe Ulrich Schwabe schätzt, dass die Pharmaindustrie hierzulande etwa fünf bis sechs Milliarden Euro pro Jahr für Marketing ausgibt, also 40 Prozent ihrer Gesamtumsätze. Das schafft zwar auch die Sportartikel- und Modeindustrie, aber die behauptet auch nicht bei jeder Gelegenheit, besonders forschungsintensiv zu sein.

Eine Analyse des Fraunhofer-Instituts über den Pharmastandort Deutschland fasst zusammen, «dass sich deutsche Unternehmen stärker auf die hinteren Stufen der Wertschöpfungskette fokussiert haben (d. h. Produktion, Marketing, Vertrieb anstatt Forschung und Entwicklung)». Beim Vergleich der zweiten Hälfte der achtziger Jahre mit der zweiten Hälfte der neunziger Jahre entdeckten die Fraunhofer-Forscher, dass «die USA ihren Umsatzanteil bei den 50 wichtigsten neuen Arzneimittelstoffen von 42 Prozent auf 69 Prozent erhöhen konnten. Deutsche Pharmaunternehmen mussten hingegen einen Umsatzverlust von 12 Prozent auf 3 Prozent hinnehmen.»[24] Auch bei den Ausgaben für Forschung und Entwicklung ist der Trend eindeutig: 1978 betrug der Anteil Deutschlands an den weltweiten Ausgaben für Pharmaforschung noch 15 Prozent, bis ins Jahr 2002 schrumpfte er auf 7 Prozent (neuere Zahlen liegen nicht vor). In manchen Statistiken schneidet Deutschland ein bisschen besser ab, in manchen ein bisschen schlechter. Doch der generelle Trend ist eindeutig: «Unabhängig von der zugrunde gelegten Statistik ergibt sich für Deutschland stets eine deutliche Verschlechterung der Wettbewerbsposition als Forschungs- und Entwicklungs-Standort in der pharmazeutischen Industrie.»[25] Das Pikante an der Studie der Fraunhofer-Gesellschaft und der Unternehmensberatung A.T. Kearny: Sie wurde bezahlt von Pharmakonzernen aus dem Verband Forschender Arzneimittelhersteller (VFA). Man wird der Studie also kaum vorwerfen können, besonders pharmakritisch zu sein.

Schonungslos ist auch das Resümee einer anderen Fraunhofer-Studie, wonach «sich der Standort Deutschland in einigen forschungsintensiven Bereichen zunehmend zu einem reinen Verschiebebahnhof bzw. Vertriebsstandort international agierender Pharma-Großkonzerne entwickelt, während die Forschung und Entwicklung und teilweise auch die Produktion an andere Standorte verlagert wird».[26]

Lange Zeit galt Deutschland als «Apotheke der Welt»: 1897 entdeckten Mitarbeiter der Firma Bayer Acetylsalicylsäure, ein Wirkstoff, der unter dem Namen Aspirin zum bekanntesten Schmerzmittel der Welt werden sollte. Noch Anfang der 1980er Jahre waren die deutschen Unternehmen Bayer und Hoechst die größten Pharmakonzerne der Welt. Und heute? Hoechst wurde geschluckt und ging im französischen Sanofi-Aventis-Konzern auf, Bayer hat sich vom Lipobay-Skandal noch immer nicht erholt und versucht nun, durch die Übernahme von Schering zumindest an Größe zu gewinnen.

Heute befindet sich unter den zehn größten Pharmakonzernen der Welt kein einziges deutsches Unternehmen mehr. «Hierzulande ist die Branche schon fast tot», gestand Rolf Krebs als Chef des Pharmaunternehmens Boehringer Ingelheim, «da gibt es nicht mehr viel wiederzubeleben.»[27] Als Rolf Krebs dies 2003 sagte, gab es die Kampagne «Forschung ist die beste Medizin» natürlich noch nicht.

Die Pharmaindustrie als gewinnträchtigste Branche – und wer die Gewinne bezahlt

Der Bericht der US-Verbraucherschutzorganisation Public Citizen enthält auch eine Übersicht über die im Vergleich zu allen anderen Branchen kolossale Gewinne der Pharmaunternehmen. Im Jahr 2002 haben die im Index «Fortune 500» zusammengefassten größten Unternehmen der USA im Durchschnitt 3,1 Prozent Profit gemacht – «Big Pharma», also die großen Pharmakonzerne, brachten es im gleichen Jahr auf einen durchschnittlichen Gewinn von 17 Prozent. Das heißt, die Profite der Pharmaindustrie waren 5,5-mal größer als die der US-Industrie im Durchschnitt.[28] Heute sieht die Situation der größten Arzneimittelhersteller noch glänzender aus, wie man an den Renditen des Jahres 2005 ablesen kann:

Unternehmen	Umsatz[1]	Rendite[2]
1. Pfizer (USA)	34,1 Mrd. Euro	23 %
2. GlaxoSmithKline (GB)	26,2 Mrd. Euro	31 %
3. Sanofi-Aventis (F)	24,9 Mrd. Euro	11 %
4. Roche (Schweiz)	21,7 Mrd. Euro	25 %
5. Novartis (Schweiz)	19,3 Mrd. Euro	23 %
6. AstraZeneca (GB)	18,5 Mrd. Euro	28 %
7. Johnson & Johnson (USA)	17,2 Mrd. Euro	27 %
8. Merck (USA)	17,0 Mrd. Euro	34 %
9. Wyeth (USA)	11,8 Mrd. Euro	26 %
10. BristolMyersSqibb (USA)	11,8 Mrd. Euro	24 %

Die Zahlen sind eigentlich unglaublich: In welcher anderen Branche machen die zehn größten Unternehmen im Durchschnitt mehr als 25 Prozent Rendite? Dabei kommen die Einnahmen aus dem Pharmageschäft nicht nur in Deutschland zum größten Teil aus staatlichen Sozialversicherungen, das heißt durch Gesetzliche Krankenversicherungen, die die allermeisten Arbeitnehmer durch Pflichtbeiträge finanzieren. Angesichts dieser Gewinnmargen ist das chronische Gejammer der Konzerne über staatliche Einschränkungen, die ihnen das Leben schwermachen, ziemlich absurd. Im Gegenteil sorgt der Staat sogar dafür, dass die Branche weitgehend verschont bleibt von echter Marktwirtschaft: Es gibt keine Transparenz bei den Produkten (also den Medikamenten) und deshalb keine echte Wahlmöglichkeit der Kunden (also der Patienten). Stattdessen existiert ein weitgehendes Preisdiktat der Hersteller, das die Krankenversicherungen akzeptieren müssen.

[1] Our 7th Annual Report on The World's Top 50 Pharmaceutical Companies, May 2006, Internet: www.pharmexec.com/pharmexec/data/articlestandard/pharmexec/272006/354138/article.pdf (1.5.2007), Angaben umgerechnet in Euro.
[2] Gewinn vor Steuern in Prozent vom Umsatz nach ManagerMagazin 12/2006, S. 77

Beispiel Sortis

Wie die Gewinne erwirtschaftet werden, lässt sich gut am erfolgreichsten Medikament der Welt zeigen: an Sortis, einem Cholesterinsenker, der Pfizer im Jahr 2005 einen Umsatz von 9,9 Milliarden Euro einspielte. Sortis gehört zur Gruppe der Statine, die die Cholesterinbildung in den Zellen hemmen und die Cholesterinwerte im Blut dadurch um 20 bis 40 Prozent senken.[29]

Vier Millionen Deutsche schlucken jeden Tag solche Statine. Vier Millionen Deutsche: das sind fünf Prozent der Gesamtbevölkerung, ein gigantischer Markt. Mehr als 600 Millionen Euro gaben die Krankenkassen im Jahr 2005 allein für Statine aus.[30]

Das erste cholesterinsenkende Statin brachte die US-Firma Merck 1987 unter dem Namen Mevacor auf den Markt (in Deutschland 1989 unter dem Namen Mevinacor, später folgte das Statin Zocar). Es war ein wirklich innovatives Produkt, das auf den Forschungsarbeiten an vielen Universitäten und anderen staatlichen Institutionen weltweit basierte. Zahlreiche Studien haben seither nachgewiesen, dass die Behandlung mit einem Statin das Risiko von Herzerkrankungen verringert. Umstritten ist allerdings, ab wann ein Cholesterinwert zu hoch und deshalb behandlungsbedürftig ist. Die Pharmafirmen haben selbstverständlich ein Interesse daran, den Grenzwert möglichst abzusenken, damit immer mehr Menschen «behandlungsbedürftig» sind. Als hoch galt früher ein Wert von 280 Milligramm je Deziliter, später wurde der Grenzwert auf 240 Milligramm gesenkt, heute streben die meisten Ärzte einen Wert unter 200 Milligramm an.[31]

Viele Pharmafirmen haben versucht, das Präparat von Merck zu kopieren, und brachten eigene Statine auf den Markt. Pfizer entwickelte, wie gesagt, Sortis. Novartis präsentierte Locol, die Firma Astellas das Statin Cranoc und BristolMyersSquibb in Deutschland Pravasin. Marcia Angell, die Exchefin des «New England Journal of Medicine», resümiert: «Zu der Annahme, irgendeines dieser Präparate sei bei vergleichbarer Dosierung besser als ein anderes, besteht eigentlich kein Anlass. Um dennoch im Markt Fuß zu fassen, wurden die Nachahmer-Statine manchmal bei geringfügig anderen Patienten zu geringfügig unterschiedlichen Zwecken getestet und dann für diese Anwendungsgebiete als besonders wirksam angepriesen.»[32]

Ein Trick, der offenbar funktioniert: Denn während das heute als Standard-Statin geltende Simvastatin etwa von Hexal im Jahr 117 Euro pro Patient kostet, schlägt Sortis mit 237 Euro im Jahr zu Buche (früher war Sortis noch teurer).[33] Dennoch schluckten in Deutschland im Jahr 2005 230 000 Patienten das teurere Sortis. 260 000 Patienten nahmen Locol (Kosten pro Jahr: 256 Euro), 112 000 Patienten bekamen von ihrem Arzt Cranoc verordnet (Kosten pro Jahr: 245 Euro), 17 000 Patienten Mevinacor (Kosten pro Jahr: 391 Euro) und 95 000 Patienten Pravasin (Kosten pro Jahr: 274 Euro)[34] – und das, wohlgemerkt, obwohl für keines dieser Mittel ein Vorteil gegenüber dem günstigeren Simvastatin klar belegt ist.

Dem Pharmakonzern Pfizer ist es dennoch gelungen, seinen Cholesterinsenker Sortis, der in den USA Lipitor heißt, zum umsatzstärksten Arzneimittel der Welt zu machen. Auch in Deutschland schluckten 1,5 Millionen Patienten Sortis – bis die rot-grüne Gesundheitsreform zum 1.1.2005 das Medikament in eine Preisgruppe mit vergleichbaren, günstigeren Statinen einordnete und die Krankenkassen sich weigerten, den hohen Preis für Sortis weiter zu bezahlen. Sortis wurde also in eine sogenannte Festbetragsgruppe einsortiert: Dabei handelt es sich um eine Gruppe ähnlicher Medikamente, die gleich gut wirken, aber im Preis sehr unterschiedlich sind. Die Kassen erstatten ein solches Medikament nur noch bis zu einem festgelegten Höchstpreis. Wer eines der teuersten Präparate dieser Gruppe, und dazu zählt Sortis, weiter schlucken will, muss einen Teil der Kosten selbst zahlen. Pfizer reagierte auf den Festbetrag mit einem gezielten Guerillakampf gegen deutsche Politiker und Krankenkassen. Pfizer schaltete zunächst ganzseitige Anzeigen in Tages- und Wochenzeitungen mit folgendem Text:

«Krankenkassenbeiträge senkt man nicht, indem man Cholesterinwerte erhöht. Ab 1. Januar wird 1,5 Millionen Kassenpatienten das nachweislich beste Statin nicht mehr voll erstattet. [...] Sortis senkt Cholesterinwerte am stärksten, reduziert das Risiko schneller als andere Statine und ist auch in höchster Dosierung gut verträglich. [...] Ausgerechnet dieses Medikament soll ab Januar 2005 Kassenpatienten nicht mehr voll erstattet werden. Das heißt: Kassenpatienten wird der Zugang zu diesem wichtigen Arzneimittel erschwert. Eine Entscheidung, die nicht nur die Gesundheit gefährdet, sondern auch gegen das Gesetz verstößt.»[35]

Pfizer zeigte mit dieser Anzeige keinerlei Skrupel, Patienten zu verunsichern. In Wirklichkeit war die Verunsicherung aber Bluff. Das unabhängige «Institut für Qualität und Wirtschaftlichkeit im Gesundheitswesen» (IQWiG) prüfte die besten weltweit verfügbaren Studien zu Sortis und veröffentlichte eine «Bewertung der Statine unter besonderer Berücksichtigung von Atorvastatin», dem Wirkstoffnamen von Sortis. Das Ergebnis war bitter für den Pfizer-Konzern. Im IQWiG-Gutachten heißt es zusammenfassend:

«Der Nutzen einer Statinbehandlung hinsichtlich eines lebensverlängernden Effekts bei Patienten mit stabiler koronarer Herzkrankheit ist nur für die Wirkstoffe Simvastatin und Pravastatin belegt. Für Atorvastatin [...] existiert kein derartiger Nutzennachweis. [...] Der Nutzen einer Statinbehandlung hinsichtlich eines lebensverlängernden Effekts bei Patienten mit Diabetes mellitus ist nur für den Wirkstoff Simvastatin belegt. Für Atorvastatin [...] existiert kein derartiger Nutzennachweis. [...] Therapieabbrüche wegen unerwünschter Ereignisse treten unter Atorvastatin in höchster zugelassener Dosierung häufiger auf als unter Simvastatin.»[36]

Die angeblichen Vorteile des «besten Statins» (Pfizer-Werbung) hielten also einer seriösen wissenschaftlichen Überprüfung nicht stand. Wie Pfizer angesichts der Ergebnisse aus klinischen Studien behaupten konnte, Sortis sei «nachweislich» der beste Cholesterinsenker überhaupt, war ein Ausdruck von Dreistigkeit sowohl gegenüber Ärzten, die das Medikament verordnen sollten, als auch gegenüber Patienten, an die die Anzeigenkampagne gerichtet war.

Pfizer zog beim Kampf um Sortis dennoch alle Register: Neben Zeitungsanzeigen erschien in der «Ärztezeitung» eine sonderbare vierseitige Beilage zum Thema Blutfettwerte. Mehr als sechzig Mal tauchte darin der Wirkstoff von Sortis («Atorvastatin») auf. Tenor auch dieser Veröffentlichung: Atorvastatin ist das beste Statin überhaupt! Redaktionell betreut wurde die einseitige Darstellung von einem Redakteur der «Ärztezeitung». Kleingedruckt fand sich der Hinweis: «Mit freundlicher Unterstützung der Pfizer GmbH».[37] Mit anderen Worten: Bei diesem scheinbar seriösen Fachartikel handelte es sich um bezahlte Werbung.

Doch Pfizer ließ nicht locker und sammelte weiter Unterschriften bei Ärzten, um den Druck auf die Krankenkassen zu erhöhen. Mehr als 15 000 Ärzte, also mehr als zehn Prozent aller niedergelassenen Ärzte in Deutschland, hatten nach Angaben von Pfizer die Forderung unterschrieben, dass Sortis weiterhin voll von den Krankenkassen bezahlt werden soll.[38] Mit dieser Aktion überspannte Pfizer den Bogen jedoch, sodass selbst die Arzneimittelkommission der deutschen Ärzteschaft von «Erpressung» sprach.

Die Politik und die Krankenkassen blieben bei ihrer Entscheidung, Sortis nicht mehr voll zu erstatten – und die allermeisten Patienten waren 2005 nicht bereit, mehr als 50 Euro für das Medikament aus eigener Tasche zuzuzahlen, denn Pfizer senkte trotz erwartbarer Umsatzrückgänge nicht den Preis für Sortis. Die Verordnungen von Sortis brachen daraufhin um mehr als 80 Prozent ein. Statt zuvor 1,5 Millionen Patienten nahmen im Jahr 2005 nur noch rund 230 000 Patienten den Blockbuster des US-Pharmakonzerns.

Für den Gesundheitsökonomen und SPD-Abgeordneten Karl Lauterbach war Pfizers Kampf um den Preis für Sortis gut nachvollziehbar: Schließlich orientieren sich die Arzneimittelpreise in vielen Ländern von Europa bis Asien an den Preisen in Deutschland. Selbst der Verband Forschender Arzneimittelhersteller gibt zu: «In zahlreichen ausländischen Staaten gelten die deutschen Preise als Referenzpreise für die dortigen Märkte. Müssen die Arzneimittelpreise in Deutschland gesenkt werden, zieht das Preissenkungen im Ausland nach sich.»[39] Wenn hierzulande die Preise zurückgehen, ist das für Pharmakonzerne also besonders schmerzlich. Pfizer verzichtet deshalb wohl lieber auf eine Million Patienten in Deutschland und hält dafür den Sortis-Preis weltweit hoch. Denn wenn Sortis in Deutschland zum selben Preis wie Simvastatin von Hexal angeboten würde, würden die Sortis-Preise auch in anderen Ländern ins Rutschen geraten.

In diesem Zusammenhang muss eine weitere Besonderheit hierzulande erwähnt werden: Als eines der wenigen großen Länder der Welt gewährt Deutschland der pharmazeutischen Industrie die Freiheit, den Preis für ein neues Medikament erst einmal ohne staatliche Regulierung selbst festzusetzen. Während in anderen Ländern Pharmahersteller entweder mit den Krankenkassen oder den Gesundheitsbehörden über das Preisniveau verhandeln müssen, herrschen in dieser Hinsicht in Deutschland geradezu paradiesische Zustände für die Konzerne.

Was die Scheininnovationen jeden Krankenversicherten kosten

Wie massiv das Problem der Scheininnovationen mittlerweile geworden ist und wie teuer sie die Krankenversicherten zu stehen kommen, zeigt ein Blick auf die Liste der umsatzstärksten Arzneimittel in Deutschland und die Hinweise, durch welche Mittel sie ersetzt werden könnten.[40]

Platz / Name	Anwen- dungsgebiet	Umsatz 2005	Steigerung ggüb. 2004	Alter- native	Einspar- potenzial
1. Duro- gesic	Schmerzmittel	306 Mio. €	+ 19%	Morphanton	173 Mio. €
2. Pantozol	Magensäure- blocker	281 Mio. €	+ 21%	Omeprazol AL	105 Mio. €
3. Nexium	Magensäure- blocker	260 Mio. €	+ 23%	Omeprazol AL	99 Mio. €

Für alle diese Top-Seller gibt es generische Alternativen, was eigentlich dazu führen sollte, dass die Umsätze der Original-präparate deutlich zurückgehen. Stattdessen stiegen sie im Jahr 2005 aber um rund 20 Prozent. Aus medizinischer Sicht gibt es dafür keinen Grund. Der «Arzneiverordnungsreport 2006» listet auf zwölf engbedruckten Seiten Analogpräparate auf, die einfach durch bewährte Mittel ersetzt werden könnten – wenn die Ärzte tatsächlich nach wirtschaftlichen Gesichtspunkten verordnen würden. Die Krankenkassen könnten damit pro Jahr zwei Milliarden Euro sparen – ohne dass ein Patient schlechter versorgt würde als bisher. Zwei Milliarden Euro weniger Ausgaben pro Jahr – das wären immerhin 0,2 Prozent weniger Krankenkassenbeitrag pro Monat für jeden gesetzlich Versicherten in Deutschland.

Statt zu sparen, müssen die gesetzlichen Krankenkassen aber immer mehr Beiträge für Arzneimittel ausgeben: Im Jahr 2007 klettern die Ausgaben voraussichtlich auf einen neuen Höchststand von 27,1 Milliarden Euro.[41] Das entspricht einem Anstieg von 8,4 Prozent gegenüber dem Vorjahr. Damit bilden die Kosten für Arzneimittel inzwischen den zweitgrößten Posten im Gesundheitsbudget, nach den Krankenhäusern. Zum Vergleich: Für alle niedergelassenen Ärzte gaben die Kassen zuletzt nur 22,2 Milliarden Euro aus – deutlich weniger also als für die Präparate, die die Ärzte ihren Patienten verordneten.

Was den Chef des Bayer-Konzerns alles ärgert

Werner Wenning, Vorstandsvorsitzender des größten deutschen Pharmakonzerns, der Bayer AG, reagiert auf die Kritik an den hohen Preisen für Arzneimittel empfindlich: «Alle schauen immer nur auf die Kosten und nicht darauf, dass die Pharmabranche einen volkswirtschaftlich sinnvollen Beitrag leistet, im Dienste der Volksgesundheit. Ohne den würden doch viel höhere Kosten anfallen, zum Beispiel durch längere Krankenhausaufenthalte oder Fehlzeiten am Arbeitsplatz.»[42] Es ist ein altes Totschlagargument: Kritik an der Habgier und ihrem Bluff mit Scheininnovationen kontern Arzneimittelkonzerne damit, dass es doch so viele nützliche Präparate gebe, die den Menschen helfen. Aber hat das überhaupt jemand bestritten? Und darf eine Industrie, nur weil sie hilfreiche Produkte herstellt, jede Kritik an ihrem Geschäftsgebaren zurückweisen?

Worin schließlich gerade bei Bayer der Dienst an der «Volksgesundheit» bestehen soll, verrät Wenning nicht. Welche wirklich wichtige Innovation von Bayer gab es denn in den vergangenen Jahren? Oder bezieht sich der Pharmaboss immer noch auf den Klassiker aus seinem Haus, Aspirin, in dessen Darreichungsformen der Konzern wirklich beeindruckend innovativ ist: mal gibt es Aspirin als normale Tablette, mal als Brausetablette und dann wieder als Kautablette, mal wird es gegen Schmerzen angepriesen, dann als Mittel zur Vermeidung von Herzinfarkt und Schlaganfall oder als Grippemittel. Ansonsten sieht es doch eher mau aus im Bayer-Konzern: «Keine wirkliche Innovation mehr in den letzten fünfzehn Jahren!», urteilt der Gesundheitsexperte Gerd Glaeske. «Überflüssig ist auch Glucobay – ein Mittel bei Typ-II-Diabetes, das nicht mehr nützt, als es Müsli täte!»[43] Angesichts einer derart «ausgebrannten» Produktpalette ist auch klar, dass Bayer-Chef Wenning nicht vom ertragreichen Geschäftsmodell der Scheininnovationen lassen will: «Der Begriff ‹Scheininnovationen› ärgert mich [...]. Dahinter stehen kleinere und oft auch größere Verbesserungen für den Patienten. Wir sollten deshalb ihn entscheiden lassen.»[44]

Patienten sollen entscheiden: Das wäre sicher die beste Lösung – allerdings nur für Pharmakonzerne wie Bayer. Denn das Problem ist, dass die Industrie so viele Nebelkerzen wirft, dass es schon für Ärzte schwierig ist, den Nutzen eines neuen Medikaments richtig einzuschätzen. Für Patienten ist dies nahezu unmöglich. Hinter der Antwort des Bayer-Chefs steht also die alte Maxime zur Machtsicherung: «divide et impera», teile und herrsche! Lass nicht den Gemeinsamen Bundesausschuss aus Ärzten und Krankenkassen eine Entscheidung treffen, sondern viele Unkundige, die du beeinflussen kannst – dann gewinnst am Ende immer du!

2. Politik und Lobbyarbeit

Eine CDU-Staatssekretärin wechselt die Seiten und wird Pharma-lobbyistin, ein Beamter des NRW-Sozialministeriums arbeitet plötzlich als Chef des Pharmaverbands, und ein FDP-Politiker bringt Gesetzentwürfe im Sinne der Industrie ein: Die Arzneimittelhersteller sind bestens vernetzt im politischen Berlin. Ihr Einfluss reicht bis weit in Parteien, Ministerien, Bundestagsausschüsse, und es gelingt ihnen mit erstaunlicher Regelmäßigkeit, Gesetzesentwürfe, die ihre Gewinne schmälern könnten, zu verhindern.

VFA, BPI und Pro Generika – Die Lobbyorganisationen der Pharmaindustrie in Berlin

Der Präsident des Deutschen Bundestags, Norbert Lammert (CDU), führt eine Liste aller Lobbyverbände, die bei Bundestag und Bundesregierung ihre Interessen vertreten wollen. Grundsätzlich tauchen nur diejenigen Verbände in der Liste auf, die ihre Aufnahme beantragt haben. Als die Liste 1974 zum ersten Mal veröffentlicht wurde, umfasste sie 635 Einträge. Im Mai 2007 waren in der Liste genau 2014 Interessengruppen registriert, von der Bundesvereinigung Deutscher Apothekerverbände (ABDA) bis zum Zweckverband Ostdeutscher Bauernverbände.[15] Schätzungen zufolge arbeiten mehr als 4500 hauptberufliche Lobbyisten in Berlin.

Ihnen gegenüber stehen nur 614 Bundestagsabgeordnete. Statistisch gesehen kümmern sich also um jeden Abgeordneten mehr als sieben Lobbyisten. Diese verfügen meist über Hausausweise des Bundestages, haben damit Zugang zu den Abgeordneten, werden zu allen offiziellen Terminen eingeladen und haben das Recht, zu allen Gesetzen, die ihre Branche betreffen, angehört zu werden. Während früher oft nur Verbände und ihre Mitarbeiter in der Hauptstadt vertreten waren, schicken Großkonzerne heute zusätzlich ihre hauseigenen Lobbyisten in die Arena.

Das englische Wort «Lobby» bedeutet Vorhalle und meint ursprünglich wohl die Wandelhalle im amerikanischen Kongress, in der sich Abgeordnete mit Vertretern von Unternehmen und anderen Organisationen trafen. Auf der Homepage des Bundestags wird die Arbeit der Einflüsterer zutreffend wie folgt beschrieben:

«In der Regel sind Lobbyisten Experten auf dem Politikfeld, in dem sie die Interessen ihres Verbandes vertreten. Sie beobachten das politische Geschehen auf diesem Politikfeld und informieren ihre Auftraggeber möglichst frühzeitig über geplante Gesetzesvorhaben. Sie versuchen, die Entscheidungen von Abgeordneten und Ministerialbeamten in ihrem Sinne zu beeinflussen, indem sie ihnen gut aufbereitete, ausgewählte Analysen und Bewertungen dieser Gesetzesvorhaben zur Verfügung stellen.»[46]

Cornelia Yzer

Die Liste aller beim Bundestag registrierten Interessenverbände umfasst mittlerweile 691 Seiten. Man muss lange blättern, um auf Seite 556 einen der schillerndsten Namen zu finden: Cornelia Yzer, Hauptgeschäftsführerin des Verbands Forschender Arzneimittelhersteller (VFA) mit Sitz am Hausvogteiplatz 13 in Berlin-Mitte. Von hier sind es nur ein paar Schritte zum Justiz- und zwei U-Bahn-Stationen zum Gesundheitsministerium. Frau Yzer gilt als die einflussreichste Pharma-Lobbyistin in Berlin. Sie befehligt im Regierungsviertel einen Apparat von 50 Mitarbeitern und verfügt über einen Millionen-Etat. Im Gesundheitsministerium von Ulla Schmidt wird Frau Yzer gern «der General» genannt. Beim VFA, schrieb die Tageszeitung «taz» 2004, sei Yzer dagegen als «so etwas wie der Kanzler – sie verfügt über die Richtlinienkompetenz und dirigiert die einzelnen Ressorts; ihre politischen Ansprechpartner sind Staatssekretäre und Minister.»[47] Um sich mit einfachen Abgeordneten zu beschäftigen, ist Frau Yzer zu wichtig.

Cornelia Yzer wurde 1961 in Lüdenscheid geboren. Sie trat schon vor dem Abitur in die CDU und die Junge Union ein, studierte in Münster und Bochum Jura und gehörte bereits 1987, mit 26 Jahren, dem Landesvorstand der CDU in Nordrhein-Westfalen an. Kurz darauf, im Alter von 28 Jahren, startete die Juristin als Referatsleiterin im Umweltschutz beim Pharmakonzern Bayer. Nebenher eroberte Yzer zur Bundestagswahl 1990 den Wahlkreis Märkischer Kreis, wurde CDU-Bundestagsabgeordnete und 1992 schließlich sogar Parlamentarische Staatssekretärin im Bundesministerium für Frauen und Jugend. Ihre Ministerin hieß damals: Angela Merkel. Dass sich die beiden Frauen aus dieser Zeit kennen und einen Draht zueinander gefunden haben, ist für die Pharmaindustrie heute ein unschätzbarer Vorteil. 1994 wechselte Yzer schließlich als Staatssekretärin ins Forschungsministerium von Jürgen Rüttgers, wo sie, wie sie einmal erklärte, sich vor allem für Gen- und Biotechnologie einsetzte.

Für öffentlichen Wirbel sorgte ihr Wechsel 1997 aus dem Amt der Forschungs-Staatssekretärin direkt in den Lobbyverband der Pharmaindustrie, wobei sie ihr Abgeordnetenmandat nicht zurückgab, sondern auch als VFA-Lobbyistin weiter für die CDU im Bundestag saß. Nicht nur Verwaltungswissenschaftler und Parteienkritiker Hans Herbert von Arnim empörte sich damals:

«Frau Yzer hat offenbar keine Probleme, zwei volle Berufe gleichzeitig zu bewältigen. Dafür erhält sie zwei hohe Gehälter: Neben dem gewiss nicht knauserigen Hauptgeschäftsführergehalt (beim VFA) von vermutlich mehreren hunderttausend Mark im Jahr bekommt sie kraft Gesetzes die ungekürzten Abgeordnetendiäten von derzeit 11 300 Mark monatlich plus eine dynamisierte, das heißt mit den Preissteigerungen automatisch wachsende, steuerfreie Auf-

wandsentschädigung von derzeit monatlich 6251 Mark. Hinzu kommt die sonstige Ausstattung eines Abgeordneten (freie Fahrt mit der Bahn, jederzeit innerdeutsche Freiflüge, gratis Telefon und Fax) plus rund 230 000 Mark im Jahr für Mitarbeiter. Hinzu kommen gleich zwei dynamisierte Pensionen: eine aus der nur knapp fünf Jahre währenden Zeit als Staatssekretärin (nach derzeitigem Stand monatlich rund 5400 Mark ab dem 55. Lebensjahr) und eine zweite aus dem Abgeordnetenmandat, deren Höhe von der Dauer der Mandatszeit abhängt und schon nach 7,5 Jahren eine weitere Anwartschaft auf rund 4000 Mark verschafft. Mitte 30 hat Frau Yzer damit bereits Ansprüche auf eine Altersrente, für die drei Normalverdiener ein ganzes Arbeitsleben benötigen.»[48]

Heute kann Frau Yzer froh sein, nicht mehr im Rampenlicht zu stehen. Die taffe Lobbyistin drängt sich auch nicht in die erste Reihe, sitzt selten in den Talkshows des Berliner Politbetriebs. Stattdessen regiert sie lieber aus dem Hintergrund, zieht Fäden, trifft wichtige Leute, verschickt Pressemitteilungen. Wenn man Cornelia Yzer begegnet, wirkt sie stets schlagfertig, professionell, perfekt: Kostüm, Perlenkette, randlose Brille gehören dazu. Gefragt nach den Einflussmöglichkeiten von Lobbyisten, sagte sie 2004: «Ich weiß, dass deutsche Abgeordnete personell miserabel ausgestattet sind: Ein Einzelner kann ohne fachliche Hilfestellung von außen kein Gesetz einbringen – er hat meistens keinen Zugriff auf Expertisen eigener Mitarbeiter, und er muss abwägen, welchem Lobbyisten er Vertrauen schenkt. [...] Drei Viertel meiner Arbeit haben mit Einflussnahme nichts zu tun. Wir helfen der Politik, Fehler zu vermeiden.»[49]

Die Frage ist nur, ob das, was in den Augen von Frau Yzer und der hinter ihr stehenden Konzerne «ein Fehler» der Politik ist, auch für die Allgemeinheit «ein Fehler» ist. Ob also das, was ihren Auftraggebern nützt, automatisch auch der Gruppe der gesetzlich Krankenversicherten nützt. Oder ob nicht eher das Gegenteil der Fall ist: dass zum Beispiel das, was Lobbyisten gerne als zu viel Bürokratie, Reglementierung und staatliche Einmischung geißeln, im Arzneimittelbereich ein Segen für Patienten ist. Dass es zum Beispiel eine staatliche Behörde gibt, die sagt, welches Medikament einen echten Fortschritt bedeutet, und die eben nicht alles dem freien Spiel der Marketingkräfte überlässt.

Der VFA als Lobby der großen Pharmakonzerne

Der Verband Forschender Arzneimittelhersteller (VFA), dem Cornelia Yzer als Hauptgeschäftsführerin vorsteht, bündelt die Interessen der weltweit tätigen Pharmakonzerne in Deutschland. Zu den 42 Mitgliedern des VFA gehören die potentesten Arzneimittelhersteller der Welt wie AstraZeneca, Bayer, Boehringer, Bristol-MyersSquibb, GlaxoSmithKline, Lilly, MSD Sharp & Dohme, Novartis, Pfizer, Roche, Sanofi-Aventis und Wyeth. Gegründet wurde der Verband erst 1993 als Abspaltung des Bundesverbandes der Pharmazeutischen Industrie (BPI), in dem auch heute noch die Mittelständler organisiert sind und in dem es «Big Pharma» zu eng wurde. Der BPI verfügt zwar über 280 Mitgliedsfirmen, also siebenmal so viel wie der VFA. Doch vom Umsatz her machen die VFA-Konzerne allein zwei Drittel des deutschen Arzneimittelmarkts aus. Seit es den VFA gibt, fristet der BPI nur noch ein kümmerliches Dasein. Immerhin beschäftigte er mit Hans Sendler als Chef zuvor ebenfalls einen Beamten, der aus dem Herz der Politik kam: Sendler lernte sein Handwerk im nordrheinwestfälischen Sozialministerium.[50] Während es den behäbigen BPI kaum kümmert, was sich außerhalb Deutschlands tut, ist der VFA von Großkonzernen geprägt, die in den USA, Großbritannien, Frankreich oder der Schweiz ihren Sitz haben.

Wolfgang Kaesbach, Leiter des Arzneimittelbereichs beim Bundesverband der Betriebskrankenkassen, steht auf der anderen Seite des täglichen Interessenkampfs und kennt den mächtigen VFA genau. Die ausländischen Mütter der VFA-Mitglieder «interessiert die deutsche Kostendämpfungspolitik überhaupt nicht», sagte Kaesbach anlässlich eines Rabatthandels zwischen Pharmaunternehmen und Politik 2001. «Sie drücken die industriepolitischen Vorstellungen internationaler Konzerne durch. Wenn denen etwa durch Arzneifestbeträge Einbußen drohen, setzen sie den amerikanischen Botschafter zum Wirtschaftsminister in Bewegung.»[51]

Die Local American Working Group im VFA

Einen der seltenen Einblicke in die Lobby-Arbeit der führenden Pharmaunternehmen bot sich im November 2002. Die Bundesregierung plante damals ein Gesetz, wonach die Pharmaunternehmen den Krankenkassen einen Rabatt in Höhe von sechs Prozent auf ihre patentgeschützten Arzneimittel gewähren sollten – einer von mittlerweile zahlreichen Versuchen, die Arzneimittelkosten irgendwie in den Griff zu bekommen: Statt in echte Preisverhandlungen mit den Herstellern zu treten, lässt man grundsätzlich alles beim Alten und versucht stattdessen, überteuerten Medikamenten mit Zwangsrabatten zu begegnen.

Kaum war das Gesetzesvorhaben bekannt geworden, setzte die Pharmalobby ihre Truppen in Bewegung und packte ihre Lieblingskeule aus: die Drohung, Arbeitsplätze in Deutschland abzubauen, falls die Regierung an ihrem Spargesetz festhalte. Pfizer, GlaxoSmithKline und MSD Sharp & Dohme luden zu einer Pressekonferenz nach München ein. Anlässlich der Pressekonferenz trat auch eine kleine, aber feine Gruppe innerhalb des VFA in Erscheinung, die sonst gegenüber der Öffentlichkeit im Verborgenen bleibt: die Local American Working Group (LAWG), die Arbeitsgemeinschaft der US-Pharmakonzerne innerhalb des VFA.

Vorsitzender der LAWG ist Stefan Oschmann, der beim US-Pharmakonzern Merck & Co verantwortlich ist für das gesamte Pharmageschäft in Europa, Nahost, Afrika und Kanada. Merck tritt in

Deutschland übrigens unter dem Namen MSD Sharp & Dohme auf, um nicht mit dem deutschen Arzneimittelhersteller Merck aus Darmstadt verwechselt zu werden. MSD-Chef Oschmann ist nebenbei auch Vorsitzender des Gesundheitsausschusses der US-Handelskammer in Deutschland und Mitglied des Hauptausschusses des Verbands der Chemischen Industrie – ein gut vernetzter Industrie-Manager. Neben Oschmann traten auf der Münchner Pressekonferenz noch weitere Mitglieder der LAWG auf: Walter Köbele, Vorsitzender der Geschäftsführung von Pfizer Deutschland und Thomas Werner, Vorsitzender der Geschäftsführung bei GlaxoSmithKline.

Der Glaxo-Chef kündigte auf der Pressekonferenz an, dass zwei Drittel der VFA-Mitgliedsunternehmen auf die Rabattpläne der Regierung mit einem Abbau von Arbeitsplätzen reagieren wollen. Knapp 40 Prozent der Pharmakonzerne würden zudem ihre Investitionen stoppen und ihre Forschungsaufwendungen senken. Außerdem drohte Thomas Werner unverhohlen damit, dass die Belastungen negative Auswirkungen auf künftige Investitionsentscheidungen haben würden: Für viele international tätige Unternehmen sei es nicht selbstverständlich, in Deutschland zu investieren. Gute Standortbedingungen gebe es auch anderswo.[52] Für alle Begriffsstutzigen fasste der Pharmaboss nochmal zusammen: «Wir denken ganz intensiv an betriebsbedingte Entlassungen.»[53]

Pfizer-Chef Köbele drohte ebenfalls damit, Arbeitsplätze abzubauen. Die Regierungspläne seien «ein verheerendes Signal für international agierende Unternehmen und schädlich für Patienten».[54] Pharmaboss Oschmann teilte schließlich mit, dass er bereits einen Investitionsstopp angeordnet habe. Sollte das Gesetz verabschiedet werden, werde MSD Sharp & Dohme auf die Einstellung von 200 hochqualifizierten Arbeitskräften verzichten. Weitere Personalmaßnahmen seien nicht ausgeschlossen.[55] Patrick Schwarz-Schütte, Vorstandschef von Schwarz Pharma und VFA-Vorstandsmitglied, schlug andernorts in dieselbe Kerbe und kündigte an, kurzfristig 225 Arbeitsplätze in Deutschland abzubauen und alle Neuinvestitionen zu stoppen.

Diesmal kam der Protest allerdings zu spät: Das Gesetz war nicht auf die Zustimmung des Bundesrats angewiesen und wurde von der rot-grünen Bundesregierung innerhalb weniger Wochen verabschiedet. Es entlastete die Gesetzliche Krankenversicherung um 2,8 Milliarden Euro, wovon die Hälfte bei Arzneimitteln eingespart wurde.[56]

Abbau von Arbeitsplätzen als Bluff

Die Drohung mit dem Abbau von Arbeitsplätzen war vor allem dazu da, die Öffentlichkeit zu verängstigen: Denn schaut man sich die Statistik der Beschäftigten in den VFA-Konzernen an, gab es trotz des Rabattgesetzes, das die Unternehmen angeblich so heftig bedrohte, einen Arbeitsplatzzuwachs auf grundsätzlich bescheidenem Niveau: Im Jahr 2000 waren in Deutschland bei allen im VFA zusammengeschlossenen Pharmakonzernen 78 000 Menschen beschäftigt, davon 14 100 in der Forschung. Im Jahr 2003 waren es 85 000 Beschäftigte, davon 14 500 in der Forschung. 2005 schließlich gab es 86 000 Beschäftigte in den Pharmakonzernen, davon 15 300 Forschungsjobs – ein Plus um mehr als fünf Prozent.[57] Es geht also um 86 000 Menschen, die die ganze Pharmaindustrie beschäftigt, wohlgemerkt alle zusammengerechnet: Forscher, Pharmareferenten, Manager, Vertriebsleute und Verwaltungsmitarbeiter. Nur zum Vergleich: Allein auf dem Frankfurter Flughafen arbeiten 68 000 Menschen, und ein einzelner Autokonzern wie DaimlerChrysler beschäftigt in Deutschland 160 000 Mitarbeiter.

Dennoch verfängt die Drohung mit Arbeitsplatzabbau immer wieder bei Politikern, vor allem bei den Ministerpräsidenten, die dann im Bundesrat Gesetze verhindern, die den Pharmakonzernen missfallen. Dabei wissen diese Politiker vermutlich gar nicht, dass jeder Euro, der zusätzlich in die Kassen der Pharmaindustrie fließt, nur eine marginale Auswirkung auf die tatsächliche Schaffung von Arbeitsplätzen hat. Der ehemalige Vorsitzende des Sachverständigenrats im Gesundheitswesen, Friedrich Wilhelm Schwartz, hält es deshalb geradewegs für «arbeitsmarktpolitisch absurd», dass die Krankenkassen heute mehr Geld für Arzneimittel ausgeben als für Arzthonorare. «Der Beschäftigungsanteil bei der Arzneiherstellung beträgt 15 Prozent, bei ärztlichen und pflegerischen Leistungen dagegen 85 Prozent.»[58] Von jedem Euro Umsatz, den Pharmakonzerne erhalten, fließen also 15 Cent an Mitarbeiter. Von jedem Euro, den Ärzte, Krankenhäuser oder Pflegeheime bekommen, fließen 85 Cent in Beschäftigung. Wenn Politiker sich bei ihren Entscheidungen also wirklich danach richten wollen, wo der größte Arbeitsplatzeffekt entsteht, sollten sie lieber die Bedingungen für Ärzte und Pflegekräfte verbessern, als die Pharmakonzerne zu hätscheln.

Die Arzneimittelhersteller verkünden seit Jahren aber nicht nur einen Zuwachs an Beschäftigung, sondern auch ein beeindruckendes Umsatzwachstum, wie selbst VFA-Statistiken zeigen. Machten die Pharmaunternehmen in Deutschland im Jahr 2000 noch 21 Milliarden Euro Umsatz, kletterte der Wert 2003 auf 23,5 Milliarden Euro und 2005 auf 27,9 Milliarden Euro. Der VFA lässt sich in seinem Gejammer aber nicht mal von den eigenen Erfolgsmeldungen abhalten. Regelmäßig «warnt» er erneut vor trüben Aussichten. So auch wieder Ende 2006, als Cornelia Yzer die Pressemitteilung Nr. 53 in die Redaktionen der Republik schickte. Überschrift: «Die Pharmakonjunktur wird ausgebremst». Im Text heißt es dann: «Mehr als die Hälfte der befragten Unternehmen erwartet für 2007 einen Rückgang der Umsätze in Deutschland.» Für den Fall dieser Umsatzrückgänge hat Frau Yzer auch gleich den Schuldigen ausgemacht: «Das ist dann die unerfreuliche Konsequenz der Gesundheitsreform.» Am Ende der Mitteilung beschließt die VFA-Hauptgeschäftsführerin das Jahr 2006 mit einer ihrer beliebten Drohungen an die Politik: «Die Investitionen werden langfristig dahin gehen, wo innovative Arzneimittel nicht aus dem Gesundheitssystem gedrängt werden.»[59]

Als die Bundesregierung im Frühjahr 2006 das Arzneimittelversorgungs-Wirtschaftlichkeitsgesetz (AVWG) beschloss und damit die Möglichkeit einführte, Ärzte zu bestrafen, wenn sie überdurchschnittlich häufig überteuerte Medikamente verordnen, schoss Yzers VFA erneut aus allen Rohren. Die Chefin selbst meldete sich mit der Bemerkung zu Wort, das Gesetz sei «ein Schlag gegen die Patienten». Ärzten würde nahegelegt, «Therapien mit möglichst billigen und alten Präparaten durchzuführen». Dies könne zu Lasten der Versorgungsqualität gehen, «warnte» Yzer.

Dabei sind die von Yzer als «alt» geschmähten Präparate oft die geeignetsten, weil sie am besten in ihren Wirkungen und Nebenwirkungen untersucht sind. Mit ihrem zweiten Hieb gegen «billige Präparate» schlug sie auf die unliebsame Konkurrenz der Generika-Branche ein, die billiger ist, weil es zwischen Generika-Herstellern gelegentlich echten Wettbewerb gibt.

Das Aushängeschild: Andreas Barner

Noch lieber als Frau Yzer schickt der VFA sein zweites Aushängeschild in die Medien: Professor Dr. Dr. Andreas Barner, Forschungschef bei Boehringer Ingelheim und eben Vorstandsvorsitzender des VFA. Barner hat im Unterschied zu Yzer den Vorteil, dass er Mediziner ist und als «Forschungschef» bei Medien über eine höhere Glaubwürdigkeit verfügt – weniger Lobbyist als die taffe Juristin ist er deshalb aber auch nicht. Barner, 1953 geboren, hat in Freiburg und Zürich Medizin und Mathematik studiert und in beiden Fächern promoviert. Er arbeitete zunächst beim Pharmakonzern Ciba-Geigy in Basel und wechselte 1992 zu Boehringer Ingelheim, wo er 1999 in die Unternehmensleitung aufrückte und für Pharmaforschung verantwortlich wurde. Barner nimmt auch gern honorige Termine wahr. Im September 2003 trat er beim

«Reformkongress» des Bundesverbandes der Deutschen Industrie (BDI) auf, wo er den versammelten Industrieführern schreckliche Dinge aus seiner Branche berichtete: So ziele die Bundesregierung mit ihrer Politik «direkt gegen Forschung und forschende, der Innovation verpflichtete Unternehmen». Weil nun «durch Zwangsrabatt» (man erinnere sich: die sechs Prozent) «und Festbeträge auf patentgeschützte Arzneimittel die Ergebnisse jahrelanger Forschungsanstrengungen in Frage gestellt» werden. Barner sah überall nur «Gesetze, die Innovation diskriminieren» und «Arzneimittelforschung in Deutschland zu einem Vabanquespiel» machen. Dass die Pharmabranche heute doppelt so viel Geld für Marketing wie für Forschung ausgibt, ist für den VFA-Vorstandschef nicht bedenklich. «Marketingausgaben sind ja nichts Unmoralisches», sagte Barner 2006. «Sie sind Ausweis des Wettbewerbs der Pharma-Unternehmen untereinander.»[60]

Auf den ersten Blick ein vernünftiges Argument. Doch das, was Barner «Wettbewerb» nennt, ist in der Pharmabranche eben häufig ein fragwürdiger Wettbewerb, denn Marketing bedeutet auch, Ärzten Flug- und Hotelkosten zu dubiosen Tagungen zu bezahlen, ihnen Geld zukommen zu lassen für wissenschaftlich wertlose Anwendungsbeobachtungen, ihnen Geschenke und Essenseinladungen zu gewähren, wenn sie die hauseigenen Medikamente verschreiben, und noch viel mehr – in Kapitel 5 über die Korruption von Ärzten wird das noch einmal ausführlicher Thema sein.

Lobbyisten für Generika und Ginkgo

Neben dem mächtigen VFA und dem mittelständisch geprägten BPI gibt es noch drei weitere Pharmaverbände: 1. den Bundesverband der Arzneimittelhersteller (BAH) mit Sitz in Bonn, 2. Pro Generika und 3. den Deutschen Generikaverband.

Der BAH vertritt 319 Unternehmen, die vor allem OTC-Produkte herstellen, «Over-The-Counter», über-den-Ladentisch. Dabei handelt es sich um Medikamente, die ohne Rezept in Apotheken erhältlich sind, also Ginkgopräparate, Wundsalben, Nasensprays und die ganze Palette der meist harmlosen homöopathischen Mittelchen. Der Verband hat aber kaum Bedeutung im Lobbyleben Berlins, weil die Präparate meist sowieso nicht von den Krankenkassen erstattet werden, die Gesundheits- und Erstattungspolitik den Unternehmen also ziemlich egal sein kann.

Ganz anders dagegen der Verband «Pro Generika», die erst 2004 gegründete Interessenvertretung der großen Generikafirmen. Bei ihm handelt es sich im Kern um einen Zusammenschluss der drei marktbeherrschenden Hersteller Ratiopharm, Hexal, Stada und ihrer Tochterfirmen. Sie dominieren 90 Prozent des deutschen Generikamarkts, was gut für die drei Großen ist, aber schlecht für den Wettbewerb. Denn eine Untersuchung aus dem Jahr 2005 zeigt: Je weniger Generikafirmen einen Wirkstoff nachbauen, desto geringer ist der Preisunterschied gegenüber dem Originalprodukt. Beispiel: Simvastatin. Der Cholesterinsenker wurde von 28 Generikaherstellern angeboten, der Preis lag bis zu 42 Prozent unter dem Preis des Originals. Gabapentin dagegen, ein Mittel gegen Epilepsie, wurde kaum billiger. Die drei führenden Generikahersteller hatten bei Gabapentin einen Marktanteil von 95 Prozent – der Preis war nur acht Prozent niedriger als das Originalprodukt.[61] Je mehr Hersteller, desto geringer der Preis. Je weniger Konkurrenz, desto näher liegen die Generikapreise am Original. Die Krankenversicherten sollten also ein Interesse daran haben, dass es viele Player auf diesem Markt gibt. Doch Claudio Albrecht, der ehemalige Geschäftsführer von Ratiopharm, prognostizierte schon 2004 nicht zunehmenden Wettbewerb, sondern weitere Konzentration: «Achtzig Prozent der Anbieter werden bis zum Jahr 2010 verschwunden sein. Von den großen zehn werden sich drei ganz Große herausschälen. Mittelfristig sehe ich in Deutschland drei bis fünf multinationale Anbieter plus fünf oder sechs Nischenanbieter.»[62] In der Tendenz scheint Albrecht recht zu haben, die Generikabranche ist weiter im Umbruch: Der Schweizer Pharmakonzern Novartis schluckte 2005 Hexal, der indische Konzern Dr. Reddys kaufte 2006 das Augsburger Unternehmen Betapharm, immerhin der viertgrößte Generikahersteller in Deutschland, und auch beim einstigen Marktführer Ratiopharm gibt es immer wieder Verkaufsgerüchte.

Diejenigen Firmen, die nach Claudio Albrechts Prognose vermutlich unter die Räder kommen werden, sind im Deutschen Generikaverband verblieben, von dem sich die großen Hersteller getrennt haben, als sie Pro Generika gründeten. Der Deutsche Generikaverband existiert schon seit mehr als zwanzig Jahren, er tritt vor allem für mehr Wettbewerb ein und wendet sich gegen den weiteren Machtzuwachs der drei Branchenriesen. Der Deutsche Generikaverband hat nach Angaben der Lobbyliste des Bundespräsidenten zwar mehr Mitglieder (24) als die Konkurrenz von Pro Generika (20), allerdings sind es ausschließlich kleine und mittlere Unternehmen, die nur wenig Umsatz machen – entsprechend einflusslos ist der Verband auch im Vergleich zu Pro Generika.

Die Funktion, die Cornelia Yzer beim VFA innehat, übt bei Pro Generika Hermann Hofmann aus. Er war bis 2001 Sprecher der CSU-Fraktion im Bayerischen Landtag, wurde anschließend Geschäftsführer Kommunikation beim BPI und wechselte 2004 als erster Geschäftsführer zu Pro Generika.

Meist vertreten VFA und Pro Generika gegenteilige Interessen: der VFA sagt zum Beispiel, die Generikapreise in Deutschland seien zu hoch; Pro Generika argumentiert indes, sparen können Ärzte vor allem dadurch, dass sie statt teurer Originalpräparate mehr Generika verordnen. Aber gleichzeitig verfolgen beide Lobbyverbände doch ein ähnliches Ziel: möglichst unbeschadet durch jedes neue Spargesetz zu kommen. Der VFA behauptet deshalb, Preisregulierungen bei seinen patentgeschützten Arzneimitteln seien ein Schlag gegen die Pharmaforschung, gegen Innovationen und gegen den Standort Deutschland, Pro Generika, dass die Nachbauten schon so billig sind, dass man im Preis gar nicht mehr runter-gehen könnte.

Dabei scheint gerade in Deutschland bei Generika noch Luft zu sein. Zuletzt hatte der «Arzneiverordnungs-Report» 2006 einen Vergleich der Preise umsatzstarker Generika in Schweden und Deutschland veröffentlicht (Stichtag der Preiserhebung war der 18. Juli 2006).[63] Ein paar anschauliche Beispiele:

- **Omeprazol** der beliebte Magensäureblocker, kostet von der Firma Sandoz (100 Tabletten à 20 Miligramm) in Schweden 39,38 Euro, in Deutschland dagegen 74,46 Euro.
- **Amlodipin** ein Medikament gegen Bluthochdruck von der Firma Ratiopharm (100 Tabletten, 5 Milligramm) kostet in Schweden 10,40 Euro, in Deutschland 18,30 Euro.
- **Simvastatin** der bewährte Cholesterinsenker, kostet von der Firma Hexal (100 Tabletten, 20 Milligramm) in Schweden 6,53 Euro, in Deutschland dagegen 36,30 Euro.

Selbst wenn man berücksichtigt, dass die Generikahersteller in Deutschland aufgrund des 2006 eingeführten Arzneimittel-Wirt-schaftlichkeitsgesetzes ihre Preise zuletzt im Schnitt um 20 Prozent gesenkt haben, bleiben die hohen Preisunterschiede dennoch bestehen. Generika sind und bleiben ein erstaunlich lukratives Geschäft in Deutschland – auch wenn die Lobbyverbände das Gegenteil behaupten. Nicht ohne Grund hat es der Eigentümer von Ratiopharm, Adolf Merckle, mit einem geschätzten Vermögen von mehr als neun Milliarden Euro inzwischen zum viertreichsten Deutschen nach den Aldi-Brüdern Karl und Theo Albrecht und der Familie des Versandhändlers Otto gebracht.[64]

Wie die Pharmalobby Gesetze beeinflusst

Belgien, Dänemark, Finnland, Frankreich, Griechenland, Italien, Luxemburg, die Niederlande, Österreich, Portugal und Schweden haben eine Positivliste – Deutschland nicht. Seit mehr als zehn Jahren verhindert die Pharmalobby erfolgreich eine solche Liste aller therapeutisch nützlichen und wirtschaftlichen Arzneimittel, die zu Lasten der Krankenkassen abgerechnet werden können. Heute müssen die Krankenkassen prinzipiell jedes zugelassene Medikament erstatten, das ein Arzt verordnet, egal wie sinnvoll oder teuer es sein mag. Bei der Positivliste hingegen bekommen die Ärzte eine Liste aller Medikamente, die man für wirksam und bezahlenswert hält, aus der sie dann verordnen könnten. Teure Scheininnovationen haben so in Ländern, die über eine Positivliste verfügen, einen schwereren Stand.

Der erfolgreiche Kampf gegen die Positivliste

Einen der wenigen ernstzunehmenden Versuche, in Deutschland eine Positivliste zu etablieren, gab es 1992 unter dem damaligen Gesundheitsminister Horst Seehofer (CSU). Seehofer einigte sich zunächst mit der SPD, dass zum 31. Dezember 1995 eine Positivliste in Kraft treten solle. Es wurde eigens das Institut «Arzneimittel in der Krankenversicherung» (IAK) unter Leitung des Heidelberger Pharmakologen Ulrich Schwabe gegründet, das eine solche Liste erarbeiten sollte. Das IAK ging äußerst großzügig vor und nahm von den 50 000 verschreibungsfähigen Arzneimitteln, die es in Deutschland damals gab, 30 000 in die geplante Liste auf. Doch die Pharmalobby hielt auch diese Liste für eine unzumutbare Einschränkung und setzte alle Hebel in Bewegung, sie zu verhindern.

Hauptgeschäftsführer des Bundesverbandes der Pharmazeutischen Industrie (BPI) war zu dieser Zeit Hans Rüdiger Vogel (CDU), der zuvor Leiter der Gesundheitsabteilung im Gesundheitsministerium Rheinland-Pfalz war und anschließend direkt zum Pharmaverband BPI wechselte. Vogel hatte auch in Helmut Kohl (CDU), dem Bundeskanzler aus der BASF-Stadt Ludwigshafen, einen Verbündeten. Als Wirtschaftsminister Günter Rexrodt (FDP) 1995 die Einladung zur Hauptversammlung des BPI annahm, nutzte Vogel die Gelegenheit, um gegen die Positivliste zu argumentieren. Er behauptete kurioserweise, sie würde die Krankenkassen allein in Westdeutschland mit 400 Millionen Mark belasten, wahrscheinlich sogar mit einer Milliarde Mark.[65] Der BPI lehne die Liste vor allem im Interesse der Ärzte ab, denen ein breites Spektrum von Medikamenten erhalten bleiben müsse. Während die SPD noch an der Liste festhielt, kündigte ein weiterer Kohl-Vertrauter, der Staatssekretär im Gesundheitsministerium Baldur Wagner, auf der BPI-Tagung an, dass die Koalition dafür sorgen werden, dass die gefürchtete Arzneimittel-Liste nicht in Kraft treten werde.[66]

Der BPI verließ sich aber nicht nur auf Politiker der CDU/CSU-FDP-Regierung, sondern zog auch führende SPD-Politiker auf seine Seite. Schließlich war für die Liste die Zustimmung der SPD im Bundesrat erforderlich. Der Pharmaindustrie gelang es damals, drei SPD-Ministerpräsidenten zu gewinnen, die im Bundesrat gegen die Liste stimmten und sie damit zu Fall brachten: Ministerpräsident Hans Eichel, in dessen Bundesland Hoechst zu Hause war, Ministerpräsident Wolfgang Clement aus der Heimat der Bayer AG und Ministerpräsident Gerhard Schröder, der für die Interessen des Pharmakonzerns Wellcome ein offenes Ohr hatte. Danach rückte auch Horst Seehofer von dem Vorhaben ab, sprach abfällig von der «Listenmedizin» und warf den Medizinprofessoren vor, dass sie die Medikamente mit ihrem Handelsnamen bezeichnet hatten.[67] Eine unsinnige Kritik, denn genau dies entsprach dem gesetzlichen Auftrag.

Ellis Huber, damals Präsident der Berliner Ärztekammer, war «erschrocken», zu sehen, wie «Seehofer sich plötzlich zum Sprach-

rohr der obskursten Argumente der Pharmaproduzenten machte».
Huber erklärte: «Der Gesundheitsminister ist von der Lobby der
pharmazeutischen Industrie so stark beeinflusst worden, dass er in
Fragen der Positivliste falsch handelt.»[68]

Besonders peinlich wirkte allerdings das Ende der geplanten
Liste: Der Kohl-getreue Gesundheits-Staatssekretär Baldur Wagner brachte dem Hauptgeschäftsführer des BPI, Hans Rüdiger Vogel, zu dessen 60. Geburtstag ein außergewöhnliches Geburtstags-
geschenk mit: Der Beamte überreichte dem Pharmalobbyisten ein
Exemplar der Positivliste – geschreddert und in Klarsichthülle.[69]

Der vorläufig letzte Versuch einer solchen Liste scheiterte
schließlich 2003 in jener denkwürdigen Nacht mit Ulla Schmidt,
die Horst Seehofer als «eine der schöneren Nächte in meinem
Leben» bezeichnet hatte.[70] Auch damals gelang es der Lobbyarbeit der Pharmaindustrie zusammen mit Seehofer, den bereits
bestehenden Gesetzesentwurf, der eine solche «Liste über verord-
nungsfähige Arzneimittel» einführen wollte, im letzten Moment
aufzuheben.[71]

Ein Gesetz, das Scheininnovationen fördert

Aufgeschlossen gegenüber Pharmaindustrieinteressen war nicht
nur Kohls Staatssekretär Baldur Wagner, sondern auch der langjährige FDP-Bundestagsabgeordnete und Vorsitzende des Gesundheitsausschusses in der Ära Kohl, Dieter Thomae, der nur zufällig
so heißt wie ein großer Arzneimittelhersteller. Die «Zeit» schrieb
über den FDP-Politiker 1991: «Seine Briefe an die Gesundheitsbe-
amten gleichen denen der Industrie mitunter aufs Wort.»[72]

Thomae stand hinter einem für die Pharmaindustrie vorteilhaf-
ten Gesetzesentwurf der Fraktionen von CDU/CSU und FDP im
Jahr 1996.[73] Bis dato galt die Regelung, dass patentgeschützte Arzneimittel vom Festbetrag befreit sind, wenn ihre «Wirkungsweise
neuartig ist und sie eine therapeutische Verbesserung, auch wegen

geringer Nebenwirkungen bedeuten».[74] Thomae schlug vor, dies zu ändern, indem ein einziger wichtiger Satz ins Gesetz eingefügt wird: «Festbeträge für patentgeschützte Arzneimittel, deren Zulassung nach dem 31. Dezember 1995 erfolgt, werden nicht mehr gebildet.»

Die Abgeordneten von CDU/CSU und FDP winkten die Gesetzesänderung durch. Die Folge war, dass an neue Medikamente kein Qualitätskriterium mehr angelegt wird, wie «therapeutische Verbesserung». Stattdessen reicht es seitdem, dass ein Medikament als neu gilt, um teuer bei den Krankenkassen abgerechnet werden zu können. Ein «Danaergeschenk» an die Pharmaindustrie, urteilte die «Zeit» damals; statt echte Neuheiten zu produzieren, könne sich die Industrie «nun weiter auf die faule Haut legen» und Medikamente patentieren lassen, die «keinen therapeutischen Fortschritt bedeuten».[75]

Interessant war die vorangehende Anhörung im Bundestags-Gesundheitsausschuss, zu der sowohl der BPI als auch der VFA ihre Lobbyisten schickten, um die Abgeordneten mit den richtigen Argumenten zu versorgen. Der Bundestagsbericht hält fest: «Die Mitglieder der Fraktionen der CDU/CSU und FDP» sehen sich «durch die Anhörung [...] in ihrer Meinung bestätigt». Von unabhängigen Pharmaexperten, die darauf hinwiesen, «dass der Patentschutz nichts über [...] den Grad des therapeutischen Nutzens eines neuen Arzneimittels aussage», ließen sie sich nicht von dem Gesetz abbringen.

Insgesamt war die Gesetzesnovelle aus dem Jahr 1996 ein voller Lobby-Sieg für BPI und VFA, ein Beispiel dafür, dass man ein frei gewähltes Parlament so manipulieren kann, dass es zugunsten von Pharmakonzernen gegen die Interessen von Millionen Krankenversicherten entscheidet, die die Gesetzesfolgen, also steigende Arzneimittelausgaben, über ihre Krankenkassenbeiträge finanzieren.

Ablass für 200 Millionen Euro

Einen ihrer größten Triumphe konnte die Pharmalobby aber erst im November 2001 feiern. Damals plante Bundesgesundheitsministerin Ulla Schmidt einen vierprozentigen Preisnachlass für patentgeschützte Medikamente zugunsten der Krankenkassen – woraufhin der US-Botschafter persönlich beim damaligen Bundeskanzler Gerhard Schröder intervenierte.[76] Der Bundestag hatte das Rabattgesetz zwar schon beschlossen, doch nachdem auch noch der pharmafreundliche Chef der Industriegewerkschaft Bau, Chemie, Energie, Hubertus Schmoldt, bei Schröder Einspruch anmeldete, lud der Kanzler für den 8. November 2001 zum Pharmagipfel ins Kanzleramt. Wirtschaftsminister Werner Müller (parteilos) hatte sich ebenfalls überzeugen lassen, gegen die von Ulla Schmidt geplanten Preisabschläge Stellung zu beziehen, und wies darauf hin, dass sich in vielen Ländern die Arzneimittelpreise an den Preisen in Deutschland orientierten.

Im Kanzleramt traf Ulla Schmidt an diesem Abend neben Gerhard Schröder und Wirtschaftsstaatssekretär Alfred Tacke auf drei hochrangige Pharmaindustrielle vom VFA: Bernhard Scheuble von Merck, Patrick Schwarz-Schütte von Schwarz Pharma und Silvio Gabriel von Novartis. «Auf dem Tisch lag ein Papier aus dem Kanzleramt, das eine Selbstverpflichtung der Industrie vorsah. Die Bosse hatten an rund 175 Millionen Euro gedacht und ließen sich vom Kanzler weitere 25 Millionen abhandeln. Schröder wandte sich dem Sinne nach so an die Industriellen: ‹Tja, meine Herren, der Hubertus Schmoldt ist ja wohl Ihr bester Mann.›»[77] Im Ergebnis einigte sich der Kanzler mit den Pharmabossen – und die düpierte Gesundheitsministerin konnte für einen Ablass von 200 Millionen Euro ihr vom Bundestag bereits beschlossenes Gesetz wieder einstampfen.

Die Anti-Korruptions-Organisation Transparency International sah die Regierung Schröder damals dem «Verdacht der Korrumpierbarkeit» ausgesetzt. «Hier hat sich die Bundesregierung wieder einmal dem Druck der übermächtigen Pharmalobby gebeugt, und dies angesichts der glänzenden Gewinne gerade dieser Branche.»[78]

Das AVWG und der Vize-Gesundheitsminister

Im Jahr 2005 plante Ulla Schmidt das Arzneimittelversorgungs-Wirtschaftlichkeitsgesetz (AVWG), das unter anderem ein zweijähriges Verbot von Preiserhöhungen vorsah und geringere Festbetragsgrenzen. Dadurch sollten die Arzneimittelausgaben der Krankenkassen um 1,3 Milliarden Euro pro Jahr gesenkt werden. Erwartungsgemäß lief der VFA mit den US-Pharmakonzernen im Rücken auch diesmal Sturm. Kurz vor der Bundestagsdebatte am 8. Februar 2006 reiste der stellvertretende US-Gesundheitsminister Alex Azar nach Deutschland, um im Gesundheits- und Wirtschaftsministerium Gespräche mit den Staatssekretären Klaus Theo Schröder und Bernd Pfaffenbach zu führen. Abends hielt Azar eine Rede im Aspen-Institut Berlin über die «fundamentalen Beziehungen zwischen staatlicher Preisregulierung und pharmazeutischen Innovationen».[79] Allein der Titel suggerierte bereits, dass jede Regulierung den Forschungsstandort behindert. In der konkreten Situation aber muss man dies eindeutig als Stellungnahme eines US-Regierungsmitglieds zugunsten der Pharmaindustrie verstehen – und als Einmischung auf die Gesetzgebung eines fremden Landes.

Die CDU/CSU-Ministerpräsidenten hielten durch ihre Einsprüche im Bundesrat das rot-grüne Spargesetz zwar noch um einen Monat auf, doch trat es zum 1. Mai 2006 im Kern unverändert in Kraft. Allein der eine Monat Verzögerung kostete nach Angaben des Gesundheitsministeriums die Krankenkassen 130 Millionen Euro.

Ulla Schmidts Weihnachtsgeschenk an die Pharmaindustrie

Ein von jeher beliebter Sündenbock für die Pharmaindustrie ist das Bundesinstitut für Arzneimittel und Medizinprodukte (BfArM). Die Behörde brauche zu lange bei den Arzneimittelzulassungen, zu schwerfällig sei das Verfahren, jammern die Pharmalobbyisten seit Jahren. «Wir wünschen uns mehr Kundenfreundlichkeit», verlangte etwa 2005 das Pharmaunternehmen und VFA-Mitglied MSD Sharp & Dohme.[80]

Es ist die gleiche Leier, mit der in den USA auf die staatliche «Food and Drug Administration» (FDA) eingeschlagen wird, die dort für die Prüfung und Zulassung neuer Arzneimittel zuständig ist. Dabei ist das BfArM keineswegs so lahm, wie die Industrie gern glauben machen will. So standen im Jahr 2000 den 2296 Anträgen immerhin 2490 Entscheidungen gegenüber. Und das, obwohl die Anträge oft unvollständig eingereicht werden.[81] So berichtet der ehemalige BfArM-Chef Alfred Hildebrandt, dass die Pharmaunternehmen sensible Daten über Nebenwirkungen gern «in Konvoluten von 400 Ordnern à 500 Seiten» verstecken.[82]

Ende Dezember 2006, vier Tage vor Weihnachten, erhielten die Arzneimittelkonzerne dennoch ein besonders schönes Geschenk: Gesundheitsministerin Ulla Schmidt teilte der ahnungslosen Öffentlichkeit mit, dass das Bundeskabinett heute beschlossen habe, aus dem BfArM eine «modern und effizient arbeitende Agentur» zu machen und diese unter dem Namen Deutsche Arzneimittel- und Dienstleistungsagentur (DAMA) zu etablieren. Das BfArM solle in dieser Agentur aufgehen.

Hört sich zunächst harmlos an. Doch die Agentur soll sich künftig allein durch Gebühren der Pharmahersteller finanzieren, die die Zulassung eines Medikaments beantragen. Beim BfArM machten die Gebühren bisher «nur» zwei Drittel des Budgets aus. Na und?, könnte man fragen. Aber: Es macht schon einen Unterschied, ob eine Behörde einen Etat hat, der grundsätzlich nicht von Einnahmen abhängt, oder ob eine Dienstleistungsagentur die Vorgabe hat, ihre Ausgaben durch Einnahmen zu decken. Dazu kommt, dass dem DAMA-Vorstand künftig (im Unterschied zu einem Behördenleiter) «leistungsbezogene Bestandteile» für die Erfüllung von Zielvereinbarungen bezahlt werden sollen. Denkbar ist, sich solche Ziele für die Zahl der Zulassungen oder die durchschnittliche Dauer auszudenken. Jedenfalls soll die DAMA schneller Arzneimittelzulassungen erteilen, weil Schnelligkeit, so die These, grundsätzlich ein Fortschritt ist im «Standort-Wettbewerb». Das «arznei-telegramm», eine unabhängige Zeitschrift kritischer Mediziner, geht davon aus, dass mit Einrichtung der DAMA die «Vermarktungsinteressen der Pharmaindustrie die Zulassungstätigkeit bestimmen werden und Maßnahmen zur Risikominderung verkümmern».[83] Auch die Bundesärztekammer und die Arzneimittelkommission der deutschen Ärzteschaft zeigen sich «tief besorgt» angesichts der geplanten Gründung der DAMA.[84]

Sehr zufrieden war dagegen die Pharmaindustrie. Schließlich hatte sie das Gesetz selbst auf den Weg gebracht. «Das Projekt ist Wunsch und Werk der Industrie, die für entscheidende Passagen der Einfachheit halber die Vorlagen geliefert hat», wie der «Spiegel» berichtete. «Im Fall der DAMA kamen die Entwicklungshelfer des Gesetzes von der Boston Consulting Group.»[85] Als der Gesetzesentwurf bekannt wurde, meldete sich prompt Cornelia Yzer vom Pharmaverband VFA zu Wort und erklärte die Änderung beim BfArM für «unerlässlich»: «Nur in der neuen Organisationsform als Deutsche Agentur für Arzneimittel und Medizinprodukte hat die deutsche Zulassungsstelle die Chance, im europäischen Wettbewerb um Zulassungsaufträge zu bestehen», behauptete die hauptberufliche Pharmalobbyistin am Tag des Kabinettsbeschlusses.[86]

Ist der «Wettbewerb um Zulassungsaufträge» aber das, was Patienten interessiert? Peter Sawicki, Leiter des Instituts für Qualität und Wirtschaftlichkeit im Gesundheitswesen (IQWiG) kritisierte denn auch die neue privatisierte Agentur und fürchtete «eine unverantwortliche Ausrichtung der Arzneimittelzulassung an den Wünschen der Industrie». Sawicki weiter: «Oberstes Ziel darf nicht sein, Medikamente schneller zuzulassen und sie womöglich nicht ausreichend zu prüfen.»[87] Schließlich sei in der Vergangenheit «ein Schaden für Patienten eher durch eine zu schnelle Zulassung als durch eine zu langsame Zulassung von Medikamenten entstanden». Es gibt auch Formen angeblichen «Bürokratieabbaus», die nicht der Allgemeinheit, sondern nur ein paar Starken nützen – in der Regel sind es genau jene, in deren Ideologie jede Privatisierung grundsätzlich begrüßenswert erscheint.

Wolfgang Becker-Brüser, Chefredakteur des «arznei-telegramms», schätzt die Gefahr industrienaher Einflüsse bei der DAMA höher ein als beim BfArM. Arzneimittelskandale wie Vioxx oder Lipobay seien in Zukunft in Deutschland eher möglich, fürchtet der Experte.[88] «Das Beispiel der EMEA, der ebenfalls durch die Hersteller finanzierten Zulassungsbehörde der EU, die vorschnell Pharmaka wie Natalizumab oder Sertindol ohne hinreichende Sicherheitsprüfung zulässt, gibt zu Bedenken Anlass», schreibt das «arznei-telegramm». «Finanzielle Abhängigkeit öffnet zudem der Industrie Tür und Tor für Einflussnahmen und Korruption, die zu Lasten der Patientensicherheit gehen.»[89] Auch Peter Schönhöfer, Pharmakologe aus Bremen, kritisierte, dass Ulla Schmidt mit der Privatisierung des BfArM «die Sicherheit der Patienten an die Pharmaindustrie verkauft» habe. Die Arzneikontrolle sei eine staatlich-hoheitliche Aufgabe, die nicht an eine industriefinanzierte Agentur abgegeben werden dürfe.

Gesundheitsministerin Ulla Schmidt sieht dagegen nur Positives und ignoriert die Bedenken der pharmakritischen Stimmen. Für sie ist die geplante DAMA eine «moderne und effizient arbeitende Agentur» mit einem «modernen Leistungsmanagement», die «ein wichtiger Meilenstein für den Gesundheitsstandort Deutschland» ist.[90]

Die vermurkste Reform 2007

Am besten funktioniert Lobbyismus immer dann, wenn man nichts von ihm merkt. Am 12. Juli 2006 einigte sich das Kabinett der Großen Koalition auf die «Eckpunkte» zu einer Gesundheitsreform: festgehalten in einem 54-seitigen Papier, das jede Menge halbgare Kompromisse wie den Gesundheitsfonds enthält, aber auch einige Regelungen, die die Ausgabenexplosion bei Arzneimitteln begrenzen könnten. Unter anderem sollte die Reform erstmals Höchstpreise für Arzneimittel festsetzen. Bisher kostet ein verschreibungspflichtiges Arzneimittel, zum Beispiel Pantozol, zwischen Hamburg und dem Bodensee in jeder Apotheke gleich viel. Gewährte die Pharmafirma (in diesem Fall Altana) einen Rabatt, gab das Arzneimittel also billiger ab als im Listenpreis vorgesehen, profitierte davon weder der Patient noch die Krankenkasse, sondern nur der Apotheker.

Das Eckpunktepapier wollte nun die Preisbindung lockern und den Krankenkassen erlauben, selbst mit den Pharmaunternehmen zu verhandeln, um einen Preis unter dem Festpreis (Höchstpreis) zu erhalten. Verhandeln sollten aber auch die Apotheker mit den Außendienstmitarbeitern der Pharmaunternehmen. Falls die Idee verwirklicht worden wäre, hätte ein Arzneimittel, das heute einheitlich 50 Euro kostet, künftig in der einen Apotheke 49 Euro gekostet, in einer anderen 42 Euro oder 35 Euro – die Spielräume bei den Preisen sind enorm. Keinesfalls aber würde das Medikament über 50 Euro kosten, denn das wäre ja der weiterhin gültige Höchstpreis gewesen.

Für die Pharmaunternehmen wäre diese Form von Wettbewerb nicht besonders gemütlich geworden, weil sie laufend Preisverhandlungen mit verschiedenen Krankenkassen und Apothekern hätten führen müssen. Folglich agitierten die Konzerne, die in ihren Reden sonst gern die Fahne des freien Wettbewerbs und der Marktwirtschaft flattern lassen, gegen diese Form echten Wettbewerbs.

Die Pharmakonzerne fanden die Höchstpreisregelung so bedrohlich, dass sich ihre Lobbyverbände zu einer gemeinsamen Aktion
entschlossen. Am 12. November 2006 verschickten VFA, BPI und
Pro Generika eine gemeinsam verfasste «Kritik der Pharmaverbände am Gesetzentwurf zur Gesundheitsreform». Darin heißt
es unter anderem: «Die Festlegung eines Höchstbetrages widerspricht eklatant dem Gedanken des Innovationsschutzes.» So viel
Wettbewerb schade natürlich dem Pharma- und Forschungsstandort Deutschland. «Alle genannten Verbände sind der Meinung,
dass im Laufe des Gesetzgebungsverfahrens noch ein großer Kor-
rekturbedarf besteht.»

Öffentlich wurde das Thema über die Weihnachtstage 2006 / 2007
nicht mehr diskutiert – dafür müssen die Lobbyisten hinter den Kulissen umso aktiver gewesen sein. Ein Politiker der Verhandlungsgruppe der Großen Koalition erinnert sich, dass einzelne Pharmafirmen Gespräche mit wichtigen Abgeordneten geführt hatten.
Interessante Adressaten von Lobbyinteressen dürften dabei vor allem die Wortführer in der Verhandlungsgruppe zur Gesundheitsreform gewesen sein: Annette Widmann-Mauz (CDU), gesundheitspolitische Sprecherin der Unionsfraktion und Mitglied im Beirat
der privaten Halleschen Krankenversicherung, Wolfgang Zöller
(CSU), ebenfalls ein bekannter Verteidiger der Privaten Krankenversicherung, und Carola Reimann, gesundheitspolitische Sprecherin der SPD, die vor ihrem Bundestagsmandat im Medizinmarke-
ting gearbeitet hat. Ein Gesundheitspolitiker der Arbeitsgruppe,
der auch Besuch von Pharmaunternehmen hatte, aber lieber an-
onym bleiben möchte, erinnert sich: «*Das läuft immer gleich ab:
Es sind Vier oder Sechs-Augen-Gespräche, zu denen ein Chef des
Pharmaunternehmens kommt und vielleicht noch ein Fachmann
für Gesundheitspolitik. Man trifft sich zum Beispiel im Abgeord-
netenbüro, nicht im Café Einstein, da würde man ja gesehen, und
alle könnten sich gleich denken, was da läuft. Die Rhetorik in
den Gesprächen ist dann immer die gleiche, sie ist nicht plump.*

Die Pharmachefs sagen zum Beispiel: ‹Das, was ihr wollt, könnt ihr doch auf einem ganz anderen Weg erreichen.› Die versuchen schon herauszufinden, auf was der Politiker anspricht. Dann präsentieren sie ihre Lösungsvorschläge. Es gibt in der Union und in der SPD nur jeweils drei bis fünf wichtige Leute, die man bearbeiten muss, wenn man Änderungen erreichen will. Der typische Abgeordnete hat ja keine Ahnung, mit dem reden die Unternehmen auch nicht, da ist die Gefahr viel zu groß, dass er sich verplappert und plötzlich erzählt, von wem er seine schlauen Berechnungen mit Gegenvorschlägen bekommen hat.»

Bevor die Koalitionsarbeitsgruppe aber die Unannehmlichkeiten für die Pharmaindustrie aus der geplanten Gesundheitsreform wieder ausradierte, bekamen die Konzerne Unterstützung aus dem Bundesrat, wo manche Ministerpräsidenten ein traditionell offenes Ohr für die Sorgen jener Unternehmen haben, deren Standorte in ihren Ländern liegen. Am 15. Dezember 2006 jedenfalls machte der Bundesrat genau das, was der Verband Forschender Arzneimittelhersteller wollte: Er wandte sich gegen die Höchstpreise. Frau Yzer war sichtlich zufrieden und verschickte eine Pressemitteilung: «Ich bin froh, dass die Ministerpräsidenten den Pharmastandort Deutschland offensichtlich nicht abschreiben und nationale Sonderwege verhindern wollen. [...] Auch das Nein der Länder zu Erstattungshöchstbeträgen auf Produkte, die sich als kosteneffizient erwiesen haben, ist das richtige Signal, damit das Innovationsgeschehen in Deutschland nicht ausgebremst wird.»[91] Der Bundesverband der Pharmazeutischen Industrie unterstrich in einer eigenen Presseerklärung: «Nun liegt es am Bundestag, die berechtigte und nun auch durch die Länder bestätigte Kritik der Pharmaindustrie ernst zu nehmen und die entsprechenden Konsequenzen daraus zu ziehen.»[92]

Die Pharmakonzerne mussten nicht lange warten: Noch in der ersten Januarhälfte 2007 knickten die Gesundheitspolitiker aus SPD und CDU/CSU ein und verwarfen endgültig die im Eckpunktepapier verabredeten Höchstpreise für Arzneimittel. Auch den Apothekern wurde der vorgesehene Sparbeitrag in Höhe von 500 Millionen Euro zur Finanzierung der Gesundheitsreform großzügig reduziert. Und Ulla Schmidt hat sich in langen Jahren als Gesundheitsministerin angewöhnt, jede 180-Grad-Drehung ihrer Politik wahlweise als «Durchbruch» oder «guten Kompromiss», jedenfalls immer «mit großer Freude» zu verkünden.[93]

Die Reform kostet die Krankenversicherten zwar mehrere hundert Millionen Euro pro Jahr[94], aber eine starke, unabhängige Interessenvertretung der 70 Millionen gesetzlich Versicherten, die den faulen Kompromiss anprangert, gibt es nicht. Die Krankenkassen jedenfalls haben an dieser Rolle kein Interesse. Was kümmert es sie, wie hoch die Arzneimittelpreise sind, wenn das Problem sowieso alle trifft? Steigen die Ausgaben, erhöht man eben, wie alle anderen Kassen auch, die Beiträge. Echten Wettbewerb zwischen den Kassen gibt es nicht. Erfolgreich kann eine Kasse heute nicht sein, indem sie gute Preise mit Pharmaherstellern aushandelt oder unfähige Ärzte und Krankenhäuser boykottiert. Wirtschaftlich erfolgreich können Kassen heute noch immer am besten dadurch sein, dass sie Versicherte mit hohen Krankheitsrisiken vertreiben und junge, gut verdienende Mitglieder gewinnen.

Der Verein «Freiwillige Selbstkontrolle für die Arzneimittelindustrie»

2003 hatte Ulla Schmidt wieder einmal eine Idee, die sie schon bald einstampfen musste. Nachdem sich Berichte über Korruption bei Ärzten gehäuft hatten, plante die Ministerin, einen «Korruptionsbeauftragten» zu installieren, der mit «Prüfrechten ausgestattet» werden sollte. Dagegen protestierte die Pharmaindustrie diesmal zusammen mit Ärztelobbyisten. «Es ist unverschämt und nicht hinnehmbar, dass mit der Einsetzung eines Anti-Korruptionsbeauftragten nicht nur ein ganzer Berufsstand kriminalisiert, sondern auch das Vertrauensverhältnis zwischen Arzt und Patienten bewusst zerstört wird», posaunte etwa nach Bekanntwerden des Plans der Vorsitzende des Verbands niedergelassener Ärzte (NAV-Virchow-Bund), Maximilian Zoller. Die Juristen des VFA tönten nicht ganz so aggressiv, zeigten sich professionell verständnisvoll und offerierten als «Gegenangebot zu den Gesetzesverschärfungen» den Vorschlag, das Problem in eigener Regie zu lösen.[95]

Ulla Schmidt ging darauf ein, ließ die Pläne für einen Korruptionsbeauftragten wieder fallen und übertrug der Pharmaindustrie selbst die Aufgabe, gegen Korruption in den eigenen Reihen vorzugehen. Die im VFA zusammengeschlossenen Arzneimittelhersteller gründeten daraufhin den Verein «Freiwillige Selbstkontrolle für die Arzneimittelindustrie» (FSA) mit Sitz in Berlin, der im Jahr 2004 seine Arbeit aufnahm und von der Pharmaindustrie finanziert wird. Vorstandsvorsitzender des FSA ist Michael Klein, «Vice President External Affairs & Recht» beim Pharmaunternehmen Pfizer. Peter Sawicki, Leiter des Instituts für Qualität und Wirtschaftlichkeit im Gesundheitswesen, sagt über den FSA: «Das ist so, wie wenn der ADAC selbst die Geschwindigkeitskontrollen für seine Mitglieder übernehmen würde.»

Der FSA hat für seine Mitgliedsunternehmen einen strengen Verhaltenskodex aufgestellt, der die Zusammenarbeit von Pharmakonzernen und Ärzten regelt. Es finden sich darin Vorschriften und Verbote über Bewirtungskosten, Geschenke, Einladungen zu Fortbildungsveranstaltungen, Anwendungsbeobachtungen oder Ärztemustern. In Paragraph 6 heißt es zum Beispiel: Es ist verboten, Ärzten «unlautere Vorteile anzubieten, zu versprechen oder zu gewähren». So darf Ärzten etwa kein Geld dafür gezahlt werden, dass sie Pharmareferenten empfangen, und Anwendungsbeobachtungen dürfen nicht «zu bloßen Werbezwecken missbraucht werden» (§ 18).[96] Werden dem FSA Verstöße gemeldet, muss der Verein den Vorwürfen nachgehen. Ermittlungsgewalt hat er aber keine.

Er kann die betroffenen Unternehmen nur anschreiben und sie um eine Stellungnahme bitten. Bestätigen sich die Vorwürfe, kann der FSA in der ersten Instanz Geldbußen bis 50 000 Euro verhängen, in der zweiten Instanz bis 250 000 Euro und in der dritten Instanz, als schärfste Form der Sanktion, eine Rüge gegen das betroffene Unternehmen im Internet veröffentlichen. Zu dieser Strafe habe man allerdings noch nie greifen müssen, versichert stolz FSA-Chef Michael Klein. Man sieht also, was die Firmen am meisten fürchten: nicht eine Geldstrafe, und sei sie auch horrend, sondern dass öffentlich wird, welcher Manipulationen sie sich bedienen.

Wer den Verein Freiwillige Selbstkontrolle der Arzneimittelindustrie in Berlin besucht, ist zunächst überrascht, wie klein die Institution ist. Sie logiert in der Friedrichstraße 50 in einem Gebäude, in dem man einzelne Büros anmieten kann. Der Verein, der die Verfehlungen der gesamten Pharmaindustrie überwachen soll, besteht offenbar nur aus einer Sekretärin und dem Geschäftsführer Michael Grusa, einem Juristen, der zuvor zehn Jahre lang Direktor eines US-amerikanischen Medizintechnik-Unternehmens war. Vorstand Michael Klein ist nur gelegentlich da, er arbeitet weiterhin vor allem für den Pharmakonzern Pfizer. Seit seiner Gründung schlingert der Verein zwischen den an ihn gestellten Erwartungen hin und her: Einerseits darf er in der Öffentlichkeit nicht den Eindruck erwecken, völlig untätig zu sein. Andererseits verfügt der FSA auch nicht über die Ermittlungsrechte etwa eines Staatsanwalts. Darüber hinaus sitzen im Vereinsvorstand genau die gleichen Vorstandschefs, deren Arbeit man eigentlich kontrollieren soll. Die FSA-Verantwortlichen Grusa und Klein wissen aber auch: Wenn ihr Verein langfristig als nutzlos angesehen wird, kommen wieder die Forderungen nach dem sehr viel unangenehmeren staatlichen Korruptionsbeauftragten. Deshalb bemüht sich Geschäftsführer Grusa, jedes Jahr zumindest eine passable Statistik vorzulegen: Demnach gab es im Jahr 2006 genau 50 Beanstandungen. 13 Unternehmen wurden abgemahnt, zwei in der ersten

Instanz gerügt, drei in der zweiten Instanz. Beanstandet wurde etwa ein Fall, in dem ein Pharmaunternehmen tausend Ärzte zu einer Fortbildung nach Monte Carlo in ein Vier-Sterne-Hotel eingeladen hatte und dabei den Ärzten ausreichend Zeit zur freien Verfügung eingeräumt hatte. Ein anderer Konzern wurde für die gleiche Sache gerügt, nur fand die «Fortbildung» diesmal in Barcelona statt. Der Hersteller eines Verhütungsmittels schließlich wurde für irreführende Werbung abgemahnt. Er hatte seine Pille damit beworben, dass sie «zu einer schöneren Haut» beitrüge und «das Gewicht stabil» bliebe. Die Namen der betroffenen Pharmaunternehmen verrät Grusa freilich nicht. Selbst nach Grusas Angaben liegt die Zahl der Beanstandungen in Deutschland «im europäischen Vergleich im oberen Drittel». Das zeigt für ihn freilich nur, «dass die Unternehmen ihre Mitgliedschaft ernst nehmen und ein großes Interesse daran haben, gemeinsam Standards für ein ethisches Pharmamarketing zu schaffen».[97]

Auf einer Tagung über Korruption im Gesundheitswesen an der Universität Lüneburg 2005 kritisierte die Münchner Oberstaatsanwältin Regina Sieh: «Ich betrachte die Selbstkontrolle nur als Feigenblatt, um ein ausgeklügeltes System von Korruptionsstrategien zu verdecken.» Oberstaatsanwältin Sieh hat schon in mehreren Ermittlungsverfahren gegen Pharmakonzerne das Innenleben der Branche kennengelernt. Sie sagt, dass es sich bei Korruption in der Pharmaindustrie nicht um die Taten einzelner schwarzer Schafe handelt, sondern um Marketingstrategien, «die mit Sicherheit von der Geschäftsleitung ausgehen».[98]

Die meisten Hinweise über Verfehlungen, die der FSA erhält, stammen übrigens von Firmenleitungen über deren Konkurrenten. Nachdem sie zwei Jahre die Arbeit des FSA beobachtet hatten, entschlossen sich im Sommer 2006 auch die Mitgliedsfirmen des Bundesverbands der Pharmazeutischen Industrie (BPI), dem Verein beizutreten.

3. Widerstandsversuche von Wissenschaftlern

Es ist nicht besonders schwer, den Zorn der Pharmaindustrie auf sich zu ziehen: Man muss nur eine Liste mit wirtschaftlichen oder unwirtschaftlichen Medikamenten veröffentlichen – und schon bricht eine Klagewelle über einen herein. Das erlebten der Heidelberger Pharmakologe Professor Ulrich Schwabe, der ehemalige Präsident der Berliner Ärztekammer, Ellis Huber, und der Chef der Kassenärztlichen Vereinigung Nordrhein, Leonhard Hansen. Den Pharmakritiker Professor Peter Schönhöfer verklagte die Industrie bereits ein gutes Dutzend Mal, und Professor Peter Sawicki, Chef des Instituts für Qualität und Wirtschaftlichkeit im Gesundheitswesen (IQWiG), hat sich innerhalb kürzester Zeit zum Lieblingsfeind der Arzneimittelhersteller gemausert. Denn Sawicki steht für eine neue Richtung in der Wissenschaft: die sogenannte evidenzbasierte Medizin. Deren Vertreter vertrauen nicht mehr den Werbebotschaften der Hersteller oder den von ihnen bezahlten Meinungsführern, sondern wollen für jeden behaupteten Vorteil eines neuen Medikaments einen Beweis (engl. evidence) durch möglichst objektive Studien sehen. Noch ist die Bewegung klein. Doch sie wächst international und auch in Deutschland. Immer mehr Ärzte und Wissenschaftler verstehen sich als evidenzbasierte Mediziner – und stellen damit die Deutungshoheit der Pharmaindustrie über ihre Medikamente radikal in Frage. Für die Industrie ist aber nichts gefährlicher als unabhängige Wissenschaft.

Ulrich Schwabes «Arzneiverordnungsreport» und die «Me too»-Liste

Seit 1985 gibt der Heidelberger Pharmakologie-Professor Ulrich Schwabe zusammen mit dem Vorstandschef der AOK Schleswig-Holstein, Dieter Paffrath, jedes Jahr im Herbst den «Arzneiverordnungsreport» (AVR) heraus, ein 1200 Seiten starkes Nachschlagewerk über die Medikamente des zurückliegenden Jahres, die die gesetzlichen Krankenkassen bezahlt hatten. Der AVR informiert, wie stark die Ausgaben für einzelne Arzneimittel gestiegen und wie die Neuheiten der Pharmahersteller zu bewerten sind, in welchen Bereichen die größten Kostensteigerungen zu beobachten waren und bei welchen Präparaten gespart werden könnte. Er nennt Scheininnovationen beim Namen und schlägt Alternativpräparate vor, die genauso gut eingenommen werden können, aber deutlich billiger sind. Schließlich errechnet Schwabe in seinem Report, wie viel Euro die gesetzlichen Krankenkassen jedes Jahr sparen könnten, wenn sich die Ärzte unbeeinflusst von der Industrie an seine Vorschläge halten würden.

Professor Schwabe ist ein angesehener und kritischer Pharmakologe. Er ist Mitglied der Arzneimittelkommission der deutschen Ärzteschaft und war bis zu seiner Pensionierung im Jahr 2003 Inhaber des Lehrstuhls für Pharmakologie und Toxikologie an der Ruprecht-Karls-Universität Heidelberg, zuvor war er Lehrstuhlinhaber am Institut für Pharmakologie und Toxikologie der Universität Bonn. Noch heute ist der 72-Jährige fast jeden Tag in seinem schmalen, mit Büchern überfüllten Dienstzimmer im zweiten Stock des Pharmakologischen Instituts der Uni Heidelberg anzutreffen.

Juristische Schläge gegen Schwabe

Für die Pharmaindustrie ist der kritische Professor aber eine Reizfigur. Im Jahr 1997 gingen gleich 19 Pharmaunternehmen juristisch gegen seinen Arzneiverordnungsreport vor. Das Buch konnte nur geschwärzt erscheinen, quer über das Titelblatt prangte der Schriftzug «Verfügungsbeklagte Ausgabe», im Innenteil mussten ein komplettes Kapitel, weitere umfangreiche Textpassagen und Autorennamen geschwärzt werden.

Was war passiert? Schwabe hatte sich in einem Kapitel erstmals ausführlich mit «umstrittenen Arzneimitteln» befasst und Alternativen zu diesen Präparaten aufgezeigt. Als umstritten gelten Arzneimittel, deren Wirksamkeit nicht oder nicht ausreichend belegt ist. Zu den Mitteln, die Schwabe damals auflistete, gehörten durchblutungsfördernde Präparate, Prostatamedikamente, Rheumamittel oder pflanzliche Herzmedikamente. Der Geschäftsführer des Bundesverbands der Pharmazeutischen Industrie (BPI), Axel Sander, begründete die juristischen Schritte gegen den AVR damals damit, dass die Pharmaunternehmen, deren Präparate Schwabe als «umstritten» kritisierte, Umsatzeinbußen erlitten, weil viele Ärzte sich an seine Wertungen halten würden. Sander räumte ein, dass Privatpersonen sich auf Artikel 5 Grundgesetz (Meinungsfreiheit) berufen könnten, aber öffentlich-rechtliche Körperschaften wie Krankenkassen, die offenbar hinter dem AVR stünden, dürften nicht mit angeblichen Meinungsäußerungen in den Wettbewerb eingreifen.[99]

Den Pharmafirmen wurde offenbar ein als vertraulich gekennzeichnetes Manuskript des Arzneiverordnungsreports zugespielt, mit dem die Pharmaunternehmen Bionorica, Schwabe und Strathmann vor Gericht einstweilige Verfügungen gegen den AVR erwirken konnten. Ausgearbeitet hatte die Klage laut Presseberichten der BPI.[100] Folgende weitere Firmen mahnten den Verlag mit Unterlassungsansprüchen ab, es waren vor allem die kleineren Hersteller der umstrittenen Präparate: Chephasaar, Dolorgiet, Engelhard,

Hevert, Kreussler, Loges, Madaus, Merz, Opfermann, Pohl Boskamp, Pharmacia & Upjohn, Schaper & Brümmer, Strathmann, Thiemann, Trommsdorff, Verla-Pharm und Zambon.[101] Fast täglich seien die Klageandrohungen aus dem Fax gequollen, erinnert sich Professor Schwabe.

Im September 1997 verhängte das Landgericht Hamburg auf Antrag eines Schnupfenmittel-Herstellers den ersten Maulkorb – ohne jede Anhörung. Es untersagte den Krankenkassen negative Äußerungen über angeblich umstrittene Arzneimittel. Einen Tag später folgte das Verbot der 8. Kammer für Handelssachen im Landgericht Düsseldorf. Sie verboten den gesetzlichen Krankenkassen, überhaupt «an der Verbreitung von Listen, Aufstellungen und Darstellungen von Arzneimittel-Gruppen unter der Bezeichnung umstrittene Arzneimittel [...] mitzuwirken».[102] Es wurde also nicht sachlich entschieden, ob Schwabe die Präparate zu Recht auf seine Liste gesetzt hatte, sondern nur formaljuristisch, ob die Krankenkassen bei der Erstellung einer solchen Liste überhaupt mitwirken durften.

Für die Pharmaindustrie waren die Gerichtsentscheidungen ein Triumph – für unabhängige Wissenschaftler war es dagegen unfassbar, dass die Profitinteressen von Pharmaunternehmen höher bewertet wurden als die Informationsrechte von Krankenkassen gegenüber den Versicherten. Der Vorsitzende der Arzneimittelkommission der deutschen Ärzteschaft, Bruno Müller-Oerlinghausen, nannte dies «einen wirklichen Skandal und schweren Angriff auf die wissenschaftliche Meinungsfreiheit».[103] Die Berliner Tageszeitung «taz» kommentierte damals: «Die Schwärzungen im AVR stehen in der Tradition einer langjährigen Blockade für jede Art von Arzneimittelinformation, die sich traut, Missstände beim Namen zu nennen.»[104]

Bis heute ist Schwabes jährlicher Report der Pharmaindustrie ein Dorn im Auge – auch wenn sie sich damit abfinden musste, sein Erscheinen nicht verhindern zu können.

Ellis Huber und die «Berliner Positivliste»

Bereits zwei Jahre vor Schwabe musste Ellis Huber, Präsident der Ärztekammer Berlin, vor der Klagemacht der Pharmaindustrie kapitulieren. Huber hatte 1995, nachdem die von Gesundheitsminister Seehofer ursprünglich gewollte Positivliste von den Pharmalobbyisten erfolgreich bekämpft worden war, eine eigene «Berliner Positivliste» in einer Auflage von 20 000 Exemplaren zum Preis von fünf Mark auf den Markt gebracht. Die fünfzigseitige Liste mit 600 Arzneimitteln empfahl den Berliner Ärzten, hochwertige und wirtschaftliche Arzneimittel zu verordnen. Sie nannte Originalpräparate und Generika-Alternativen beim Namen. Elf Pharmaunternehmen klagten gegen die Liste der Berliner Ärztekammer, darunter auch VFA-Unternehmen wie Boehringer Ingelheim.[105] Auch diesmal ging es in den Gerichtsverfahren nicht um die Frage, ob die einzelnen Präparate zu Recht oder Unrecht auf der Liste stehen, sondern ob ein Kammerpräsident wie Ellis Huber beziehungsweise eine Ärztekammer als Körperschaft öffentlichen Rechts überhaupt eine solche Bewertungsliste veröffentlichen und damit Einfluss auf den Pharmamarkt ausüben darf.

Es waren übrigens die gleichen Landgerichte in Hamburg und Düsseldorf, die auch gegen Hubers Positivliste im Sinne der Pharmaindustrie entschieden hatten. Ellis Huber verzichtete darauf, in die nächsthöhere Instanz zu gehen: «Ich kapituliere vor der wirtschaftlichen Übermacht der Pharmakonzerne, die mit einstweiligen Verfügungen gegen mich und die Ärztekammer Berlin vorgehen.»[106] Das Verfahren kostete – bei einem Streitwert von heute umgerechnet 500 000 Euro – schon in der ersten Instanz 30 000 Euro. Huber hatte zum Zeitpunkt seiner «Kapitulation» bereits geschätzte Kosten von 100 000 Euro. Berliner Ärzte und Bürger spendeten bis Anfang 1997 mehr als 35 000 Euro für Ellis Hubers Kampf gegen die Pharmamultis.

Dennoch musste die Berliner Ärztekammer damals den Rückzug antreten und erklärte abschließend: «Wir müssen aus finanziellen Gründen darauf verzichten, eine höchstrichterliche Klärung darüber herbeizuführen, ob eine Positivliste nicht zu den originären Aufgaben einer Ärztekammer gehört. [...] Das Vorgehen der klagenden Pharmaunternehmen ist offensichtlich abgestimmt. Ziel der Strategie ist der wirtschaftliche Zusammenbruch des Gegners durch maximal summierte Gerichtskosten.»[107]

Letztlich ging es bei den Gerichtsverfahren gegen Ulrich Schwabes «Arzneiverordnungsreport» und Ellis Hubers Positivliste um die grundsätzliche Machtfrage: Wer darf über Arzneimittel informieren? Der «Buko-Pharmabrief», der sich kritisch mit dem weltweiten Arzneimittelmarkt auseinandersetzt, resümierte: «Die Firmen und Verbände wünschen sich ein Informationsmonopol. Niemand außer ihnen soll Ärztinnen und Ärzten oder der allgemeinen Öffentlichkeit Informationen über Arzneimittel geben. Niemand außer ihnen selbst soll Arzneimittel bewerten oder Empfehlungen aussprechen dürfen.»[108]

Leonhard Hansen und die KV Nordrhein

Zur Vorstellung von Schwabes «Arzneiverordnungsreport» erschien 2005 auch der Vorsitzende der Kassenärztlichen Vereinigung Nordrhein Leonhard Hansen. Hansen erklärte, dass es im ureigensten Interesse der Ärzte liege, bei Arzneimitteln zu sparen, «denn die seit Jahren steigenden Ausgaben in diesem Bereich finanzieren wir Ärzte zum Teil durch Honorarverluste». In Anwesenheit von Gesundheitsministerin Ulla Schmidt formulierte der konfliktfreudige Ärztefunktionär vor allem drei Forderungen:
1. Erstattungshöchstpreise für patentgeschützte Arzneimittel,
2. gesetzliche Regelungen, die Ärzte beim Sparen unterstützen,
3. klare Zielvereinbarungen, wie viele Generika jede Arztpraxis mindestens verordnen soll beziehungsweise wie viele «Me

too»-Präparate (Scheininnovationen) sie höchstens verordnen soll.

«Bei allen drei Punkten braucht es aber auch Durchhaltevermögen und Standfestigkeit aufseiten des Gesetzgebers. Denn kostenreduzierende Regelungen bedeuten immer auch Umsatzeinbußen der pharmazeutischen Industrie. Und die lässt sich nicht so leicht die Butter vom Brot nehmen.» Hansen, der selbst als Arzt praktiziert, kennt die Pharmaindustrie nur zu gut: «Da werden klinische Studien mit Blick auf mögliche Absatzmärkte optimiert. Einzelne Patienten- und Selbsthilfeverbände werden instrumentalisiert, um den Nachfragedruck in der Praxis zu erhöhen. Weil das nicht reicht, entfesseln die Marketing- und PR-Abteilungen der Pharmaindustrie mit ihren Milliardenetats und den rund 16 000 Pharmavertretern in jeder Praxis ein Feuerwerk an einseitiger Information – leider zunehmend auch mit gekauften Wissenschaftlern, den sogenannten Mietmäulern. Als letztes Glied in der Verordnungskette wird es für uns Ärzte dabei immer schwieriger, zwischen sinnvollen und unsinnigen Neuerscheinungen zu unterscheiden.» Auch aus diesem Grund empfiehlt der Vorsitzende der Kassenärzte den Arzneiverordnungsreport als «Pflichtlektüre für jeden meiner Kolleginnen und Kollegen».[109]

Bis zu diesem Zeitpunkt galt der freundliche Doktor Hansen zwar als kritisch, aber harmlos. Er selbst sagt, dass er immer nur «Hirtenbriefe» an seine Ärzte geschrieben habe, damit diese wirtschaftlicher verordnen. Aber das habe nie gefruchtet. «Die Marketingwelle der Pharmaindustrie ist über meine Empfehlungen stets hinweggeschwappt.»

Am 30. September 2005 erhielt Hansen jedoch einen geharnischten Brief von sieben großen Krankenkassen aus Nordrhein. Der Brief beginnt mit den Worten: «Die Ausgabensteigerungen bei den Arzneimitteln werden von den Krankenkassen nicht mehr akzeptiert.» Die Kassen drohten dem KV-Vorsitzenden eine generelle Kürzung des Arzthonorars um sechs Prozent an («wir werden dies durchsetzen»), falls die Arzneimittelkosten weiter so in die Höhe schießen, wie es sich in der ersten Hälfte 2005 abzeichnete (die Arzneimittelausgaben lagen damals rund 20 Prozent über dem Vorjahr). Allein deshalb hätten die Kassen ihre Beiträge erhöhen müssen. Theoretisch hätten die Kassen auch den Pharmaunternehmen einen Brief schreiben und um Preissenkungen bitten können. Doch darüber hätten die Bosse in den Konzernzentralen wohl nur herzlich gelacht.

Statt das Loch mit Beitragserhöhungen zu stopfen, zogen die Kassen lieber die Ärzte zur Verantwortung, die offenbar die Möglichkeit zur wirtschaftlichen Verordnung missachteten, weil sie «maßlos und unkontrolliert vorgehen», wie es in dem Brief heißt. Der Vorwurf: Die Ärzte verschreiben weiterhin viele teure Scheininnovationen und zu wenig günstige Generika. «So kann und wird es nicht weitergehen.» Unterzeichner des Briefes: die Chefs von AOK Rheinland, BKK Nordrhein-Westfalen, IKK Nordrhein, Bundesknappschaft, Arbeiter-Ersatzkassen-Verband, Landwirtschaftliche Krankenkasse NRW, Verband der Angestellten-Krankenkassen.

Was sollte Hansen tun, um die sechs Prozent Honorarkürzung abzuwenden? Er kam auf die folgende Idee: Wieso sollte er als Chef der Kassenärztlichen Vereinigung nicht selbst eine Höchstquote für Scheininnovationen festlegen und eine Mindestquote für Generika, an die sich dann alle Ärzte halten müssten? Das Modell funktioniert wie folgt: Jeder Arzt erhält pro Patient einen bestimmten Eurobetrag, den er für Arzneimittel ausgeben darf. Bei einem Allgemeinmediziner, also dem klassischen Hausarzt, sind es pro Rentner 550,88 Euro pro Jahr, für alle anderen Patienten 165,64 Euro. Hat ein Arzt also insgesamt 400 Rentner und 600 jüngere Patienten, kann er im Jahr 319 736 Euro für Arzneimittel ausgeben. Dazu kam seit 2006 als Neuregelung von Hansen, dass jeder Allgemeinmediziner in mindestens 79 Prozent der Fälle, bei denen Generika verfügbar sind, auch Generika verordnen soll. Außerdem soll der Anteil von «Me too»-Präperaten unter den Verordnungen maximal

8 Prozent betragen. Erst wenn der Arzt gegen beide Begrenzungen verstößt, also über seinem Gesamtbudget liegt und gegen die Generika- und «Me too»-Quote verstoßen hat, droht ihm eine Strafe in Höhe von maximal vier Prozent seines Jahreshonorars.

Die erste «Me too»-Liste

Was Generika sind, ist unter Medizinern unstrittig: Es sind schlicht die Wirkstoffe, deren Patentschutz abgelaufen ist und die deshalb von Generikafirmen nachgebaut werden können. Sehr viel Streit bringt aber die Frage mit sich, bei welchem Medikament es sich um eine Scheininnovation handelt (statt «Scheininnovation» verwenden Mediziner auch die Begriffe «Analogpräparat» oder «Me too-Präparat»). Leonhard Hansen sprach Professor Schwabe an, den er als Herausgeber des Arzneiverordnungsreports kannte. Hansen fragte, ob Schwabe nicht bei der Erstellung einer «Me too»-Liste für die 17 000 Ärzte der KV Nordrhein behilflich sein könne. Schwabe willigte ein und erarbeitete 2005 gemeinsam mit der Kassenärztlichen Vereinigung und den nordrheinischen Krankenkassen die erste «Me too»-Liste mit 88 Scheininnovationen. Die Liste kam am 1. Januar 2006 heraus – und sorgte sofort für heftigste Proteste von Pharmafirmen. In den Wochen nach Veröffentlichung der Liste reisten die Bosse der meisten im Verband Forschender Arzneimittelhersteller (VFA) zusammengeschlossenen Unternehmen nach Düsseldorf zur KV Nordrhein, um Hansen die Hölle heißzumachen. «Es ging der Industrie ums Prinzip», vermutet Hansen, «die Liste musste weg, weil sie den Firmen ins Geschäft hagelte.»

Hansen erinnert sich an die Besuche der Pharma-Geschäftsführer. Sie saßen in seinem Düsseldorfer Büro in der siebten Etage um den großen schwarzen Holztisch und konnten auf Hansens drei Hundertwasser-Drucke an der Wand blicken. Bei Kaffee und Mineralwasser setzten die Bosse den Ärztefunktionär unter Druck. Manche gaben sich zunächst verständnisvoll, sagt Hansen. «Da kamen Sätze wie: ‹Sie haben völlig recht, wir müssen über die Me too-Präparate reden, aber das betrifft nicht unser Unternehmen, das sind die Präparate der anderen.›» Hansen erinnert sich aber auch an unverhohlene Drohungen. «Da fielen dann auch Sätze wie: ‹Wir machen Sie platt›, oder: ‹Wir klagen Sie in Grund und Boden›, oder: ‹Wir können uns auf die Ärzte verlassen.›»

Wie ernst es den Pharmabossen mit ihrer Drohung war, merkte Hansen in den folgenden Wochen, als die Schriftsätze der Pharma-Anwälte eintrafen, die vor Gericht «einstweiligen Rechtsschutz» gegen die Liste beantragten. Dabei erhoben nach Angaben der KV Nordrhein folgende 21 Pharmaunternehmen Klage gegen Hansen und die «Me too»-Liste: Almirall GmbH, Altana Pharma, Astellas Pharma, AstraZeneca, BristolMyersSquibb, Chugai Pharma, Dolorgiet, Eisai, Essex Pharma, GlaxoSmithKline, Leo Pharma, Lilly Deutschland, Lundbeck, Mundipharma, Novartis Pharma, Novo Nordisk, Procter & Gamble, Santen, Schwarz Pharma, SP Europe und UCB.

Andreas Barner, Vorstandschef des VFA, verteidigte die Klagewelle und verdammte die Liste ebenfalls. In einem «stern»-Streitgespräch mit Peter Sawicki, dem Leiter des Instituts für Qualität und Wirtschaftlichkeit im Gesundheitswesen (IQWiG), erklärte Pharmaboss Barner: «Wenn es zu einem Originalpräparat ein günstiges Generikum gibt, weiß es der Arzt. Dazu braucht es keine Verbotslisten. Solche Listen schränken die Wahlfreiheit des Arztes ein.» Auf Sawickis Einwand, dass der Arzt ja verpflichtet sei, wirtschaftlich zu verordnen, entgegnete Barner kategorisch: «Wenn der Arzt der Ansicht ist, das sei das richtige Präparat, dann ist es das richtige Präparat.»[110]

Das Argument von der ärztlichen Freiheit wird von Pharmamultis immer wieder gern verwendet. In Wirklichkeit geht es den Unternehmen aber um etwas anderes: Ein einzelner Arzt lässt sich viel leichter manipulieren als ein Pharmakologie-Professor wie Ulrich Schwabe oder die Experten der Kassenärztlichen Vereinigung, die die Studienlage kennen und sich unabhängig über Medikamente informieren können.

Auch in einem anderen Punkt versuchte Pharmalobbyist Barner der Öffentlichkeit Sand in die Augen zu streuen: Er nannte die «Me too»-Liste eine Verbotsliste. Das ist sie aber, wie Leonhard Hansen beteuert, mitnichten. «Ich kämpfe dafür, dass jeder Patient das bekommt, was er braucht», sagt Hansen. «Aber gleichzeitig muss der Arzt wirtschaftlich verordnen.» Bei der «Me too»-Liste gehe es deshalb darum, dass die Ärzte genau überlegen, ob und wann sie ein Analogpräparat verordnen. Es heißt aber nicht, dass sie diese Medikamente gar nicht mehr verordnen dürfen. Sie sollen nur die Quote von acht Prozent nicht überschreiten.

In der juristischen Auseinandersetzung mit den Pharmaunternehmen kam Hansen 2006 eine Entscheidung des Bundessozialgerichts zu Hilfe: Es ging wieder um die prinzipielle Frage, ob Krankenkassen und Kassenärztliche Vereinigung das Recht hätten, Therapiehinweise zu geben, also dem Arzt zu raten, aus Gründen der Wirtschaftlichkeit dieses Präparat zu verordnen und auf jenes zu verzichten. Aktuell befasste sich das Bundessozialgericht zwar nicht mit der KV Nordrhein, sondern dem Gemeinsamen Bundesausschuss (G-BA), dem obersten Gremium aus Ärzte- und Kassenvertretern, das entscheidet, welche Medikamente eine Krankenkasse noch bezahlt und welche nicht. Dem G-BA hatte das Bundessozialgericht jedenfalls mit seiner Entscheidung vom 31. Mai 2006 zugebilligt, «zur Konkretisierung des Wirtschaftlichkeitsgebots in der vertragsärztlichen Versorgung [...] Therapiehinweise zum wirtschaftlichen Einsatz bestimmter Arzneimittel» zu erlassen.[111] Für die KV Nordrhein war das eine wichtige Entscheidung, weil auch ihre «Me too»-Liste letztlich ein Therapiehinweis «zur Konkretisierung des Wirtschaftlichkeitsgebots» war, und dass die Krankenkassen gemeinsam mit den Ärzten dazu das Recht hatten, war nun höchstrichterlich bestätigt. Die «Me too»-Liste durfte also weiter existieren.

Am 5. April 2007 stellte die KV Nordrhein deshalb eine leicht überarbeitete Liste ins Internet mit einer Präambel, «die wir unter Aufbietung allen juristischen Sachverstands formuliert haben», wie Hansen sagt.[112] Die Präambel beschreibt, welche Kriterien Analogpräparate, die «keine oder nur marginale Unterschiede zu bereits eingeführten Präparaten haben», erfüllen müssen, damit sie auf der Liste landen. Konkret umfasst die aktuelle «Me too»-Liste der KV Nordrhein 83 Medikamente, «deren zusätzlicher Nutzen meist nicht im Verhältnis zum erhöhten Preis steht», so Hansen:

Name des Präparats	Pro Jahr geben die Krankenkassen dafür aus:[1]	Hersteller
1. Abilify	24,5 Mio. Euro	BristolMyersSquibb
2. Actonel 5/35	68,4 Mio. Euro	Procter & Gamble und Sanofi-Aventis
3. Aerius	18,6 Mio. Euro	Essex Pharma
4. Allegro	8,0 Mio. Euro	Berlin-Chemie
5. Almogran	5,7 Mio. Euro	Almirall
6. Alomide	k. A.	Alcon
7. Alphagan	15,2 Mio. Euro	Pharm-Allergan
8. Andante	2,7 Mio. Euro	Boehringer Ingelheim
9. Antagonil	0,8 Mio. Euro	Astellas
10. Asmanex	1,7 Mio. Euro	Essex Pharma
11. Atemur	3,0 Mio. Euro	GlaxoSmithKline
12. Azilect	k. A.	Lundbeck
13. Bambec	2,1 Mio. Euro	AstraZeneca
14. Baymycard	10,9 Mio. Euro	Bayer
15. Bipreterax	k. A.	Servier
16. Bonviva	k. A.	GlaxoSmithKline und Roche

[1] Umsatzzahlen des Jahres 2005 nach Schwabe/Paffrath (2007), S. 1023 ff.

17. Calcort	k. A.	Galen-Pharma
18. Carmen	55,3 Mio. Euro	Berlin-Chemie
19. Chirocain	k. A.	Abbott
20. Cipralex	31,0 Mio. Euro	Lundbeck
21. Clivarin	4,2 Mio. Euro	Abbott
22. Corifeo	17,9 Mio. Euro	Merckle Recordati
23. Cosmofer	1,9 Mio. Euro	GRY-Pharma
24. Coversum	5,0 Mio. Euro	Servier
25. Coversum combi	14,8 Mio. Euro	Servier
26. Cranoc	27,6 Mio. Euro	Astellas
27. Deltaran	6,4 Mio. Euro	Strathmann
28. Detrusitol	39,6 Mio. Euro	Pfizer
29. Dynorm	2,3 Mio. Euro	Roche
30. Dynorm Plus	3,9 Mio. Euro	Roche
31. Emadine	k. A.	Alcon
32. Esmeron	k. A.	Organon
33. Fempress	k. A.	Actavis
34. Fempress plus	1,6 Mio. Euro	Actavis
35. Fenistil Pencivir	5,0 Mio. Euro	Novartis
36. Fenizolan	0,4 Mio. Euro	Merckle Recordati
37. Flutide (ausgenommen Kinder von 0–12 Jahren)	20,5 Mio. Euro	GlaxoSmithKline
38. Flutide Nasal	2,1 Mio. Euro	GlaxoSmithKline
39. Flutivate	k. A.	GlaxoSmithKline
40. Fraxiparin	48,3 Mio. Euro	GlaxoSmithKline
41. Granocyte	15,2 Mio. Euro	Chugai Pharma
42. Idom	k. A.	Biokanol

43. Importal	k. A.	Novartis
44. Irtan	k. A.	Sanofi-Aventis
45. Keimax	14,5 Mio. Euro	Essex Pharma
46. Livocab	1,8 Mio. Euro	McNeil
47. Locol	66,6 Mio. Euro	Novartis
48. Lomir	1,3 Mio. Euro	Novartis
49. Lyrica	53,6 Mio. Euro	Pfizer
50. Manyper	1,7 Mio. Euro	Asche Chiesi
51. Maxalt	26,3 Mio. Euro	MSD
52. Mizollen	1,9 Mio. Euro	Sanofi-Aventis
53. Motens	6,5 Mio. Euro	Boehringer Ingelheim
54. Nadixa	1,5 Mio. Euro	Pfleger
55. Naropin	k. A.	AstraZeneca
56. Nasonex	24,1 Mio. Euro	Essex Pharma
57. Nebilet	77,8 Mio. Euro	Berlin-Chemie
58. Neupro	k. A.	Schwarz Pharma
59. Nexium	259,9 Mio. Euro	AstraZeneca
60. Opatanol	1,1 Mio. Euro	Alcon
61. Pantozol	281,1 Mio. Euro	Altana
62. Pariet	14,9 Mio. Euro	Eisai
63. Parkinsan	k. A.	Lundbeck
64. Preterax	7,0 Mio. Euro	Servier
65. Quadropril	6,8 Mio. Euro	AWD Pharma

66. Relestat	k. A.	Pharm-Allergan
67. Relpax	4,3 Mio. Euro	Pfizer
68. Rifun	65,6 Mio. Euro	Sanol und Schwarz Pharma
69. Seroquel	89,6 Mio. Euro	AstraZeneca
70. Sonata	0,5 Mio. Euro	Wyeth
71. Sortis	54,2 Mio. Euro	Pfizer
72. Starlix	11,9 Mio. Euro	Novartis
73. Sympal	5,8 Mio. Euro	Berlin-Chemie
74. Tanatril	1,0 Mio. Euro	Kwizda
75. Telos	2,4 Mio. Euro	Nycomed
76. Udrik	0,7 Mio. Euro	Abbott
77. Unacid PD	8,2 Mio. Euro	Pfizer
78. Vascal	2,6 Mio. Euro	Schwarz Pharma
79. Vexol	k. A.	Alcon
80. Xusal / -akut	25,7 Mio. Euro	UCB
81. Zemplar	k. A.	Abbott
82. Zolim	3,8 Mio. Euro	Schwarz Pharma
83. Zyprexa	192,0 Mio. Euro	Lilly
Summe: 1 781,3 Mio. Euro		

Insgesamt gaben die gesetzlichen Krankenkassen 2005 für die auf der «Me too»-Liste verzeichneten Präparate also mehr als 1,7 Milliarden Euro aus. Dazu kommen die Ausgaben für jene neuen Präparate, für die es noch keine Umsatzangaben gibt. Auf der Liste fallen auch die drei Blockbuster Pantozol, Nexium und Zyprexa

ins Gewicht, die allein schon 733 Millionen Euro Kosten verur-
sacht haben. Am häufigsten auf der «Me too»-Liste findet sich die
Firma GlaxoSmithKline mit sechs Präparaten, mit je fünf folgen
Novartis und Pfizer – allesamt Weltkonzerne und Mitglieder im
Verband Forschender Arzneimittelhersteller.

Für die KV Nordrhein ist die Liste ein großartiger Erfolg. Mit
ihrer Hilfe ist es gelungen, den Anteil der «Me too»-Präparate
im Jahr 2006 in der Region Nordrhein um mehr als die Hälfte zu
reduzieren. Vor Einführung der Liste waren 13 Prozent aller ver-
schreibungspflichtigen Präparate, die die 17 000 niedergelassenen
Ärzte hier verordneten, Scheininnovationen. Als die Liste Anfang
des Jahres 2006 in Kraft trat, bekamen die Allgemeinmediziner
die Empfehlung, nicht mehr als 8 Prozent «Me too»-Präparate zu
verordnen. Doch die Ärzte blieben sogar noch unter der Vorgabe:
Im ersten Halbjahr 2006 sank der Anteil der «Me too»-Präparate
auf 7,6 Prozent, im zweiten Halbjahr 2006 auf erstaunliche 4,2
Prozent. Bei Internisten sanken die umstrittenen Präparate sogar
noch stärker auf 3,4 Prozent, bei Kinderärzten auf 2,0, und bei
Urologen machen sie nur noch 1,7 Prozent aller Verordnungen
aus. In keiner anderen Region Deutschlands haben die Ärzte im
Jahr 2006 so wirtschaftlich verordnet wie in Nordrhein: Während
bundesweit die Arzneimittelausgaben im Schnitt um 1,3 Prozent
stiegen, sanken sie in Nordrhein um 2,0 Prozent. Oder in Euro
ausgedrückt: Während im Bundesdurchschnitt die Arzneimittelausgaben um 300 Millionen Euro höher lagen als im Vorjahr, gaben die Ärzte in Nordrhein 46 Millionen Euro weniger aus.[113] Dies
zeigt: Die Kassenärztlichen Vereinigungen können, wenn sie wollen, sehr wohl die Arzneimittelausgaben ihrer Ärzte beeinflussen.
Oder anders formuliert: Existiert erst mal eine Liste, die Ärzte
über «Me too»-Präparate aufklärt, ändert sich erstaunlich schnell
die Auswahl der Medikamente, die Ärzte verordnen.

Falls die Ärzte in Nordrhein auch im Jahr 2007 das Arzneimittel-
budget unterschreiten, erhalten sie 50 Prozent des eingesparten Be-

Veränderungen bei den Arzneimittelausgaben Januar bis Dezember 2006 gegenüber dem Vorjahr (Jahreshochrechnung)

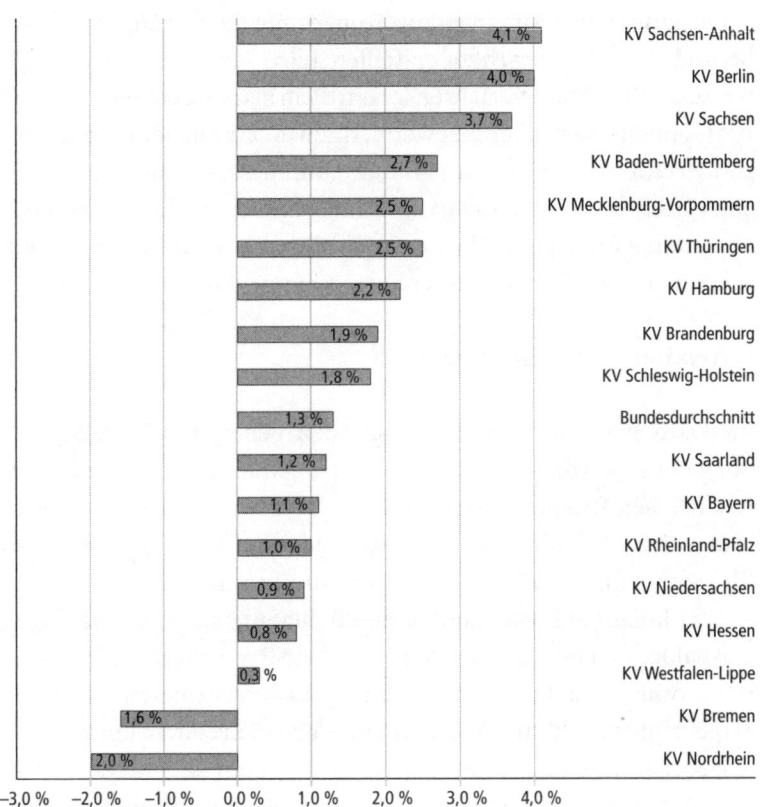

4,1 %	KV Sachsen-Anhalt
4,0 %	KV Berlin
3,7 %	KV Sachsen
2,7 %	KV Baden-Württemberg
2,5 %	KV Mecklenburg-Vorpommern
2,5 %	KV Thüringen
2,2 %	KV Hamburg
1,9 %	KV Brandenburg
1,8 %	KV Schleswig-Holstein
1,3 %	Bundesdurchschnitt
1,2 %	KV Saarland
1,1 %	KV Bayern
1,0 %	KV Rheinland-Pfalz
0,9 %	KV Niedersachsen
0,8 %	KV Hessen
0,3 %	KV Westfalen-Lippe
1,6 %	KV Bremen
2,0 %	KV Nordrhein

−3,0 % −2,0 % −1,0 % 0,0 % 1,0 % 2,0 % 3,0 % 4,0 %

Quelle: Kassenärztliche Vereinigung Nordrhein

trages als Zusatzhonorar. So sieht es jedenfalls ein Vertrag vor, den die KV Nordrhein mit den Krankenkassen am 6. November 2006 abgeschlossen hat. Gemessen an den Zahlen für das abgelaufene Jahr, wäre das eine Sonderzahlung pro Arzt von rund 2000 Euro.

Eine Gefahr für die Pharmaindustrie sind mittlerweile auch die vielen Nachahmer der Liste: Einen Internet-Link auf die «Me too»-Liste der KV Nordrhein haben inzwischen die KV Hessen gesetzt, die KV Westfalen-Lippe, die KV Niedersachsen und die KV Sachsen-Anhalt.

Die juristischen Auseinandersetzungen um die von Ulrich Schwabe und der KV Nordrhein erstellten Liste scheinen vorerst auch beendet: Sechzehn Verfahren gegen Pharmaunternehmen hat die Ärzteorganisation bisher gewonnen, zwei Anträge auf einstweiligen Rechtsschutz wurden von den Unternehmen zurückgezogen, ein Verfahren ist noch nicht entschieden. Gegen die 2007er Liste wurden bis Ende Januar keine einstweiligen Verfügungen mehr beantragt.

Schwabes neuester Report

Im Oktober 2006 stellte Schwabe den neuesten «Arzneiverordnungsreport» vor: Demnach sind die Arzneimittelausgaben der gesetzlichen Krankenkassen im Jahr 2005 bundesweit um 17 Prozent auf 25,4 Milliarden Euro gestiegen. Schwabe bezifferte das Einsparpotenzial auf 3,5 Milliarden Euro pro Jahr:
- 1,6 Milliarden Euro könnten durch die Substitution teurer Analogpräparate gespart werden,
- 1,3 Milliarden durch Verordnung preiswerter Generika und
- 0,6 Milliarden durch Verzicht auf umstrittene Arzneimittel.

Der emeritierte Professor beließ es diesmal aber nicht dabei, Pharmaindustrie und verschwenderische Ärzte anzuklagen, sondern legte sich mit der Politik an. In Richtung der anwesenden Staatssekretärin im Gesundheitsministerium, Marion Caspers-Merk, kritisierte Schwabe: «Dieser Regierung fehlt es nicht nur am Mut zu sozialen Reformen, sie ist auch beratungsresistent.» Um den übermäßigen Einfluss der Pharmaindustrie auf das Verordnungsverhalten der Ärzte einzudämmen, sollten endlich die «finanziellen Verflechtungen von Ärzten mit Pharmafirmen unterbunden werden».

Die Staatssekretärin zeigte sich leicht pikiert, verwies auf das neue Arzneimittelspargesetz (AVWG) aus dem Ministerium und belieβ es ansonsten bei Sticheleien in Richtung Schwabe: «Ihre Zahlen sind bedrohlich, aber sie sind alt.» Was natürlich ein absurder Vorwurf ist angesichts eines Reports, der ein zurückliegendes Jahr bilanziert. Mit gleichem Recht könnte man einem Jahresrückblick vorwerfen, dass er keine aktuellen Nachrichten enthält. Doch für alle, die mit Schwabe ein Hühnchen zu rupfen hatten, war das Caspers-Merk-Zitat natürlich ein gefundenes Fressen: So titelte der Online-Dienst «Ärztliche Praxis» gleich: «Arzneireport taugt nicht mehr zur Ärzteschelte», und freute sich: «Ulrich Schwabe gerät jetzt selbst ins Schussfeld der Kritik.»[114] Erwartungsgemäß kanzelte auch der Bundesverband der Pharmazeutischen Industrie (BPI) Schwabes Report als «antiquarische Information über das Jahr 2005 ab». Pro Generika, die Lobbyorganisation von Hexal, Ratiopharm und Co., warf dem Report vor, «mit veralteten Daten zu arbeiten, die der Wirklichkeit nicht mehr entsprechen». Es stimmt zwar, dass die Preise mancher Festbetragsmedikamente und Generika im Jahr 2006, nachdem das AVWG in Kraft getreten ist, um 20 bis 30 Prozent gesunken sind. Doch haben sich dadurch die grundsätzlichen Missstände in Deutschland, also überteuerte Generika und überteuerte Scheininnovationen, nicht verändert.

Der finanzstarke Pharmaverband VFA präsentierte ein Gegenwerk zu Schwabes Report: den Arzneimittel-Atlas, in dem «neueste wissenschaftliche Untersuchungen» zusammengefasst seien, die «zu einem völlig anderen Ergebnis» kommen. Zu welchem, erklärte der Chef des Pharmunternehmens Wyeth und VFA-Vorstandsmitglied Andreas Krebs: «Die Zahlen machen deutlich, dass die Krankheiten selbst die Kostenverursacher sind und nicht deren Bekämpfung mit Hilfe von Arzneimitteln.» Erstaunlich war, dass auch die Kassenärztliche Bundesvereinigung (KBV) auf Schwabes Arzneiverordnungsreport 2006 einschlug, obwohl ihre Landesorganisationen, wie die KV Nordrhein, ja mit genau demselben

Schwabe eng kooperierten. Der der Pharmaindustrie wohlgesinnte KBV-Vorstand Ulrich Weigeldt verwies ausgerechnet auf den VFA-Arzneimittel-Atlas und behauptete: «Mehrausgaben im Gesundheitswesen beruhen auf einer verbesserten Versorgung von schwer- und schwerstkranken Patienten.»

Dass die Kostenexplosion aber nicht nur am Abbau der Unterversorgung liegt, sondern auch am Anstieg teurer Scheininnovationen, zeigt genau der Arzneiverordnungs-Report mit den Daten der gesetzlich Krankenversicherten: So verordneten die Ärzte beispielsweise für 48,3 Millionen Euro mehr Durogesic, für 49,1 Millionen Euro mehr Pantozol, für 48,8 Millionen Euro mehr Nexium, für 23,5 Millionen Euro mehr Zyprexa und so weiter – allesamt Präparate, für die es günstigere Alternativen gibt.[115]

Peter Schönhöfer und das «arznei-telegramm»

Peter Schönhöfer polarisiert: Für die «Zeit» ist er der «Robin Hood der Medizin», und die «taz» weiß: «Auf niemandes Abtreten wartet die Arzneimittelbranche so dringend wie auf das Schönhöfers.»[116] Der Medizinprofessor im Ruhestand wohnt am Stadtrand von Bremen, die Haare sind weiß, der Bart auch, der Kater streunt durch das Haus. Seit Jahren kritisiert Schönhöfer den Niedergang der deutschen Pharmaindustrie, der seiner Ansicht nach damit begann, dass nicht mehr Wissenschaftler, sondern Betriebswirte die Leitung der Firmen übernahmen. «1984 war Hoechst noch der weltweit größte Hersteller von Arzneimitteln, 1990 wurde die Firma verkauft, heute ist das ganze Werk weg», resümiert Schönhöfer. Auch Boehringer Mannheim sei verschwunden, wurde von Roche gekauft, weil sie einen Betablocker brauchten. «Boehringer Ingelheim existiert nur, weil sie keine Produkte haben, für die sich jemand interessiert. Und Bayer hat sich selbst hingerichtet mit Lipobay, eine reine Fehlentscheidung des Marketings.»

Immer wieder prangert der Pharmakologe «Ärzte-Bestechung», «gefälschte Studien» und «Mietmäuler» an: «An die zwei Milliarden Euro geben die Pharmafirmen pro Jahr für ärztliche Fortbildung aus, das ist nichts anderes als Schmiergeld für Ärzte, Chefärzte, Opinionleader und Funktionäre, die sie unterstützen.» Von seiner Scharfzüngigkeit hat der ausdauerndste Pharmakritiker der Republik auch im vorgerückten Alter nichts verloren. Von Ruhestand kann man bei ihm sowieso nicht sprechen, da er sich seit 2000, pünktlich mit dem Beginn seiner Pensionierung, in der Redaktion der aufmüpfigen Zeitschrift «arznei-telegramm» engagiert.

Geprägt wurde Schönhöfer in den USA, wo er von 1967 bis 1970 am National Institute of Health (NIH) forschte und gleichzeitig den gesellschaftlichen Aufbruch der Vereinigten Staaten miterlebte, eine Zeit, in der die Proteste gegen die Rassendiskriminierung ihren Höhepunkt erlebten. Schönhöfer kam zurück, habilitierte sich in Pharmakologie, ging erst an die Uni Bonn, dann nach Hannover und wechselte 1979 als Leiter der Abteilung Arzneimittelverkehr ins Bundesgesundheitsamt (BGA) nach Berlin, wo er sich bald den Ruf als «roter Arzneikommissar» zulegte. Rot war Schönhöfer allerdings nur insofern, als er mitten in der Adenauerzeit in die SPD eintrat. Heute hindert ihn das Parteibuch allerdings nicht daran, die sozialdemokratische Gesundheitsministerin Ulla Schmidt öffentlich abzukanzeln: «Die Frau ist falsch», urteilt er, «sie hat ihre Inhalte ad libitum gedreht. Der Machterhalt ist ihre Schlüsselverhaltensweise.»[117]

Im BGA bekam Schönhöfer schon bald Schwierigkeiten mit dem Behördenleiter Karl Überla. Überla ist eine besonders umstrittene Figur in der Geschichte des BGA. Der Münchner Medizinprofessor und oberste deutsche Gesundheitsschützer soll sich zum Beispiel nach internen Dokumenten der US-amerikanischen Tabakindustrie als Lobbyist der Zigarettenfirmen einspannen haben lassen. 1982 beantragte Überla ein Forschungsprojekt über 1,6 Millionen Mark für eine Studie über Passivrauchen. Auftraggeber: die Tabakindustrie. Die Studie wurde bewilligt, doch Überla bestreitet heute, dass er oder sein Institut das Geld erhalten habe, es sei wohl an einen gemeinnützigen Verein geflossen.[118] An Überla, sagt Schönhöfer, «habe ich zum ersten Mal erlebt, was Korruption in einer Behörde bedeutet».[119]

Schönhöfer ist jedenfalls überzeugt, dass seine Karriere beim BGA durch Überla nach drei Jahren rasch wieder zu Ende ging. Nach dem Regierungswechsel 1982 von Helmut Schmidt (SPD) zu Helmut Kohl (CDU) wurde Schönhöfer auf behördentypische Art kaltgestellt; das heißt befördert: «Ich wurde im BGA Forschungskoordinator für die nicht vorhandene Forschung.» Hinter der Entscheidung vermutet Schönhöfer vor allem massiven Druck des Pharmakonzerns Hoechst auf BGA-Chef Überla. «Ich hatte mich mit Hoechst angelegt in der Auseinandersetzung um Metamizol», sagt Schönhöfer. In angloamerikanischen Ländern und in Schweden wurde Metamizol wegen seltener lebensbedrohlicher Nebenwirkungen vom Markt genommen. In Deutschland nicht. Schönhöfer: «Als die Entscheidung anstand, welche Maßnahmen das Bundesgesundheitsamt gegen Metamizol unternehmen sollte, hatte sich Überla von Hoechst zu einem Kongress einladen lassen.»

Für Schönhöfer begann der Erosionsprozess der medizinischen Wissenschaft in der Kohl-Ära. Vor dieser Zeit wurden klinische Studien mit Medikamenten noch an Universitäten durchgeführt. «Die Erforschung und Verbesserung der Behandlung von Kindern mit Leukämie ist zum Beispiel ein Ergebnis staatlicher Forschung.» Dass 75 Prozent dieser Kinder heute geheilt werden, sei nicht ein Ergebnis neuer Medikamente, sondern neuer Behandlungsschemata, bei denen Dosierungen, Bestrahlungen und so weiter erforscht wurden. Diese Erfolgsstory sei unter Kohl abrupt abgebrochen, heute sei Deutschland nur noch in der Grundlagenforschung stark.

«Als ich anfing zu arbeiten, waren wir in klinischer Forschung in Europa Nummer zwei, nach Großbritannien, aber noch vor Frankreich. Heute liegen wir abgeschlagen hinter Portugal.» Der Unterschied zu früher sei: An Unis wurden Studien gemacht, die einem echten wissenschaftlichen Interesse an Medikamenten dienten, sagt Schönhöfer. «Wenn heute die Pharmaindustrie Studien in Auftrag gibt, interessiert sie sich nicht für Erkenntnisse, sondern für Marketing, also macht sie nur Studien, die das Produkt begünstigen.» Die Folge: Es gebe heute in Deutschland kaum mehr Mediziner, die qualifizierte klinische Forschung betreiben könnten. Sie hätten es schlicht verlernt.

Schönhöfer ließ sich zu Beginn der Kohl-Ära im Alter von 49 Jahren aber nicht als Frühstücksdirektor für Forschung im Gesundheitsamt abservieren, sondern wechselte 1984 von Berlin nach Bremen, wo er Direktor des Instituts für Klinische Pharmakologie am Zentralkrankenhaus St.-Jürgen-Straße wurde – und weiter unerwünschte Medikamenten-Nebenwirkungen erforschte. Ein gutes Dutzend Mal zerrten ihn Pharmakonzerne seither vor Gericht, weil er vor schädlichen Nebenwirkungen oder gefährlichen Arzneimitteln gewarnt hat, verloren habe er aber noch keinen einzigen Prozess.

Als Herausgeber des «arznei-telegramms» (a-t), eines mittlerweile schon legendären «Informationsdienstes für Ärzte und Apotheker – neutral, unabhängig, anzeigenfrei», wie es in der Selbstdarstellung heißt, bewertet Schönhöfer auch heute noch Arzneimittel. Die kritischen Mediziner, die das «a-t» produzieren, sitzen an einem der ungewöhnlichsten Orte, die ein Verlag wählen kann: in einem vierzig Meter hohen Wasserturm inmitten eines Friedhofs in Berlin Steglitz. Im Jahr 2000 ist die «a-t»-Redaktion hierher gezogen. Zu ihren Herausgebern gehören neben Schönhöfer weitere angesehene Medizinprofessoren wie Michael Kochen aus Göttingen oder Ingrid Mühlhauser aus Hamburg.

Bekannt geworden ist das «a-t» damit, dass es früher als andere Zeitschriften vor plötzlich auftretenden Nebenwirkungen eines

Medikaments warnt. Die Autoren der Zeitschrift sind nicht automatisch begeistert, wenn ein neues Arzneimittel auf den Markt kommt. Sondern sie fragen erst einmal, ob das Präparat wirklich besser ist als ein bisher schon bekannter Wirkstoff. «Das ‹arznei-telegramm› misst die Produkte konsequent am bewährten Arzneibestand, dessen Nutzen und Risiken gut überschaubar sind», schreibt die Redaktion. «Werbewirksam dargestellte angebliche Vorteile zerplatzen dabei oft wie Seifenblasen. Dies mag desillusionierend sein und für die Leser ‹schwer verdauliche Kost›, ist aber angesichts der Hoffnungen, die Ärzte, Apotheker und Patienten gerade auf Neuerungen setzen, für rationale Therapieentscheidungen notwendig und relevant.» [120]

Begonnen hatte das «a-t» schon 1969, damals allerdings noch in Form von Flugblättern des unabhängigen «Arbeitskreises Arzneimittelpolitik Berlin» (UAAB), erst im Jahr darauf nannte man sich «arznei-telegramm». Es war die Zeit nach einem der größten Pharmaskandale, als weltweit 12 000 schwangere Frauen nach Einnahme des Schlafmittels Contergan Kinder mit Fehlbildungen auf die Welt brachten. Ein Protokoll der UAAB-Sitzung vom 21. Mai 1969 berichtet über den ersten öffentlichen Auftritt der Flugblatt-Hersteller auf dem Deutschen Ärztetag 1969: «Eher sauer reagierten die Industrievertreter, die aus den Hallen zu uns kamen. Auch die obersten Bosse ließen sich zu unsachlichen Drohungen hinreißen. Mehrfach wurden Prozesse angedroht, was aber wohl unüberlegte Frustrationsäußerungen waren.» Im Jahr der Erstausgabe, 1970, warnte das «a-t» zum Beispiel schon, dass die Bayer-Präparate Leron und Tadip schwere Nebenwirkungen haben können. Bayer zog die Produkte erst 1971 aus dem Handel.

Heute ist das «a-t» sehr erfolgreich und anerkannt bei kritischen Ärzten. Es verfügt über eine Datenbank mit mehr als 10 000 Verdachtsmeldungen. Nach einer repräsentativen Umfrage unter Ärzten melden heute inzwischen fast gleich viele Ärzte Nebenwirkungen an das dafür eigentlich zuständige Bundesinstitut für Arzneimittel (12 Prozent) beziehungsweise an die Arzneimittelkommission der Deutschen Ärzteschaft (13 Prozent) wie an das «a-t» (11 Prozent). Und bevor der Arzneiverordungsreport von Ulrich Schwabe erschien, war das «a-t» auch das erste Periodikum, das Umsatzdaten und Verkaufszahlen von Arzneimitteln veröffentlichte.

Peter T. Sawicki und das IQWiG

Es gibt vermutlich keinen Menschen, den die Pharmaindustrie zurzeit mehr hasst als Peter Sawicki. Es gibt aber auch keinen, den sie mehr fürchtet. Sawicki zeichnet die gleiche kritische Haltung wie Schwabe und Schönhöfer aus, gehört aber einer anderen Generation an. Er ist zwanzig Jahre jünger, smart im Umgang, aber klar und kompromisslos in seinen Urteilen.

Sawicki wurde 1957 in Warschau geboren. Die Familie stellte einen Ausreiseantrag, landete 1969 zunächst bei Verwandten in Wien, dann in Essen, wo der Vater Manager bei einem großen Stahl- und Maschinenbaukonzern wurde. Wenn es nach seinem Vater gegangen wäre, hätte Peter Sawicki nicht Medizin, sondern «etwas Vernünftiges» studiert: Wirtschaft, dazu zwei osteuropäische Sprachen. Der Pharmaindustrie wäre dadurch eine Menge erspart geblieben. Doch der Sohn entschied sich, Arzt zu werden. «Das wollte ich schon immer werden, vielleicht auch deshalb, weil ich als Arzt frei bin, in jedem Land der Welt zu arbeiten.» Am meisten liebe er am Arztberuf aber den Umgang mit Studenten und Patienten, sagt Sawicki. Für beides konnte er sich Zeit nehmen von 1991 bis 2000 als Leiter der Diabetes-Ambulanz an der Uniklinik Düsseldorf, danach als Leiter des St.-Franziskus-Hospitals in Köln. Visite habe er sehr gern am Wochenende gemacht. «Da konnte ich mich auch mal in Ruhe zu einem Patienten setzen und einfach mal warten, was er sagt.»

Bis 2004 war Sawicki ebenfalls einer der Herausgeber des «arznei-telegramms». Doch dann legte er das Amt nieder, um sich auf seinen bisher wichtigsten Job zu konzentrieren: Leiter des neu geschaffenen «Instituts für Qualität und Wirtschaftlichkeit im Gesundheitswesen» (IQWiG). Aufgabe des IQWiG ist es, die Qualität der medizinischen Versorgung in Deutschland zu bewerten, also beispielsweise zu prüfen, ob es sich bei neuen Arzneimitteln tatsächlich um Neuheiten handelt oder um Scheininnovationen. Was für die Öffentlichkeit große Vorteile bringt, weil sie sich unabhängig informieren kann, empfindet die Pharmaindustrie zunehmend als Bedrohung. Denn von Sawickis Bewertungen hängt es letztlich ab, welche Medikamente die Krankenkassen künftig noch bezahlen, zumal der Gesetzgeber zum 1. April 2007 die Kompetenzen des IQWiG erweitert hat: Künftig soll es nicht nur den Nutzen, sondern auch die Kosten einer Behandlung bewerten, also zum Beispiel das Preis-Leistungs-Verhältnis der Medikamente.

Die meisten europäischen Länder haben mittlerweile ein Institut wie das IQWiG geschaffen, um bei neuen Medikamenten die Spreu vom Weizen zu trennen. Angefangen damit haben die Australier: das «Pharmaceutical Benefits Advisory Committee», ein Beratungskomitee der Regierung, das seit 1987 eine Liste von Medikamenten herausgibt, die von der Krankenversicherung bezahlt werden. Um sein Medikament auf der Liste unterzubringen, muss ein Pharmakonzern mit Vergleichsstudien nachweisen, dass sein Präparat entweder einen Zusatznutzen gegenüber bisherigen Präparaten hat oder billiger ist. 1994 gründeten Kanada und die Schweiz ein vergleichbares Institut, später folgten die Niederlande, Finnland, Frankreich, England, Neuseeland, Norwegen, Schweden und Österreich.

Das deutsche IQWiG wurde erst im Rahmen der Gesundheitsreform 2004 als unabhängige Stiftung gegründet. Es hat seinen Sitz am Stadtrand von Köln, beschäftigt sechzig Mitarbeiter und wird von den Krankenkassen mit elf Millionen Euro im Jahr finanziert.

2005 begann das Institut mit seiner Arbeit, der Auswertung von Forschungsdatenbanken und Prüfung von Studien weltweit. Doch Cornelia Yzer, Hauptgeschäftsführerin des Verbands Forschender Arzneimittelhersteller (VFA), erklärte schon kurz nach der Gründung: «Die Einrichtung des IQWiG war aus unserer Sicht nicht notwendig.» Gerd Glaeske, Mitglied im Sachverständigenrat für das Gesundheitswesen, sagt, dass die Arbeit des IQWiG der Pharmaindustrie die Deutungshoheit über die Qualität der Arzneimittel streitig mache. «Das finden einige Unternehmen bedrohlich.»

Evidenzbasierte Medizin

Dabei macht Sawickis Institut eigentlich nichts Spektakuläres. Es wertet nur vorhandene Studien aus und orientiert sich dabei an «evidenzbasierter Medizin» (EBM), einer Methode, die sich an beweisbare Ergebnisse vor allem aus klinischen Studien hält. Populär wurde EBM Anfang der neunziger Jahre durch eine Gruppe von Medizinern an der McMaster University in Kanada, deren Kopf David L. Sackett war. In einem Editorial im «British Medical Journal» erklärte Sackett 1996: «Was ist evidenzbasierte Medizin und was nicht?» Sacketts klassisch gewordene Definition kann fast jeder evidenzbasierte Mediziner mittlerweile auswendig, wobei das englische «evidence» (dt. Beweis) in der Regel nicht übersetzt wird:

«EBM ist der gewissenhafte, ausdrückliche und vernünftige Gebrauch der gegenwärtig besten externen, wissenschaftlichen Evidenz für Entscheidungen in der medizinischen Versorgung individueller Patienten. Die Praxis der EBM bedeutet die Integration individueller klinischer Expertise mit der bestmöglichen externen Evidenz aus systematischer Forschung.»[121]

Eigentlich hört sich das selbstverständlich an. Jeder Arzt sollte doch, bevor er einen Patienten behandelt, sich über die besten wissenschaftlichen Erkenntnisse zur Behandlung dieser Krankheit informieren. Doch das Selbstverständliche gilt in der Medizin oftmals nicht. Der eine Arzt behandelt den Patienten so, der andere so, aber nicht deshalb, weil die Patienten verschieden wären, sondern weil es die Ärzte verschieden gelernt haben. Eminenz statt Evidenz gilt auch heute noch für viele Ärzte: Sie glauben eher einem Chefarzt als Erkenntnissen aus klinischer Forschung. Bei Arzneimitteln ist es noch extremer: Woher soll der niedergelassene Arzt denn wissen, ob das neue und vielbeworbene Medikament A wirklich besser ist als das bisherige Medikament B? Soll er sich auf seinen Pharmareferenten verlassen, der ihm einige Schachteln A und seriös klingende Prospekte vorbeigebracht hat? Sackett schreibt: «Externe klinische Evidenz führt zur Neubewertung bisher akzeptierter diagnostischer Tests und therapeutischer Verfahren und ersetzt sie durch solche, die wirksamer, genauer, effektiver und sicherer sind.»[122] Sackett betont aber auch, dass EBM nicht verwechselt werden dürfe mit dem sklavischen Befolgen eines Kochbuchs zur Patientenbehandlung. Denn die beste wissenschaftliche Erkenntnis ist nur die eine Hälfte, die andere ist die «individuelle Expertise». Das heißt, der Arzt entscheidet im Einzelfall, «ob die externe Evidenz überhaupt auf den einzelnen Patienten anwendbar ist».[123] Deshalb ist EBM auch keine Kostensparmethode, als die sie von Gegnern gern denunziert wird. «Ärzte, die EBM praktizieren, werden die effektivsten Verfahren identifizieren und anwenden, um die Lebensqualität und -dauer der Patienten zu maximieren; das könnte zu einer Erhöhung statt zu einer Reduktion der Kosten führen», gibt Sackett zu bedenken.[124]

Wie aber erfährt ein Arzt, was die beste Evidenz im konkreten Fall ist? Schließlich gibt es zu medizinischen Fragen manchmal Hunderte Studien weltweit, die ein Einzelner unmöglich alle auswerten kann. Die Lösung besteht darin, dass Gruppen von Spezialisten die Studien nach ihrer Qualität unterscheiden, ihnen verschiedene «Noten» geben und für jedes medizinische Problem jeweils nur diejenigen Studien mit der besten «Note» berücksichtigen.[125]

Am besten sind randomisierte kontrollierte Studien

Als Studien mit der Note 1 gelten sogenannte randomisierte kontrollierte Studien (engl. randomized controlled trail, RCT). Hört sich kompliziert an, ist aber in Wirklichkeit ganz einfach: Wenn man ein Arzneimittel testen will, wählt man zum Beispiel 1000 Patienten aus, die über den Ablauf der Studie genau aufgeklärt werden und freiwillig teilnehmen müssen. Die 1000 Patienten werden nach dem Zufallsprinzip in zwei Gruppen geteilt (das nennt man Randomisierung). Die eine Gruppe erhält das Medikament A, die andere entweder ein Placebo (also eine Zuckerpille ohne Wirkstoff) oder ein anderes Medikament B, sofern man zwei Medikamente miteinander vergleichen will. «Kontrolliert» heißen solche Studien ebendeshalb, weil es zwei Gruppen gibt und man die Ergebnisse aus den beiden Gruppen anschließend miteinander vergleicht.

Ein zusätzliches Qualitätsmerkmal ist die sogenannte Verblindung. Das heißt, im Idealfall wissen weder Arzt noch Patient, zu welcher der beiden Gruppe sie gehören, ob sie also das Medikament bekommen oder ein Placebo. Weil es beide nicht wissen, heißen diese Studien «doppelblind». Bei Doppelblind-Studien sind auch die Erwartungshaltungen der Patienten in beiden Gruppen gleich.

Randomisiert-kontrollierte Studien bekommen nach der EBM-Bewertung die Note 1b. Die höchste Note 1a wird vergeben, wenn mehrere solcher Studien zusammen ausgewertet und die Ergebnisse kombiniert werden, sogenannte systematische Übersichten und Meta-Analysen. David Sackett schreibt in seinem Artikel über EBM: «*Da randomisierte, kontrollierte klinische Studien und insbesondere systematische Übersichten dieser Studien uns mit höherer Wahrscheinlichkeit korrekt informieren und falsche Schlussfolgerungen weniger wahrscheinlich sind, wurden sie zum ‹Goldstan-*

dard› für die Beantwortung der Frage, ob Therapiemaßnahmen mehr nützen als schaden.»

Selbstverständlich muss und kann nicht jeder Arzt selbst Studien auswerten oder Meta-Analysen erstellen, um zu erfahren, welche Behandlungsmethode oder welches Medikament wissenschaftlich am besten abgeschnitten hat. Das macht zum Beispiel die international tätige Cochrane Collaboration, ein Zusammenschluss evidenzbasierter Mediziner, die Studien systematisch auswerten und Überblicksartikel, sogenannte Reviews, veröffentlichen.[126] Für Fragestellungen, die Institute wie das IQWiG nicht beantworten, ist die Cochrane Collaboration oft die einzige Informationsquelle für eine unabhängige Arzneimittelbewertung. Die Reviews sind übrigens nicht nur für Ärzte gedacht, sondern auch für Patienten, denn evidenzbasierte Mediziner empfinden aufgeklärte und mündige Patienten nicht als Bedrohung, sondern als Glücksfall.

Ärzte- und Kassenfunktionäre entscheiden

Grundsätzlich macht auch das IQWiG nichts anderes als die Cochrane-Autoren: Es wertet zu einer bestimmten Fragestellung weltweit medizinische Studien aus und orientiert sich dabei an den Qualitätsmaßstäben der evidenzbasierten Medizin. Beauftragt wird das IQWiG dabei meist vom Gemeinsamen Bundesausschuss (G-BA), dem höchsten Gremium der Selbstverwaltung im Gesundheitswesen. «Gemeinsam» heißt der Ausschuss, weil in ihm neun Vertreter der Ärzte und neun Vertreter von Krankenkassen sitzen (plus drei unparteiische), die gemeinsam entscheiden, welche Leistungen die Krankenkassen künftig bezahlen – und welche nicht.

Der G-BA hat dem IQWiG allerdings auch einen Generalauftrag erteilt, das heißt, das Institut kann auch selbständig relevante Themen aufgreifen und wissenschaftlich bearbeiten.[127] Die Alltagsarbeit des Instituts besteht darin, Studien auszuwerten und vor Veröffentlichung eines Abschlussberichts alle Beteiligten anzuhören. So lädt Sawicki regelmäßig auch Vertreter von Pharma-industrie und Patientenorganisationen an den Sitz des IQWiG nach Köln ein. Doch egal, wie massiv sie sich für die jeweiligen Medikamente ins Zeug legen, am Ende fragt Sawicki: Haben Sie eine gute Studie, die die angeblichen Vorteile belegt? Und wenn es diese Studie nicht gibt, schreibt Sawicki das unmissverständlich in sein Gutachten an den G-BA. In Anlehnung an den englischen Philosophen Karl Popper erklärt Sawicki: «Ich würde nie behaupten, dass es keine grünen Schwäne gibt, sondern nur, dass es bisher noch keinen Beleg für einen grünen Schwan gibt.»

Im IQWiG-Gutachten «Nutzenbewertung der Statine» über den von Pfizer so hochgejubelten Cholesterinsenker Sortis liest sich das dann so: «Hinsichtlich eines lebensverlängernden Effekts bei Patienten mit stabiler koronarer Herzkrankheit existiert kein Nutzennachweis. Hinsichtlich eines lebensverlängernden Effekts bei Patienten mit Diabetes mellitus existiert kein Nutzennachweis.»[128] Es gibt keinen Beleg für die behauptete Überlegenheit von Sortis – mehr sagt Sawicki nicht. Dem G-BA bleibt es überlassen, aus solchen Aussagen die Konsequenzen zu ziehen. Das IQWiG selbst entscheidet nichts.

Die Düsseldorfer Gruppe um Michael Berger

Schon bevor Sawicki Chef des IQWiG wurde, gründete er 2001 das «Institut für evidenzbasierte Medizin» in Köln, außerdem war er Vizepräsident des «Deutschen Netzwerks Evidenzbasierte Medizin». In den neunziger Jahren, als der Begriff aufkam, nannten Sawicki und seine Kollegen die neue Richtung noch «begründbare Medizin» oder «kritische Medizin». Sawicki: «Es war das Bestreben, Medizin irgendwie überprüfbar zu machen, der Beliebigkeit ein Ende zu setzen, damit nicht jeder macht, was er will.» Als Sawicki als Assistenzarzt im Krankenhaus angefangen hat, musste er seine Behandlung noch danach ausrichten, welcher Oberarzt gerade Hintergrunddienst hatte. «Der eine Oberarzt wollte, dass man den Schlaganfall so behandelt, der andere wollte es anders. Aber das kann ja nicht sein, dachte ich, das ist ja lächerlich.» Er und seine Kollegen hätten deshalb damit begonnen, Wissen aufzuarbeiten, zuerst in der Diabetologie.

Eine wichtige Figur für Sawicki wurde zu dieser Zeit der Diabetologe Michael Berger, der seit den siebziger Jahren zu den Pionieren der evidenzbasierten Medizin gehörte. Berger kämpfte zeitlebens dafür, die Öffentlichkeit über die Möglichkeiten und Grenzen der Medizin zu unterrichten, jede Diagnose und Behandlung auf ihren Nutzen zu untersuchen, die Patienten mündig zu machen und «vor der Gefährdung ihrer Gesundheit durch fortwährende Irrationalität und medizinisch-industriellen Interessen»[129] zu bewahren. Bei Berger machte Sawicki am Ende seines Medizinstudiums sein praktisches Jahr. «Als Studenten fanden wir Berger toll. Er sagte, man muss schauen, was der Patient will. Das war revolutionär damals!» In den meisten deutschen Krankenhäusern galt noch das legendäre Motto des Chirurgen Sauerbruch «extra muros»: Über den Patienten wird nur außerhalb des Krankenzimmers schnörkellos geredet, mit dem Patienten spricht man nur freundlich. «Die Patienten wurden damals nach Strich und Faden belogen», erinnert sich Sawicki. «Wir haben damals gesagt: Das geht nicht, man muss den Menschen sagen, wie es um sie steht, man muss ihnen die Wahrheit sagen.» Mittlerweile habe sich das in vielen Kliniken gewandelt, sagt Sawicki, allerdings nicht immer zum Besseren. «Heute gibt es Ärzte, die sagen zum Patienten: ‹Guten Tag, Sie haben ein Bronchialkarzinom, damit eine Lebenserwartung von einem halben Jahr. Haben Sie noch Fragen? Ich habe keine Zeit, nächster Patient.›» Für Sawicki ist das eine Perversion der Aufklärung, man stößt Patienten vor den Kopf und schadet ihnen mehr, als man nützt. Vielleicht, so Sawicki, erklärten sich beide extremen Herangehensweisen auch mit dem Unwillen des Arztes, sich die Ängste der Menschen anzuhören.

Berger jedenfalls lockte Sawicki Mitte der achtziger Jahre an die Uniklinik Düsseldorf mit dem Spruch: «Komm zu uns, wir wollen die Medizin verändern.» In dieser Aufbruchstimmung orientierten sich Sawicki und seine Kollegen vor allem an dem, was sich in der englischsprachigen Medizinwelt tat, verschlangen die dort veröffentlichten kritischen Studien und arbeiteten selbst vor allem an einer Verbesserung der Behandlung von Diabetespatienten. Die Arbeitsgruppe um Berger entwickelte ein weltweit beachtetes Schulungskonzept, das Patienten in die Lage versetzt, ihre Krankheit zu steuern und ein weitgehend normales Leben zu führen, ohne sinnwidrige Einschränkungen wie strenge Essensverbote, mit denen Millionen von Diabetikern bis in die Gegenwart gequält wurden.

Anerkennung bekam die Düsseldorfer Diabetologen-Gruppe vor allem im Ausland. Berger war seit 1985 Direktor des WHO Center für Diabetes, später Präsident der «European Association for the Study of Diabetes», Vizepräsident der «International Diabetes Federation», die Universitäten Warschau, Barcelona und Skopje verliehen ihm die Ehrendoktorwürde. «Wir haben eigentlich alles, was man international an Ehren einfahren kann, bekommen, vor allem Michael Berger», sagt Sawicki.

EBM als Angriff auf die etablierte Medizin

In Deutschland schlug den Evidenzlern dagegen eher Missachtung entgegen. Im Nachhinein sieht Sawicki die Abneigung gegen EBM in Deutschland so: «Jahrzehntelang haben die sogenannten Experten der Politik den Krankenkassen und der Öffentlichkeit erzählt: Was medizinisch richtig ist, ist ganz schwer zu verstehen, wir verstehen es ja selbst kaum, glaubt uns, wir machen es für euch. Dann kamen Gruppen wie wir, und die sagten: Nein, so schwer ist das alles gar nicht, man kann es begreifen, und ihr, also Politik, Kassen und Öffentlichkeit, seid ganz schön an der Nase herumgeführt worden in der Vergangenheit.» In Deutschland sei die evidenzbasierte Medizin vor allem deshalb auf massive Kritik gestoßen, weil sie die unbegründeten Autoritäten entmachtet hat. «Man kann heute nicht mehr so leicht sagen: Ich bin der Präsident der medizinischen Gesellschaft Soundso, und deshalb habe ich recht. Jetzt heißt es: Gut, du bist Präsident, weil du gewählt worden bist. Gibt mir Belege, gib mir Evidenz für das, was du sagst.» Sawicki weiter: «Das ist natürlich ein massiver Angriff auf die Schulmedizin. Schulmedizin bedeutet ja, es gibt Schulen, Meinungsschulen, was ja eigentlich ein Widerspruch zur evidenzbasierten Medizin ist. In der Schule glaubt man. In der Wissenschaft fragt man nach Belegen, nach Literatur.» Was Sawicki für die Medizin beschreibt, gilt auch für andere universitäre Fächer: Je internationaler sie orientiert sind, desto mehr verabschieden sie sich von der klassischen Ordinarien-Hörigkeit. Der international angesehene Chaosforscher Heinz-Otto Peitgen beschreibt seine Erfahrungen in den USA so: «Es ist unbedeutend, was jemand ist, welchen Titel er trägt, ob er full professor ist, Gastprofessor, Assistent, ob er einen Lehrstuhl hat oder nicht. Es spielt auch keine so große Rolle, ob man in seiner Disziplin ist oder nicht.» Stattdessen zählen Originalität, Schlüssigkeit der Argumentation und Belege.

Sehr viel getan hat sich in Deutschland in puncto EBM in den vergangenen Jahren noch nicht. «Was die evidenzbasierte Medizin betrifft, ist die Bundesrepublik aus internationaler Perspektive noch ein ‹Entwicklungsland›», heißt es im jüngsten IQWiG-Jahresbericht.[130] An den Unis lernen Studenten kaum etwas über EBM, und auch in vielen Arztpraxen und Krankenhäusern spielt EBM heute keine tragende Rolle. Ebenso unverkennbar ist aber auch, dass EBM Schritt für Schritt mehr Anhänger findet, an Universitäten, bei Fachgesellschaften, bei kritischen Ärzten, bei unabhängigen Patientenorganisationen. Doch das alles geschieht hierzulande noch auf eher bescheidenem Niveau.

Das Gutachten über Analoginsulin

Im Februar 2006 wurde den Pharmakonzernen erstmals deutlich, wie folgenschwer eine Bewertung von Sawickis Institut sein kann. Da veröffentlichte das IQWiG den Abschlussbericht «Kurzwirksame Insulinanaloga zur Behandlung von Diabetes mellitus Typ II». Analoginsuline spritzen sich in Deutschland rund 400 000 Diabetiker jeden Tag. Die Medikamente sind nur leicht veränderte Versionen der bewährten Humaninsuline und galten bei Kritikern seit langem als klassische Scheininnovation. Sawicki und sein Institut konnten nach Sichtung von mehr als 1000 Studien weltweit, in denen der Begriff «Analoginsulin» auftaucht, nur sieben hochwertige Studien entdecken, die Aussagen darüber zulassen, ob diese neuen Präparate wirklich besser sind als Humaninsulin und halten, was die Hersteller versprechen. Ergebnis: negativ. Die Analoginsuline haben nach Angaben des IQWiG keinen belegbaren Zusatznutzen gegenüber herkömmlichem Humaninsulin. Bei den Herstellern dieser Medikamente für Zuckerkranke schrillten daraufhin sämtliche Alarmglocken.

In der Mitteilung des IQWiG zu dem Gutachten heißt es: «Für alle kurzwirksamen Insulinanaloga gilt, dass ihr Zusatznutzen nicht belegt ist. Dies gilt für die Zielkriterien ‹Krankheitshäufigkeit› und ‹Sterblichkeit› sowie für sonstige Aspekte des patientenrelevanten Nutzens wie z. B. ‹Rate schwerwiegender Hypoglykämien›, ‹Lebensqualität› und ‹Therapiezufriedenheit›.»[131] Sawicki erklärte: «Weder unsere Recherchen noch die Hersteller der Insulinanaloga haben einen Beleg für einen Zusatznutzen erbracht.»[132]

Einen Zusatznutzen haben die Analoginsuline dagegen für die Pharmaunternehmen, denn die Präparate waren zum Zeitpunkt der Untersuchung 30 Prozent teurer als Humaninsulin. Die Konzerne Sanofi-Aventis, Novo Nordisk und Lilly machten mit Analoginsulin 406 Millionen Euro Umsatz im Jahr zu Lasten der gesetzlichen Krankenkassen. Dabei handelt es sich nach Angaben von

Gerd Glaeske, Mitglied im Sachverständigenrat für das Gesundheitswesen, bei diesen Präparaten ganz klar um «ökonomische Innovationen, die durch hohe Preise auffallen». Ulrich Schwabe berichtet im «Arzneiverordnungsreport» 2006, dass die gesetzlichen Krankenkassen jedes Jahr allein bei den drei Analoginsulinen Humalog, Apidra und NovoRapid 83,5 Millionen Euro sparen könnten, wenn die Ärzte statt dieser Präparate das bewährte Humaninsulin verordnen würden.[133]

«Sawicki ist lange unterschätzt worden», sagt der Gesundheitsexperte der SPD, Karl Lauterbach. Das sei auch einer der Gründe gewesen, weshalb 2006 die Vorstandsvorsitzenden großer Pharmakonzerne im Kanzleramt bei Frau Merkel vorstellig geworden seien, um die «Personalie Sawicki» zu thematisieren. Lauterbach: «Die Pharmaindustrie hat erkannt, wenn man das IQWiG in den Griff bekommen will, dann muss Sawicki weg.» Auch der Bremer Pharmakologe Peter Schönhöfer ist sich sicher, dass Sawicki als Leiter des IQWiG nicht überlebt. «Die Pharmakonzerne wollen den weg haben. Wenn nach der nächsten Wahl eine liberal-konservative Regierung ans Ruder kommt, dann ist Sawicki weg. So macht man das.»

4. Manipulationen der öffentlichen Meinung

*«Die Pharmaindustrie führt den Krieg um die Köpfe mit
der Schlagkraft einer modernen Armee und allen Tricks
zur Manipulation der Öffentlichkeit.»*[134]

Professoren werden dafür bezahlt, ihren Namen unter lobhudelnde
Fachaufsätze zu setzen, die sie nie geschrieben haben. Zeitungsre-
daktionen werden mit gefälschten PR-Informationen beliefert, die
dann ungeprüft abgedruckt werden. Gekaufte Medizinjournalisten
schreiben positive Artikel über Medikamente, von denen sie dann
noch zusätzlich Geld von Pharmaunternehmen kassieren. Bezahlte
PR-Agenten verunglimpfen evidenzbasierte Mediziner als Spar-
kommissare, die den Patienten lebenswichtige Medikamente weg-
nehmen wollen. Fernsehzuschauer werden in der ARD-Serie «In
aller Freundschaft» mit Pharma-Schleichwerbung hinters Licht
geführt, um die Nachfrage nach bestimmten Arzneimitteln zu steigern. Und Zeitschriften wie die «Bunte Gesundheit» werden ganz
direkt von Pharmaunternehmen finanziert. Um die Öffentlichkeit
über angebliche Vorteile ihrer neuen Medikamente zu täuschen,
ist vielen Pharmaunternehmen jedes Mittel recht. Und wenn sich
dennoch unabhängige Wissenschaftler finden, die Ärzte informieren wollen, wird Druck ausgeübt. Druck, der so massiv sein kann,
dass eine Fachzeitschrift ihre gesamte Auflage wieder einstampfen
lässt, nachdem ein kritischer Artikel über Magenmedikamente das
Missfallen der Konzerne erregt hat.

Versteckte PR: Adel Massaad und sein «Institut für Gesundheitsaufklärung»

Am 6. April 2006 meldete sich in der Redaktion des «stern» ein Informant. Er stellte sich als Adel Massaad vor und sagte, dass es einen Skandal beim IQWiG gebe, dass er brisante Unterlagen über Herrn Sawicki habe und man sich dringend treffen müsse, er schlage das Hilton Hotel in Berlin vor.

Das Hilton liegt mitten in Berlin, am Gendarmenmarkt. Massaad kommt zum verabredeten Zeitpunkt aus dem Fahrstuhl des Hilton: ein junger, drahtiger Deutsch-Ägypter in Sakko und Jeans.

Massaad hat einen Laptop mitgebracht, auf dem er einen Film vorspielt, der neulich im Fernsehen lief. Er sagt, mit dem Film versteht man das ganze Thema gleich besser. Einige Tage nach dem Treffen lässt Massaad den Film nochmal auf DVD zuschicken. Der TV-Beitrag lief am 16. Februar 2006 im Bayerischen Rundfunk in der Reihe «Zeitspiegel». Die Anmoderation zu dem Beitrag wirkt bereits ausgesprochen pharmafreundlich. Darin heißt es: «Um den Anstieg der Gesundheitskosten zu senken, kommt es immer wieder vor, dass die kostspieligeren Medikamente nicht mehr verschrieben werden dürfen, obwohl sie dem Stand der Forschung entsprechen.» Konkret geht es dann um die Insulinanaloga (siehe voriges Kapitel). «Durch die neuen Insuline sind die grausamen Erkrankungen der Diabetiker in den Griff zu bekommen», verkündet eine unsichtbare Stimme in dem Film, bevor es bedrohlich klingt: «Schlechte Nachrichten für Diabetiker: Die neuen Insuline sollen künftige Patienten nicht mehr bekommen.»

Was das bedeute, zeigte der Film am Beispiel eines Diabetespatienten, der bisher Analoginsulin nimmt und nun Angst hat, darauf verzichten zu müssen, weil die Krankenkassen es nach dem IQWiG-Gutachten womöglich nicht mehr bezahlen. Das ist doch ein Skandal, schimpft Massaad, nachdem der Film zu Ende ist. Er meint, dass man jetzt Druck erzeugen müsse, damit der

Gemeinsame Bundesausschuss (G-BA) nicht Sawickis Gutachten folge.

Warum setzt er sich so für die Präparate ein? Warum machen das die Hersteller der Insulinanaloga nicht selbst? Die betroffenen Pharmafirmen «müssen im Hintergrund bleiben», sagt Massaad leise, «weil sie kein gutes Standing in den Medien haben».

Als Nächstes packt Massaad die angeblich «belastenden Unterlagen» aus. Das Material ist ziemlich dünn: Es handelt sich um einen internen «Beschlussentwurf» des G-BA, nach dem die Analoginsuline künftig nicht mehr bezahlt werden sollen. Außerdem ein Telefax des FDP-Abgeordneten Daniel Bahr an den Bundesverband der Pharmazeutischen Industrie (BPI). Bahr hatte zuvor eine «Kleine Anfrage» an die Bundesregierung gestellt «betreffend Verschreibungsfähigkeit von schnell wirkenden Insulinen». Die Antwort faxte der FDP-Abgeordnete dann «wie besprochen» an den BPI mit dem Zusatz: «Für Fragen stehe ich gerne zur Verfügung.»

Woher hat Massaad diese Papiere? In wessen Auftrag ist er unterwegs? Er sagt, es gehe ihm um die Sache, also um den Erhalt der Insulinanaloga auf Kassenrezept. Und wovon lebt er? Massaad antwortet, dass er in Geldern ein «Institut für Gesundheitsaufklärung» betreibe und einen Newsletter zu Gesundheitsthemen herausgebe, den man für 650 Euro pro Monat abonnieren könne. Wenn man aber Material brauche, könne man sich auch so jederzeit an ihn wenden. Er könne Medizinprofessoren für Stellungnahmen besorgen oder ein Gespräch mit dem Präsidenten des Deutschen Diabetikerbundes (DDB) vermitteln, der größten Patientenorganisation (zum DDB siehe Kapitel 6).

Massaads angebliches Institut

Massaads angebliches «Institut für Gesundheitsaufklärung» (IFGA) hat die Homepage http://www.ifga.net. Dort fungiert er als «Ansprechpartner», im Handelsregister ist Massaad als Geschäftsführer und einziger Gesellschafter eingetragen. Das IFGA versteht sich laut Homepage «als Bindeglied zwischen Medizin und Patienten». Es gibt allerdings keine Anzeichen dafür, dass das Institut aus mehr als einer Person, nämlich Massaad, besteht. Auf der Homepage wird zwar ein «medizinischer Beirat» erwähnt, der «aus Vertretern medizinischer Verbände, Institutionen, Fachkliniken und Universitäten – kurzum: angesehenen Experten in ihrem Fach» bestehen soll. Eine schriftliche Nachfrage, um welche Personen es sich bei diesem Beirat handelt, ließ Massaad aber unbeantwortet. Ob es diesen Beirat überhaupt gibt, erscheint sehr fraglich.

Massaad und Botox

Dafür hat Massaad es schon häufiger mit wechselnden Anliegen in die Medien geschafft. Im Jahr 2002 ist er Gast in der SWR-Talkshow «Nachtcafé» zum Thema «Schönheit – naturgegeben oder machbar?». Er trat als Sprecher der Medical Consulting Group auf und erzählte, wie saft- und kraftlos er morgens im Spiegel ausschaue. «Ich hatte Krähenfüße, das hat mich kolossal gestört, sagte mir, he, das willst du nicht. [...] Dann hab ich mich intensiv erkundigt, was kann man da tun [...] Also hab ich mir Botox spritzen lassen in drei Punkten rund ums Auge herum. [...] Der Eingriff hat keine zwei Minuten gedauert, es macht pik, pik, pik, da braucht man keine Betäubung. [...] Wenn man es dreimal gemacht hat, bleibt es so.» Sein Auftritt im SWR-«Nachtcafé» war die reinste Werbung für das Nervengift Botox, das in Deutschland von dem Unternehmen Pharm-Allergan vertrieben wird. Massaad: «Du siehst frisch und erholt aus, man geht ganz anders in den Tag, man hat eine innere Antriebskraft und ein ganz anderes Auftreten.»

Massaad über Erektionsstörungen

Eine ganz andere Rolle nahm Adel Massaad im April 2005 ein, wo eine von seinem Institut in Auftrag gegebene Studie über Erektionsstörungen vorgestellt wurde. Schon in der Einladung zur Pressekonferenz hieß es alarmistisch: «Durch die verminderte Leistungs- und Konzentrationsfähigkeit sowie Ausfallzeit der Betroffenen entsteht auf das Jahr gerechnet ein volkswirtschaftlicher Schaden in Milliardenhöhe!» Massaad selbst wurde diesmal als «Sprecher» des IFGA vorgestellt, dazu gab es Statements von Massaad «zur Dimension der Auswirkungen erektiler Dysfunktion und dem Problem, darüber zu sprechen». Natürlich ging es auch um Behandlungsmöglichkeiten von Impotenz auf der «Pressevorstellung» der «Studie». Vier Monate später erschien ein Interview mit Massaad in der Zeitschrift «Eltern for family», in der er sagte: «Männer fürchten sich davor, im Bett zu versagen. Rund 800 000 nehmen regelmäßig Potenzpillen. Wie die gerade vorgestellte Levitra-Studie ergeben hat, schlägt sich die Versagensangst sogar im Job [...] nieder. Das führt zu einem volkswirtschaftlichen Schaden von immerhin 60,9 Milliarden Euro.»[135]

Massaad und Tamiflu

Nach hilfreichen Tipps zu Botox und gegen Erektionsstörungen trat Massaad mit seinem Institut für Gesundheitsaufklärung im August 2005 erneut in Erscheinung. Diesmal warnte er vor der Vogelgrippe, die «mindestens 160 000 Tote» in Deutschland zur Folge haben könnte, weil die Bundesländer zu wenig Tamiflu gekauft hätten. Hersteller des Medikaments Tamiflu ist der Schweizer Pharmakonzern Roche. Der angeblich zu geringe Bestand an Tamiflu sei «einer der größten menschenverachtenden Skandale der Nachkriegszeit», empörte sich Massaad. Die «Bild»-Zeitung griff die Meldung auf und schrieb: «Zu wenig Medikamente gegen

Vogelgrippe». Quelle: Massaads «Institut für Gesundheitsaufklärung». Auch die «Welt am Sonntag» brachte die Alarmmeldung. Dem schon damals skeptischen ARD-Magazin «Monitor» vermittelte Massaad den Kontakt zu Hans-Ulrich Jelitto, dem Kommunikationschef des Pharmariesen Roche. Gegenüber «Monitor» bestritt Jelitto wirtschaftliche Verbindungen zu Massaads Institut, wich der Frage, ob er den Mann beauftragt habe, aber aus.

Massaad und die Analoginsuline

Im Februar 2006 trat Massaad schließlich im Kampf für die Analoginsuline auf und verschickte eine Pressemitteilung. Überschrift: «Moderne Insulintherapie soll Neuerkrankten vorenthalten werden». Massaad schrieb: «Ein bislang interner Beschlussentwurf sieht vor, dass Millionen Diabetikern die Möglichkeit einer Behandlung mit modernen Insulinanaloga versagt werden soll. Die Vorenthaltung von anerkannter Medizin für Leidende ist eine Frechheit.»

Massaad wechselt seine Rollen offenbar, wie es ihm gerade nützt. Mal taucht er als Betroffener auf, mal als Experte, mal als Institutsleiter. In wessen Auftrag er all dies macht, ist schwer durchschaubar.

Mitte Mai 2006, fünf Wochen nach dem Treffen im Berliner Hilton Hotel, meldete sich Massaad erneut. Es gebe eine neue, heiße Entwicklung in der Insulingeschichte. Ein enger Weggefährte von Sawicki, Professor Lutz Heinemann, auf den sich das IQWiG in seinem Gutachten berufe, habe einen vertraulichen Brief an den Gemeinsamen Bundesausschuss geschrieben und sich für die Analoginsuline ausgesprochen. Damit falle Sawickis «Kronzeuge» weg! Er lasse den Brief gleich zuschicken.

Ende Mai klingelte erneut das Telefon. Massaad ist dran. In Leipzig findet die Jahrestagung der Deutschen Diabetes Gesellschaft statt, mehr als 6000 Ärzte kommen, dazu 300 Journalisten. Eine ideale Gelegenheit, um nochmal für den Erhalt der Insulinanaloga zu trommeln. Auf die Frage, wer sich auf der Jahrestagung denn wohl für ein Gespräch eigne, organisierte Massaad drei Gesprächspartner: Professor Lutz Heinemann, den Präsidenten des Deutschen Diabetiker Bundes, Manfred Wölfert, und den Chef des Pharmaunternehmens Novo Nordisk, Markus Leyck Dieken. Am Abend zuvor rief Massaad erneut an und teilte mit, dass man morgen früh alle drei am Stand von Novo Nordisk treffen werde, wo sie für Interviews zur Verfügung stehen.

Der angebliche «Kronzeuge»:
Professor Lutz Heinemann

Professor Lutz Heinemann ist ein langjähriger Weggefährte von Sawicki, die beiden haben gemeinsam wissenschaftliche Aufsätze veröffentlicht, kennen sich aus der Düsseldorfer Diabetologen-Gruppe um Michael Berger und auch privat. Heinemann sagt, er habe sich vor gut sieben Jahren selbständig gemacht und das «Profil-Institut für Stoffwechselforschung» gegründet. «Für Sawicki bin ich jetzt auf der dunklen Seite der Macht angekommen», vermutet Heinemann. Zu Heinemanns Auftraggebern zählen die Pharmakonzerne Lilly, Novo Nordisk und Sanofi-Aventis, also genau jene Firmen, die die umstrittenen Analoginsuline herstellen. Heinemann selbst bezeichnet sich als «industrienahen Experten»: «Wir sehen uns selbst als Mittler zwischen der akademischen Welt und der pharmazeutischen Industrie, unsere Position ist eine Art dritter Weg», sagt Heinemann.

Der angeblich «vertrauliche Brief» Heinemanns an den Gemeinsamen Bundesausschuss (G-BA), den Massaad weitergereicht hatte, beginnt mit den Worten: «Auf Anregung der Firma Novo Nordisk hin möchte ich zu kurzwirksamen Insulinanaloga Stellung nehmen.» Heinemanns Fazit: «Es gilt, fehlende Nutzennachweise anzuerkennen und dafür zu sorgen, dass diese Wissenslücken geschlossen werden.» Die unausgesprochene Empfehlung an den G-BA lautet: Vertagt eure Entscheidung über die Analoginsuline und wartet auf weitere Studien.

Heinemann sagt, dass er Massaad nicht kenne, er habe ihn heute zum ersten Mal getroffen. Zwei Tage zuvor habe er nur einen Anruf erhalten, um das Gespräch hier vorzubereiten, von einem seltsamen Institut, von dem er noch nie etwas gehört habe. «Bei ‹Institut für Gesundheitsaufklärung› ging bei mir erst mal eine rote Alarmlampe los.» Wie aber kam sein Brief an Massaad? Der Professor versichert, er habe nur eine Kopie seines an den G-BA andressierten Schreibens an Novo Nordisk und an Sanofi-Aventis geschickt, an sonst niemanden. Warum hat er den Brief aber überhaupt geschrieben? Heinemann gibt zu bedenken, dass er in seinem Institut mittlerweile 100 Mitarbeiter beschäftige. «Ich stehe da als Geschäftsführer natürlich auch unter Druck, ich glaub, weiter brauch ich das auch nicht auszuführen. Trotzdem würde ich meine Seele nicht verkaufen.» Im Klartext: Heinemann hatte vermutlich Angst, künftig weniger Industrieaufträge zu bekommen, wenn er diesen Brief nicht geschrieben hätte. Dass er als angeblicher Kronzeuge gegen Sawicki benutzt werde, sei «eine nicht einfache Situation», sagte der Professor. «Ich habe keine Lust, an dieser Schlammschlacht teilzunehmen.»

Massaad und der Verband niedergelassener Diabetologen

Am 23. Mai 2006 verschickte Massaads «Institut» eine neue Pressemitteilung: «Das IFGA befürchtet, dass die Kranken aufgrund von falsch interpretierten Gutachten Insulin-Analoga künftig nicht mehr erstattet bekommen.» Dazu veröffentlichte Massaad Auszüge aus Heinemanns Brief und behauptete, dass sich das IQWiG in seiner Insulinstudie «auf fünf Gutachten beruft. Drei von ihnen stammen von dem renommierten Stoffwechselexperten Lutz Heine-

118

mann.» Massaads Pressemitteilung strotzt vor Fehlern: Tatsächlich beruft sich das IQWiG auf sieben Gutachten, von denen keines von Heinemann stammt. Die Pressemitteilung findet dennoch dankbare Abnehmer: unter anderem auf «Diabetesgate», einer vom Deutschen Diabetiker Bund initiierten Plattform und auf der Homepage des Bundesverbands niedergelassener Diabetologen (BVND).

Was die niedergelassenen Diabetologen von Sawicki denken, wird im Saal 2.2 im Leipziger Messezentrum klar. Dort hielt der stellvertretende BVND-Bundesvorsitzende Richard Daikeler eine Rede, in der er unter dem Applaus der anwesenden Ärzte rief: «Das IQWiG hat sich unter seinem Leiter Professor Sawicki zum Handlanger der Kostendämpfungspolitik gemacht.» Außerdem: «Unter dieser Leitung können die Aussagen des IQWiG nicht mehr für die ambulante Diabetologie akzeptiert werden.» Als der «stern» berichtete, dass der Bundesverband der niedergelassenen Diabetologen auf die peinliche Pressemitteilung Massaads hereingefallen war, räumte die BVND-Bundesvorsitzende Eva-Maria Fach ein: «Das ist richtig, dies geschah aber aus Unkenntnis der Hintergründe. Die Zusammenhänge der Pressemitteilung waren dem ‹stern› eher als uns bekannt. Umso passender hätten wir es gefunden, wenn sich die Redaktion mit uns in Verbindung gesetzt hätte.» Das heißt, eine Zeitschrift soll den ärztlichen Verband der Diabetes-Experten darauf hinweisen, dass sich auf seiner Internetseite haarsträubender Unsinn über ein Gutachten zu Diabetes-Medikamenten findet.

Warum nehmen so viele Patienten Insulinanaloga?

Es mag seltene, begründete Einzelfälle geben, in denen Patienten Analoginsulin besser vertragen als Humaninsulin. Warum aber nehmen 400 000 Diabetiker in Deutschland diese Präparate? Und woran liegt es eigentlich, dass sich nicht nur der Bundesverband der Diabetes-Fachärzte so massiv für die Analoginsuline ins Zeug legt, sondern auch der Deutsche Diabetiker Bund, wenn die Präparate doch nach den Recherchen des IQWiG in wissenschaftlichen Studien keinen relevanten Zusatznutzen gegenüber dem bewährten Humaninsulin zeigen? Zum einen liegt es wohl an der massiven Werbung bei Ärzten, mit der die Analoginsuline in den Markt gedrückt wurden. Die Hersteller werben vor allem damit, dass die Patienten keine Wartezeit mehr einhalten müssen zwischen der Insulinspritze und der Nahrungsaufnahme. Anders als Humaninsulin-Patienten, denen geraten wird, mindestens eine halbe Stunde vor einer Mahlzeit zu spritzen. Also doch ein Vorteil? Nein, denn der Spritz-Ess-Abstand ist nach Ansicht des IQWiG eine Legende. «Tatsächlich gibt es für diesen Ratschlag keine solide wissenschaftliche Begründung», heißt es in dem Gutachten. Auch Andrea Siebenhofer von der Medizinischen Universitätsklinik Graz, die das IQWiG-Gutachten auf seine Plausibilität geprüft hat, hält den Spritz-Ess-Abstand für einen Werbemythos: «Ich denke, dieses Argument gehört in die Mottenkiste. Weil man aus doppelblind durchgeführten Studien weiß, dass, wenn in beiden Gruppen kein Spritz-Ess-Abstand eingehalten ist, das Ergebnis das gleiche ist: keine Verbesserung der Blutzuckerwerte und keine Änderung der Unterzuckerungsrate.»[136] Gleichwohl beten die Medien diesen Pharmamythos immer wieder nach – auch jetzt noch: So behauptet etwa das ZDF auf seiner Internetseite als Vorteil des Analoginsulins: «Im Gegensatz hierzu muss das klassische Humaninsulin etwa drei Stunden vor der Nahrungsaufnahme eingenommen werden.»[137]

Einen entscheidenden Grund, weshalb Ärzte vom Analoginsulin begeistert sind, gestand der Diabetologe Peter Koch kurz vor der Jahrestagung der Diabetes-Gesellschaft in Leipzig im ARD-Politmagazin «Kontraste»: Koch berichtete, dass es von Pharmafirmen «Kopfprämien» für jeden umgestellten Patienten gebe. «Dafür erhalten Sie als gängige Praxis 75 Euro pro Patient.» Gezahlt wird dabei offiziell für sogenannte Anwendungsbeobachtungen, die meist aber nicht in einer medizinischen Publikation münden: «Das heißt, es werden Daten erhoben unter dem Vorwand, eine medizinische Forschung zu betreiben», so der Arzt. Dabei handle es sich in der Regel aber schlicht «um eine Zuwendung».[138] Mit anderen Worten: Verordnungen werden gekauft. Wie verbreitet diese Anwendungsbeobachtungen mittlerweile sind, dazu mehr in Kapitel 5 über «Scheinforscher».

IQWiG-Gegner Heinz Letzel

Zum Standardrepertoire von PR-Strategen gehört es, den Medien Wissenschaftler anzubieten, die die Sichtweise der Auftraggeber untermauern und ihr einen wissenschaftlichen Anstrich geben. Professor Heinz Letzel ist ein bekannter Kritiker des IQWiG. Letzel räumt ein, dass er Massaad kennt. «Richtig ist, dass Herr Massaad mich im Februar 2006 angerufen und gebeten hat, mich für ein Interview für die Sendung ‹Zeitspiegel› des Bayerischen Fernsehens zur Verfügung zu stellen.» Es handelt sich um genau jene Sendung, die Massaad beim ersten Treffen im Berliner Hilton Hotel auf seinem Laptop vorgespielt hat. Letzel trat darin auf und behauptete, es würden schreckliche Zeiten anbrechen, falls das Analoginsulin künftig nicht mehr von den Krankenkassen bezahlt würde. O-Ton Letzel im Film: «Wenn ich für diese Ersparnis nach fünf Jahren Folgeschäden wie Herzinfarkt, Niereninsuffizienz, im Extremfall ein abgehacktes Bein durch Amputation in Kauf nehmen muss, dann frag ich mich schon, ist das nicht ein bisschen zynisch, wenn der Gemeinsame Bundesausschuss sich ausschließlich am Thema Wirtschaftlichkeit orientiert. Patienten, die früher sterben, sind natürlich die billigsten.» Neben dem Interview mit dem Bayerischen Rundfunk, sagt Letzel, habe Massaad ihm noch «ein Interview in einer Gesundheitssendung des Senders n-tv vermittelt».

Einige Wochen nach der Sendung im Bayerischen Rundfunk waren Professor Letzel und Massaad in der Sendung «Gesundheit aktuell» im rheinmaintv zu sehen. Massaad rief in die Kamera: «Der Gesetzgeber sollte endlich einmal Augen und Ohren aufsperren, anstatt immer nur auf den Kosten herumzuhacken.» Professor Letzel assistierte: «Da muss ich dem Gemeinsamen Bundesausschuss vorwerfen, dass er praktisch menschenverachtend vorgeht, indem er eigentlich nur scheinbar belegte wirtschaftliche Kriterien zugrunde legt und nicht das Wohl der Bürger.»

Aufgefallen ist Letzel schon zuvor mit heftiger Kritik am IQWiG. So veröffentlichte er 2006 in der Zeitschrift «Pharma Recht» zusammen mit Andreas Pfützner einen Aufsatz unter dem Titel «Mit dem Rücken zur Wand. Prof. Sawicki gerät zunehmend unter Druck».[139] Pfützner leitet heute ein privates klinisches Forschungsinstitut in Mainz, zuvor war er Leiter der Abteilung für Diabetologie beim Pharmakonzern Lilly. Im Februar 2006 schickte Pfützner eine E-Mail an Massaad («Betreff: Sawicki 2»), um «noch ein paar Argumente zum IQWiG Analoga Endbericht» zu liefern.

Letzel und Pfützner kritisieren in ihrem Artikel, dass das IQWiG ihrer Meinung nach internationalen wissenschaftlichen Standards nicht genüge. In einem bereits 2005 erschienenen Aufsatz in der Zeitschrift «Die Pharmazeutische Industrie», dem Mitteilungsorgan der Pharmaverbände, fordert Letzel gar «eine straf- und zivilrechtliche Würdigung der bisherigen Aktivitäten des IQWiG unter Berücksichtigung ihrer vielfältigen gegenwärtigen und möglicherweise auch künftigen Folgen, z. B. durch Anstiftung zur Körperverletzung durch Unterlassung medizinisch indizierter diagnostischer und therapeutischer Maßnahmen».[140] Einem Aufsatz in der Zeitschrift «Gesundheitspolitik» stellte Letzel gar ein Bibel-Zitat voran: «Sehet Euch vor vor den falschen Propheten, die in Schafskleidern zu Euch kommen, inwendig aber sind sie reißende Wölfe. An ihren Früchten sollt Ihr sie erkennen.» Im Text schreibt Letzel dann: «Die schlimmste Form der Abhängigkeit des IQWiG […]

ist derzeit die Abhängigkeit von der eigenen wissenschaftlichen Inkompetenz.»[141]

Wer so gern austeilt wie Letzel, muss auch selbst mit Kritik rechnen. Karl Lauterbach, Medizinprofessor an der Uni Köln, Bundestagsabgeordneter und Gesundheitsexperte der SPD, sagt, Letzels Methodenkritik sei lächerlich, es sei vor allem eine Kritik an evidenzbasierter Medizin (EBM). Dabei gebe es heute vielleicht gerade noch fünf Prozent aller Wissenschaftler, die sagen würden, EBM sei Blödsinn. Wissenschaftlich gesehen, sei Letzel eher ein «kleiner Fisch». «In den Medien werden Sie aber gerne zitiert, wenn Sie Minderheitenpositionen vertreten, Medien zitieren gern den radikalen Irren.»

Letzel versicherte, dass es ihm bei seiner Kritik am IQWiG «ausschließlich um sachliche Korrektheit» gehe. Vielleicht gibt es aber noch weitere Motive für seine radikale Attacke gegen das Kölner Institut und dessen Leiter Sawicki. Denn was kaum einer weiß: Letzel hat sich 2004 selbst um die Leitung des IQWiG beworben, war aber abgelehnt worden. «Ja, das stimmt», sagte Letzel. «Persönliche Motive für meine jetzige Kritik an der Arbeit des Instituts sollten Sie daraus jedoch nicht ableiten.»

Möglicherweise gehört Letzel auch einfach zu den vielen Professoren, die abhängig sind von den Zuwendungen der Pharmaindustrie und die deshalb durch Freundlichkeiten gegenüber den Herstellern auffallen. Letzel bestätigt jedenfalls, 2005 und 2006 Aufträge von der Pharmafirma Sankyo erhalten zu haben. Mit den Analoginsulin-Firmen sei er aber «zu keiner Zeit eine wie immer geartete Kooperation» eingegangen.

Als vor fast zehn Jahren eine öffentliche Anhörung im Gesundheitsausschuss des Bundestags zum Nichtrauchergesetz stattfand, war auch Letzel als Zeuge geladen. Er fiel dadurch auf, dass er die Gefahren des Passivrauchens relativierte. Der Abgeordnete Wolfgang Wodarg wurde stutzig und fragte ihn daraufhin: «Können Sie mir ganz präzise sagen, wer Sie finanziert?», worauf Professor

Letzel laut Bundestagsprotokoll antwortete: «Ich finanziere mich selber und komme nicht aus der Zigarettenindustrie, sondern aus der Arzneimittelindustrie.»

Die Antwort war offensichtlich nicht ganz korrekt. Denn Professor Letzel soll nach einem Protokoll des Verbands der Cigarettenindustrie (VdC) in den Jahren 1985 und 1986 mehrere Studien für die Zigarettenindustrie durchgeführt und dafür mindestens 500 000 Mark erhalten haben[142], zum Teil übrigens zusammen mit seinem ehemaligen Chef, Professor Karl Überla, bis 1985 Präsident des Bundesgesundheitsamtes, der dafür gesorgt hatte, dass der kritische Pharmakologe Peter Schönhöfer das Amt verließ (siehe S. 96).

Letzel teilt auf Anfrage dagegen mit, dass er selbst «niemals einen einzigen Auftrag» vom Verband der Cigarettenindustrie erhalten habe. Er habe lediglich an einem Passivraucher-Projekt von Professor Überla mitgearbeitet und dafür eine «Aufwandsentschädigung» erhalten.

Adel Massaad – bezahlt von der Pharmaindustrie

Adel Massaad war in den 1980er Jahren noch zu jung, um PR zu machen. Dafür ist er heute ganz gut im Geschäft. So soll er nach detaillierten Informationen, die dem Autor vorliegen, allein von Januar bis März 2006 die enorme Summe von mehr als einer Million Euro von verschiedenen Pharmafirmen und PR-Agenturen erhalten haben. Massaad wollte zu den Vorwürfen keine Stellung nehmen, berief sich aber auf Geschäftsgeheimnisse und wollte dem «stern» die Veröffentlichung verbieten. Zu den Firmen, die Massaad bezahlten, gehört auch die Agentur P. R. Konzept. Deren Geschäftsführerin Ingrid Plewe war bis 1991 Sprecherin des Bundesverbands der Pharmazeutischen Industrie (BPI). Frau Plewe räumte ein, dass mit Massaads Institut ein «Dienstleistungs-Werksvertrag» bestehe und er eine «Umfrage bei Ärzten und Apothekern zu aktuellen gesundheitspolitischen und gesundheitsökonomischen Fragen» durchgeführt habe.

Auch wenn der «Fall Massaad» die Strategien des Pharmakampfes veranschaulicht, bleibt der Deutsch-Ägypter doch ein eher kleiner Fisch unter den Strippenziehern. Von ganz anderem Kaliber sind die weltweit tätigen PR-Agenturen, die in Berlin versuchen, Journalisten für Pharmainteressen einzuspannen, und dabei viel subtiler vorgehen. Eine dieser großen und mächtigen PR-Agenturen hat beispielsweise im Auftrag eines Pharmakonzerns ein 33-seitiges Weißbuch über Sawicki und das IQWiG erstellt. Auf dem Deckblatt der Spiralbindung steht scheinbar neutral: «Bewertung der kurzwirksamen Insulinanaloga durch das Institut für Qualität und Wirtschaftlichkeit im Gesundheitswesen». Dieses Weißbuch wurde Journalisten, die in Berlin für große Magazine und Zeitungen arbeiten, angeboten – offiziell, um sie «aufzuklären», tatsächlich jedoch, um sie für eine Analoginsulin-freundliche Berichterstattung zu munitionieren. Dem Journalisten eines Wochenmagazins, der das Weißbuch annahm, wurde von der PR-Agentur, die das Material verteilt hatte, auch ein Exklusivinterview in der Vorstandsetage des Pharmakonzerns gewährt, für den die Agentur arbeitete. Weil keiner der Betroffenen über diese Form des Lobbying öffentlich sprechen mag, muss die Schilderung dieses Vorfalls so vage bleiben.

Der Kampf der Pharmaindustrie gegen das IQWiG

Das Pharmaunternehmen Novo Nordisk hatte während der Jahrestagung der Deutschen Diabetes Gesellschaft 2006 in Leipzig einen großen, futuristisch wirkenden Stand aufgebaut. Novo Nordisk war einer der Hauptsponsoren des Kongresses und nutzte die Tagung, um Werbung für seine Insulinpräparate zu machen. Der damalige Chef der Firma, Markus Leyck Dieken, erschien zum

Interview in einem beigefarbenen Anzug. Der 41-jährige Arzt und Manager führte die Geschäfte des Konzerns in Deutschland, außerdem war er «Vice President Business Area Europe Central». Leyck Dieken sagte, dass Novo Nordisk Marktführer sei, rund ein Drittel der Analoginsuline stamme aus seinem Haus. «Wir sind die Company, die sicherlich dem Diabetes am allermeisten verhaftet ist.»

Man musste nicht lange mit dem Pharmaboss reden, um zu erfahren, dass er das IQWiG-Gutachten über die Analoginsuline für einen «Riesenskandal» hält. Leyck Dieken beklagte, dass die Studien, die das IQWiG auswertet, «immer Laborcharakter haben, das entspricht nicht dem Lebensalltag von Diabetikern». Der Novo-Nordisk-Chef war an diesem Messetag ungewöhnlich freimütig und redete sich ein wenig in Rage. So erfuhr man endlich einmal, was die Chefs der Konzerne jenseits aller Sonntagsreden vom IQWiG in Wirklichkeit halten. Nach Meinung von Leyck Dieken wurde das IQWiG von der Politik ins Leben gerufen, um «politisch willfährige Gutachten» zu bekommen, «die im Prinzip mit dem wissenschaftlichen Deckmäntelchen die Einsparungen begründen» sollen. Der Gemeinsame Bundesausschuss, lästerte der Pharmaboss, sei für ihn nur eine «Thermoskannen-Taschenrechner-Runde», der werde «die deutsche Apotheke leer räumen, bis die Auslage aussieht wie in Bulgarien 1978».

Leyck Dieken erzählte noch genüsslich, dass Sawicki einst selbst «viele Gelder von Novo Nordisk bekommen» habe, weil das Unternehmen auch die kritischen Foren finanzierte, in denen Sawicki als Diabetologe auftrat. Und jetzt erstelle derselbe Herr Sawicki zusammen mit ein paar «Herrschaften, mit denen er seit über 15 Jahren das Kölsch getrunken hat», Studien, die Novo Nordisk und der ganzen Branche das Geschäft vermiesen! Dabei seien diese Leute doch alle «seit Jahrzehnten bekannte Extremisten der Szene», polterte Leyck Dieken.

Die damals anstehende Entscheidung über die Insulinanaloga könnte Novo Nordisk rund zehn Millionen Euro pro Jahr kosten, schätzte der Pharmaboss. Doch um diese Summe gehe es nicht. Es gehe «um das Grundsätzliche». Bedroht fühlen kann sich die ganze Pharmaindustrie von Sawickis Institut. Denn der Gemeinsame Bundesausschuss hat das IQWiG nicht nur mit der Prüfung der Analoginsuline beauftragt, sondern mit einer ganzen Palette von Arzneimitteln. Erst diese Liste erklärt, welche Gefahr den Konzernen in Zukunft aus der Arbeit des IQWiG erwächst. Auf dem Spiel stehen dabei folgende Präparate und Umsätze:

Wirkstoff-gruppe[1] u. Anwendungs-gebiet[2]	Name des Präparats	Herstel-lerfirma	Jährliche Kosten 2005 für die Gesetzl. Kranken-kassen[3]	Umsatz-änderung 2005
Clopidogrei Verhindert die Blutgerinnung				
Clopidogrel	Plavix	Sanofi-Aventis	**205 679 000 Euro**	+ 16,5 %
Clopidogrel	Iscover	Bristol-Myers-Squibb	**170 729 400 Euro**	+ 11,9 %
Diabetes-medikament				
Glitazone	Actos	Takeda Pharma	**42 141 200 Euro**	+ 22,5 %
Glitazone	Avandia	GlaxoSmith-Kline	**24 047 700 Euro**	+ 8,8 %
Glitazone	Avandamet	GlaxoSmith-Kline	**24 343 900 Euro**	+ 258,1 %

[1] Siehe Internet: http://www.iqwig.de/arzneimittelbewertung.108.html (1.2.2007)
[2] Die Medikamente werden zum Teil bei mehreren Krankheiten eingesetzt als im G-BA-Auftrag genannt. So wird die große Gruppe der Bluthochdruckpräparate beispielsweise auch bei Herzinsuffizienz eingesetzt. Das heißt, die Euro-Angaben hinter dem jeweiligen Präparat umfassen gegebenenfalls auch andere Anwendungsgebiete dieses Präparats.
[3] Umsätze und Umsatzveränderungen nach Schwabe/Paffrath (2007), S. 1023 ff.

Kurzwirksame Insulin-analoga Insulinersatz				
Insulin lispro	Humalog	Eli Lilly	**109 105 100 Euro**	+ 6,2 %
Insulin glulisin	Apidra	Sanofi-Aventis	**11 178 700 Euro**	k. A.
Insulin aspart	NovoRapid	Novo Nordisk	**99 908 200 Euro**	+ 24,6 %
Kurz- und langwirksame Insulin-analoga				
Insulin lispro	HumalogMix	Eli Lilly	**20 102 600 Euro**	− 6,2 %
Insulin aspart	Novomix30	Novo Nordisk	**9 693 400 Euro**	+ 17,1 %
Langwirk-same Insulin-analoga				
Insulin glargin	Lantus	Sanofi-Aventis	**132 010 200 Euro**	+ 16,0 %
Insulin detemir	Levemir	Novo Nordisk	**23 806 400 Euro**	+ 491,4 %
Cholin-esterase-Hemmer Gegen Alzheimer				
Donepezil	Aricept	Pfizer	**58 302 100 Euro**	+ 16,9 %
Galantamin	Reminyl	Janssen-Cilag	**32 803 900 Euro**	+ 37,4 %
Rivastigmin	Exelon	Novartis	**16 604 700 Euro**	+ 33,2 %
Memantin Gegen Alzheimer				
Memantin	Axura	Merz	**42 817 700 Euro**	+ 23,2 %
Memantin	Ebixa	Lundbeck	**19 565 200 Euro**	+ 21,7 %

Ginkgo-Biloba-Extrakt Gegen Alzheimer				
Ginkgo-Biloba	Tebonin	Schwabe	**5 892 900 Euro**	+ 2,9 %
Ginkgo-Biloba	Gingium	Hexal	**4 148 700 Euro**	+ 13,6 %
Ginkgo-Biloba	Ginkobil	Ratiopharm	**1 157 600 Euro**	− 7,8 %
Ginkgo-Biloba	Rökan	Spitzner	**k. A.**	k. A.
Serotonin-Noradrenalin-Wiederauf-nahme-Hemmer Antidepressivum				
Duloxetin	Cymbalta	Eli Lilly / Boehringer	**14 373 000 Euro**	k. A.
Duloxetin	Yentreve	Eli Lilly	**9 115 200 Euro**	+ 499,2 %
Venlafaxin	Trevilor	Wyeth	**95 545 300 Euro**	+ 31,4 %
Leukotrien-antagonisten Gegen Asthma (Bericht 2006 abgeschlossen)				
	Singulair	MSD Dieck-mann	**57 314 200 Euro**	+ 31,4 %
Kortikostero-ide und Beta-2-Rezeptor-Agonist Gegen Asthma				
Budesonid Formoterol	Symbicort	Astra Zeneca	**162 428 500 Euro**	+ 31.5 %
Budesonid Formoterol	Viani	GlaxoSmit-hKline	**178 833 500 Eruo**	+ 15,5 %
Budesonid Formoterol	Atmadisc	Schwarz Pharma	**57 576 900 Euro**	+ 19,2 %
Zwischen-summe ohne Blut-drucksenker			**1 629 225 200 Euro**	

129

Anti-Hyper-tonika Gegen Bluthoch druck				
Betablocker	Wirkstoffe Metoprolol, Bsoprolol, Atenolol, Sotalol, Propranolol u. a.	Diverse Generika-Firmen	**717 095 000 Euro**	
	Betablocker-kombinationen	Diverse Hersteller	**100 080 000 Euro**	+ 12,1 %
ACE-Hemmer und Kombinationen	Wirkstoffe Captopril, Enalapril, Lisinopril, Ramipril, Quinapril, Fosinopril	Diverse Generika-Firmen	**385 099 000 Euro**	k. A.
	Wirkstoffkombinationen mit Diuretika	Diverse Hersteller	**283 296 000 Euro**	+ 24,6 %
	Wirkstoffkombinationen mit Calciumantagonisten	Diverse Hersteller	**53 475 000 Euro**	+ 5,9 %
Kalzium-Antagonisten und Kombinationen	Wirkstoffe Verapamil, Diltiazem, Nifedipin, Nitrendipin, Amlodipin, Felodipin u. a.	Diverse Generika-Firmen	**471 832 000 Euro**	
	Wirkstoffkombinationen mit Diuretika und Betablockern	Diverse Hersteller	**29 181 000 Euro**	
Angiotensin-II Antagonisten und Kombinationen	Lorzaar, Diovan, Provas, Atacand, Blopress, Aprovel, Karvea, Votum, Olmetec, Micardis, Kinzalmono, Teveten u. Emestar	Diverse Hersteller	**386 620 000 Euro**	+ 20,4 %

	Wirkstoffkombinationen mit Diuretika	Diverse Hersteller	**451 185 000 Euro**	+ 17,4 %
Diuretika und Kombinationen	Thiaziddiuretika	Diverse Generika-Firmen	**88 880 000 Euro**	+ 4,5 %
	Schleifendiuretika	Diverse Generika-Firmen	**224 342 000 Euro**	+ 9,7 %
	Triamteren-Kombinationen	Diverse Generika-Firmen	**45 220 000 Euro**	– 6,4 %
	Amiloridkombinationen	Diverse Generika-Firmen	**6 001 000 Euro**	– 1,4 %
	Aldosteronantagonisten	Diverse Generika-Firmen	**55 809 000 Euro**	+ 3,4 %
Zwischensumme Blutdrucksenker			**3 298 115 000 Euro**	
Gesamtsumme			**4 927 340 200 Euro**	

Alle diese Medikamente hat das IQWiG zum Teil schon geprüft, zum Teil wird es sie noch prüfen. Die Frage ist stets: Haben diese oft teuren Präparate einen in Studien nachgewiesenen Zusatznutzen gegenüber bisher bewährten Medikamenten, die günstiger sind? Und der Gemeinsame Bundesausschuss wird dann auf Grundlage der IQWiG-Bewertung entscheiden, ob die Krankenkassen die Präparate künftig noch bezahlen oder nicht mehr. Dem Kampf um Analoginsuline schrieb Leyck Dieken deshalb Präzedenzcharakter zu. Der Pharmaboss gab offen zu: «Die Interessenlagen der Pharmaunternehmen sind so eindeutig, dass sie sich gar nicht absprechen müssen.»

Ärzte und Krankenkassen folgen dem
IQWiG-Gutachten

Was den Präzedenzcharakter angeht, gab selbst der Vorsitzende des Gemeinsamen Bundesausschusses, Rainer Hess, dem Pharmaboss recht. Ebenfalls auf der Tagung in Leipzig stellte sich der gelernte Jurist Hess den Ärzten und machte vor der Entscheidung über die Analoginsuline klar: «Es geht nicht nur um die Bewertung eines einzelnen Arzneimittels, sondern es geht um die Qualität und die Wirtschaftlichkeit der Arzneimittelversorgung in Deutschland.» Das Problem sei, so Hess, dass ein Arzneimittel, sobald es von den Behörden zugelassen ist, auch zu Lasten der Krankenkassen verordnet werden kann, und zwar zu dem Preis, den der Hersteller festsetzt. Seit zehn Jahren seien die Analoginsuline nun auf dem Markt, und weil es das IQWiG erst jetzt gebe, könne man auch erst jetzt prüfen, welchen Nutzen diese Medikamente wirklich haben. Es sei ein strukturelles Problem, dass in Deutschland viele Arzneimittel auf dem Markt seien, von denen nicht geklärt ist, ob sie besser sind als bisherige Präparate. Künftig, so Hess, wolle man nicht mehr zig Jahre nach der Einführung eines Präparats den Nutzen prüfen, sondern möglichst früh, bevor massenhaft Patienten auf das neue Arzneimittel umgestellt worden sind.

Hess versuchte, den rumorenden Ärzten im Saal klarzumachen: «Wenn wir auf dem Arzneimittelsektor nicht zu einer gewissen Selektion kommen, werden Sie als Ärzte immer mit dem Vorwurf behaftet sein, dass Sie nicht trennen zwischen der wirklichen Wirksamkeit und Effizienz von Arzneimitteln und irgendwelchen Scheininnovationen, auf die man, wenn es um die Kosten der Solidargemeinschaft geht, unter Umständen verzichten müsste, damit wir das System insgesamt finanzierbar halten.»

Wenige Wochen nach dem Auftritt von Rainer Hess vor den Diabetologen in Leipzig zog der Gemeinsame Bundesausschuss (G-BA) aus Ärzten und Krankenkassen im Juli 2006 die Konsequenzen aus dem IQWiG-Gutachten: Er entschied, dass kurzwirksame Analoginsuline für Typ-II-Diabetiker nicht mehr zu Lasten der Krankenkassen verordnet werden dürfen, solange sie so teuer sind. «Das angestrebte Behandlungsziel einer guten medizinischen Versorgung von Diabetes-Typ-II-Patienten ist mit Humaninsulin ebenso zweckmäßig und derzeit wesentlich kostengünstiger zu erreichen», erklärte der G-BA in seiner im Internet veröffentlichten Erklärung.[143] «Mit dem Beschluss setzt der G-BA eine Nutzenbewertung des IQWiG zu kurzwirksamen Insulinanaloga bei Diabetes-Typ-II (sogenannter Altersdiabetes) in die Arzneimittelrichtlinie um. Diese regelt verbindlich die Einzelheiten einer medizinisch notwendigen und wirtschaftlichen ärztlichen Behandlungs- und Verordnungsweise.»[144]

Hinter den Kulissen zeigten sich die Pharmafirmen nach der Entscheidung plötzlich erstaunlich flexibel, was die Preise für die Analoginsuline angeht: Alle großen Hersteller traten mit den Krankenkassen in Preisverhandlungen und gewährten großzügige Rabatte, damit die Präparate weiter verordnet werden können.

Die Pharmalobby spielt Patientenanwalt

Gleichwohl eröffneten die Lobbyverbände der Konzerne am Tag der Analoginsulin-Entscheidung das Feuer auf das IQWiG und den G-BA: Der Chef des Bundesverbandes der Pharmazeutischen Industrie, Bernd Wegener, meldete sich und erklärte, dass er «sehr enttäuscht und verärgert über diese Entscheidung» sei. Den Patienten drohe «ein Rückfall in das medizinische Mittelalter». Wegener behauptete gegenüber der Öffentlichkeit einfach, dass «alle fachlichen, medizinischen Argumente systematisch ignoriert worden» seien und «allein finanzielle Motive für die Entscheidung maßgeblich waren». Den im G-BA stimmberechtigten Ärzten und Krankenkassen-Vertretern hielt der Pharmalobbyist vor, sie seien bereit, «aus Kostengründen jegliche Verantwortung für die Versorgung der Patienten von sich zu weisen». Sich selbst präsentierte der Pharmalobbyist dagegen als unerschütterlichen Kämpfer für die Rechte der Patienten: «Wir werden nicht tatenlos zusehen, wie Patienten zum Südenbock einer verfehlten Gesundheitspolitik gemacht werden.»[145]

Selbstverständlich meldete sich am Tag der Entscheidung auch Cornelia Yzer vom Verband Forschender Arzneimittelhersteller (VFA) zu Wort. Sie verschickte eine Pressemitteilung, in der sie behauptete, dass das IQWiG bei seinem Gutachten «eine große Anzahl von Studien zum Nutzen von Insulin-Analoga von vornherein für irrelevant erklärt» hatte. Dass viele dieser Studien eben methodisch unzureichend waren, um den angeblichen Zusatznutzen der Analoginsuline zu belegen, erwähnte Frau Yzer selbstverständlich nicht. Stattdessen erklärte die VFA-Lobbyistin den Journalisten: «Eigentlich geht es doch nur um Kostenersparnis und nicht darum, was das Beste für den Diabetiker ist.» Ein solcher «selbstherrlicher Umgang mit Daten» dürfe aber «nicht die Zukunft der Patientenversorgung in Deutschland bestimmen».[146]

Sanofi, Lilly und die DDG

Während BPI und VFA vor allem die Behauptung wiederholten, dass das IQWiG nicht den internationalen wissenschaftlichen Standards genüge (eine These, für die es allerdings keine ausreichende Evidenz gibt), kamen aus den Zentralen der Pharmakonzerne massivere Drohgebärden. Sanofi-Aventis erklärte, dass es die Entscheidung des G-BA «als klare Absage an die Erforschung und Entwicklung innovativer Medikamente durch die forschende pharmazeutische Industrie in Deutschland» werte, und behielt sich vor, «rechtliche Schritte einzuleiten».[147] Lilly-Geschäftsführer Thomas Wellner meldete sich ebenfalls mit einem dramatischen Statement zu Wort und verkündete: «Erstmals in der Geschichte der deutschen Gesundheitspolitik wird Kassenpatienten eine gesamte

134

Klasse moderner Arzneimittel, deren Wirksamkeit bewiesen ist und die sich international bewährt haben, aus Kostengründen vorenthalten.»[148] Zwei Wochen später kündigte Lilly an, sein Hamburger Forschungslabor mit 150 Mitarbeitern, das überwiegend an der Behandlung von Diabetes arbeitet, zum Sommer 2007 zu schließen. Es war eine der üblichen Drohgebärden, aber sie verfehlte ihre Wirkung nicht: Wolfgang Kerner, Präsident der Deutschen Diabetes Gesellschaft, einer als nicht gerade pharmakritisch geltenden Fachgesellschaft, sprang auf die Meldung auf und erklärte prompt, dass «der Forschungsstandort Deutschland gefährdet» sei. Die Deutsche Diabetes Gesellschaft wünsche sich deshalb «innovationsfreundliche gesundheitspolitische Rahmenbedingungen, sodass Unternehmen Standorte in Deutschland langfristig ausbauen und nicht schließen».

Dieses Statement zwei Wochen nach der Entscheidung gegen die Analoginsuline muss dem Pharmaunternehmen Lilly wie gerufen gekommen sein. Die Deutsche Diabetes Gesellschaft (DDG) war auch zuvor mit dem IQWiG-Gutachten nicht einverstanden und wollte beim Institut inhaltlich Beschwerde einlegen. Doch für einen formellen Einwand zum Vorbericht hätte die DDG gemäß den IQWiG-Statuten ihre Verbindungen zur Pharmaindustrie offenlegen müssen. Dazu war die Deutsche Diabetes Gesellschaft aber nicht bereit – und verzichtete deshalb lieber auf die Beschwerde. Sie begnügte sich, auf den Konsens im Vorstand zu verweisen, dass «aus Sicht vieler Diabetologen und deren persönlicher Erfahrung» Analoginsuline «das verfügbare Arsenal an Möglichkeiten positiv erweitern».[149] Für jeden evidenzbasierten Mediziner eine erstaunliche Haltung: Statt auf Studien zu verweisen, beruft sich eine Fachgesellschaft auf persönliche Erfahrung und einen Konsens im Vorstand – «Eminenz statt Evidenz», wie die «Süddeutsche Zeitung» sich zu Recht amüsierte.[150]

Die Pharmalobby lädt ein zur Bilanz:
ein Jahr IQWiG

Zu einer Bilanz «Ein Jahr Nutzenbewertung» lud der Verband Forschender Arzneimittelhersteller (VFA) im Oktober 2006 nach Berlin. IQWiG-Chef Peter Sawicki traf bei dieser Tagung auf den Deutschland-Chef von Sanofi-Aventis, Heinz-Werner Meier, der gleichzeitig auch im Vorstand des VFA sitzt. Das Symposium fand in einem stuckverzierten Hörsaal der Kaiserin-Friedrich-Stiftung in Berlin-Mitte statt. Trotz des festlichen Rahmens packte Sanofi-Aventis-Boss Meier die Lieblingskeule der Pharmaindustrie aus: «Natürlich wird ein Konzern in einem Land, in dem alle seine Forschungsergebnisse negativ beurteilt werden, nicht mehr investieren», drohte der Manager und fuhr fort: «Ja, Forschung wird es in dieser Form, wenn es so weitergeht, in diesem Land nicht mehr geben.» Meier, dessen Firma auch Insulinanaloga herstellt, fürchtete, dass «die Insulinanaloga-Entscheidung symptomatisch ist: Ich persönlich habe wenig Hoffnung für unsere nächsten Produkte, die zur Bewertung anstehen.»

Vorhersehbar war auch, dass Meier die Tagung nutzte, um seine Abneigung gegen die evidenzbasierte Medizin zum Ausdruck zu bringen. Meier forderte Sawicki auf, dass das IQWiG «Erkenntnisse aus Studien unter Alltagsbedingungen» berücksichtigen müsse und sich nicht nur auf randomisiert-kontrollierte Studien beschränken könne. Das Argument, alles nur Mögliche zu berücksichtigen, hört sich zunächst plausibel an, ist aber so irreführend wie interessengeleitet. Denn das, was Meier «Studien unter Alltagsbedingungen» nennt, sind genau solche Studien wie die umstrittenen Anwendungsbeobachtungen, die die Pharmaindustrie leicht beeinflussen kann (siehe Kapitel 5). Wenn möglichst viele Studien berücksichtigt werden sollen, dann zählen am Ende nämlich auch Scheinstudien oder nicht überprüfbare Stellungnahmen von Patienten, die behaupten, dass dieses und jenes Arzneimittel besser wirke – allesamt also Bewertungen, die die Industrie steuern kann. Die ganze Nutzenbewertung verlöre dann ihren Sinn. Doch genau darum geht es der Pharmaindustrie in ihrem Kampf gegen die lästige evidenzbasierte Medizin. Im Jahresbericht des Bundesverbands der Pharmazeutischen Industrie liest sich das so: «Randomisierte, kontrollierte Studien sind – auch nach Auffassung des BPI – keineswegs Studien der ersten Wahl, wenn es um die Bewertung eines patientenorientierten Arzneimittelnutzens geht.» Das ist zwar seriös formulierter Unsinn. Dennoch verweist der Bundesverband der Pharmazeutischen Industrie stolz darauf, dass er «entsprechende Positionen im Rahmen des politischen Prozesses eingebracht» habe.[151]

Bundesrat auf Linie der Pharmalobby

Außerordentlich erfolgreich war die Pharmalobby auch bei der Durchsetzung ihrer Vorstellungen im Bundesrat. Jedenfalls liest sich, was der Bundesrat in einer Stellungnahme zur Gesundheitsreform gefordert hat, als wäre es direkt von Pharmalobbyisten vorformuliert worden: Die Gesundheitsreform solle so geändert werden, dass sich die Bewertungen von Arzneimitteln «nicht nur auf die von der evidenzbasierten Medizin primär geforderten klinischen Studien beschränken, sondern auch epidemiologische Kohortenstudien» berücksichtigen (sprich: bessere Anwendungsbeobachtungen).[152] Weiter schreibt der Bundesrat einige Seiten später: «Die evidenzbasierte Medizin liefert wichtige international anerkannte Standards, die jedoch nicht ausschließlich Grundlage der Arbeit des Instituts für Qualität und Wirtschaftlichkeit im Gesundheitswesen (IQWiG) sein sollten.»[153]

Ob nach Veröffentlichung dieser Stellungnahme des Bundesrats beim Verband Forschender Arzneimittelhersteller (VFA) die Champagnerkorken knallten, ist nicht überliefert. Jedenfalls konnte die Cheflobbyistin des VFA, Cornelia Yzer, ihre Freude kaum verhehlen und erklärte am Tag des Bundesratsbeschlusses: «Die andauernde Unklarheit über die methodischen Grundlagen der Arbeit des IQWiG hat in letzter Zeit für so viel Unruhe gesorgt, dass wir endlich eine Orientierung an bewährten Standards benötigen.»

Sawicki blieb angesichts der medialen Übermacht der Pharmalobby nur, immer wieder auf die Überlegenheit dieser angeblich so problematischen Studien hinzuweisen. Auf der VFA-Tagung hielt er dem Sanofi-Aventis-Chef und der im Publikum weilenden Cornelia Yzer eine Untersuchung entgegen, die im «Journal of the American Medical Association», dem renommierten US-amerikanischen Ärzteblatt, veröffentlicht wurde. Dem zufolge wurden 83 Prozent der nichtrandomisierten Studien in den folgenden zehn Jahren durch neuere Untersuchungen widerlegt. Aber nur 23 Prozent der Aussagen von randomisiert-kontrollierten Studien (RCTs) stellten sich später als korrekturbedürftig heraus. Das heißt, wer die höchste Zuverlässigkeit bei medizinischen Aussagen erhalten will (auch wenn es keine absolute Zuverlässigkeit ist), fährt eindeutig am sichersten mit randomisiert-kontrollierten Studien. Aber auch diese Erkenntnis wird die Pharmaindustrie künftig nicht davon abhalten, immer wieder darauf hinzuweisen, dass es doch ein Gewinn sei, bei der Arzneimittelbewertung möglichst auch geringerwertige, fehleranfälligere Studien zu berücksichtigen. Hauptsache, die Aussage der Studie passt der Industrie.

Zensur von Fachzeitschriften

Michael Kochen ist Professor für Allgemeinmedizin an der Universität Göttingen, Mitherausgeber des «arznei-telegramms», außerdem Präsident der Deutschen Gesellschaft für Allgemeinmedizin (DEGAM) und somit so etwas wie der oberste Allgemeinarzt im Land. Im Sommer 2006 schrieb Professor Kochen zusammen mit seinem Kollegen Wilhelm Niebling, Mitglied der Arzneimittelkommission der Deutschen Ärzteschaft, einen Aufsatz. Die beiden Mediziner gehören zu Fachleuten auf ihrem Gebiet, die man auch international kennt. In ihrem Aufsatz ging es um sogenannte Protonenpumpenhemmer, Mittel, die bei Magengeschwüren und Sodbrennen helfen und die in Deutschland von mehr als einer Million Patienten geschluckt werden.

Professor Kochen und Professor Niebling untersuchten, ob eines dieser Medikamente besser ist als die anderen oder ob die Mittel alle gleich gut wirken. Wenn sie alle gleich gut wären, wären die gewaltigen Preisunterschiede der Präparate aber kaum zu rechtfertigen. Nexium zum Beispiel kostet nach Berechnungen des Arzneiverordnungsreports 558 Euro im Jahr pro Patienten, der Wirkstoff Omeprazol als Generikum dagegen nur 347 Euro[154] (siehe auch S. 27 f.). Um es kurz zu machen: Kochen und Niebling kamen nach Durchsicht der wissenschaftlichen Literatur zu dem Ergebnis: «Die pharmakologische Wirkung der fünf in Deutschland zugelassenen Protonenpumpenhemmer ist identisch. Alle Protonenpumpenhemmer (PPI) sind bei den zugelassenen Indikationen gleich wirksam und sicher. Für Omeprazol existiert die beste Datenlage. Trotz entsprechender Werbeaussagen fehlen zweifelsfreie Nachweise für klinisch relevante Unterschiede zwischen den einzelnen PPI.»[155] Für die Hersteller der teuren Magenmittel wie AstraZeneca und Altana ein alarmierendes Untersuchungsergebnis.

Eine Zeitschrift wird eingestampft

Der Artikel der beiden Professoren war für die August-Ausgabe der «Zeitschrift für Allgemeinmedizin» (ZFA) geplant. Er findet sich auch im Inhaltsverzeichnis der Zeitschrift, angekündigt für Seite 332–333. Doch wer Seite 332 aufschlug, fand keinen Artikel, stattdessen eine Seite Werbung. Seltsam war auch, dass die August-Ausgabe der ZFA erst am 10. September bei den Abonnenten ankam und nicht, wie üblich, Mitte August.

Was war passiert? Der Thieme Verlag hatte die bereits gedruckte Auflage der Zeitschrift mit dem Aufsatz von Kochen und Niebling einstampfen lassen. Allerdings hatten die Redakteure beim erneuten Druck vergessen, das Inhaltsverzeichnis zu ändern. So fand sich zwar die Ankündigung über den pharmakritischen Artikel in der ZFA, der Aufsatz selbst aber fehlte. Professor Michael Kochen erklärte: «Der Thieme Verlag hat auf Druck der Industrie die Augustauflage eingestampft. Der Verlag befürchtete wohl, sein Anzeigengeschäft zu gefährden.»[156] Der Verlag selbst erklärte die Absetzung des Aufsatzes mit «Qualitätsmängeln und Interessenkonflikten», wies den Vorwurf der Autoren, unter dem Druck der Pharmaindustrie eingeknickt zu sein, aber zurück.

Die in einer Auflage von 2500 Exemplaren erscheinende ZFA enthält selbst zwar keine Werbeanzeigen, doch die Pharmafirma Takeda zog nach Angaben von Koautor Wilhelm Niebling drei Anzeigen in anderen Thieme-Zeitschriften im Wert von 9600 Euro zurück. Die Takeda-Werbung habe bei Thieme im Jahr 2006 insgesamt einen Wert von 82 000 Euro ausgemacht, sagte Professor Niebling. Christine Funken, Leiterin Marketing bei Takeda, wies Nieblings Vorwürfe allerdings zurück: «Wir machen Anzeigen-Pläne unabhängig von der kritischen Auseinandersetzung mit unseren Produkten.»[157]

Auch «Der Hausarzt» lehnte den Aufsatz plötzlich ab

Kochens und Nieblings Aufsatz über die Magenmittel war als Teil einer Serie unter dem Titel: «Informationen zur rationalen Arzneitherapie in der ärztlichen Praxis» geplant. Außer in der «Zeitschrift für Allgemeinmedizin» sollten die Artikel auch in der mit 50 000 Exemplaren Auflage sehr viel größeren Zeitschrift «Der Hausarzt» erscheinen, dem offiziellen Organ des Deutschen Hausärzteverbandes, mit mehr als 32 000 Mitgliedern der größte Berufsverband deutscher Vertragsärzte. Die Verantwortlichen des Verbands hatten die Serie nicht nur angeregt, sondern Vorstand und Geschäftsführung befürworteten zunächst auch den Abdruck des Artikels über Magenmittel. Doch Anfang Oktober 2006 erhielt Professor Kochen plötzlich Post von der Chefredakteurin des «Hausarztes». In dürren Worten eröffnete sie ihm: «Ich möchte Sie mit diesem Brief gerne darüber informieren, dass Ihre Manuskripte aus der Serie ‹Informationen zur rationalen Arzneitherapie in der hausärztlichen Praxis› zu den Protonenpumpenhemmern [...] für eine Publikation in der Zeitschrift ‹Der Hausarzt› nicht in Frage kommen.»[158]

Was muss eigentlich passieren, dass erst eine Zeitschrift wie die ZFA einen Fachaufsatz von Autoren zurückweist, die selbst zu den Herausgebern der Zeitschrift gehören? Und dass anschließend auch noch die Zeitschrift «Der Hausarzt» so verfährt, obwohl diese Zeitschrift sogar das offizielle Mitteilungsblatt jener Fachgesellschaft ist, deren Präsident der Autor Kochen wiederum ist? Kochen vermutete schlicht, «dass der Druck pharmazeutischer Firmen nicht nur den Verlag, sondern auch den Hausärzteverband» erreicht habe.[159]

Statt Kochens und Nieblings kritischem Artikel über die Magenmedikamente erschien im «Hausarzt» eine perfide Stellungnahme des «Ehrenvorsitzenden» des Deutschen Hausärzteverbandes, Klaus-Dieter Kossow, eines gern gesehenen Redners pharmafinanzierter Tagungen. Unter der Überschrift «Kochens Krieg» beschrieb Kossow darin seinen Göttinger Kollegen als besonders mächtig und einflussreich: «Als Präsident der Deutschen Gesellschaft für Allgemeinmedizin ist Kochen ein mächtiger Multiplikator, schon deshalb, weil er als Mitglied des Royal College of General Practitioners einer der wenigen international anerkannten Lehrer der deutschen Allgemeinmedizin ist.» Daraus folgerte der Ehrenvorsitzende der Hausärzte: «Es ist nicht die Pharmaindustrie, die die Freiheitsgüter der Aufklärung gefährdet. Es ist die

Macht.» Der Zensierte wird so in der Logik des Ehrenvorsitzenden zum Täter. Schließlich denunzierte Kossow im «Hausarzt» Kochen auch noch als einen Mann mit massiven Interessenkonflikten: «Er verdient als Mitherausgeber des arznei-telegramms an der Arzneimittelkritik. Damit ist er nicht freier Wissenschaftler wie sonst irgendein anderer Professor, sondern gewerblicher Opponent der Pharmaindustrie mit Eigeninteressen.»[160]

Kochen und Niebling selbst nahmen die ganze Auseinandersetzung eher sportlich. Der Artikel über die Magenmedikamente erschien Ende Oktober schließlich im «arznei-telegramm», dem die Redaktion eine Bemerkung voranstellte, in der sie die Leser dazu aufforderte, sich selbst ein Bild zu machen, «wie niedrig bei Verlagen, deren Erlöse aus Zeitschriften zu beträchtlichen Teilen den Anzeigen entstammen, die Toleranz für abwägende und kritische Bewertungen von Arzneimitteln ist».[161] Für Professor Michael Kochen verweist der Fall über die konkrete Auseinandersetzung hinaus aber auf einen grundsätzlichen Missstand, dass nämlich «Pharmafirmen über die wirtschaftliche Abhängigkeit von Verlagen medizinische Informationen für Millionen Ärzte und Patienten unterdrücken können. Dies ist eine Bankrotterklärung für unser System der Medizininformation.»[162]

Professoren im Dienst der Pharmaindustrie

Medizinische Leitlinien sind für Ärzte so etwas wie für Hobbyköche ein Rezept: Man orientiert sich daran, dass es gut schmecken beziehungsweise der Patient wieder gesund werden soll. Es heißt aber nicht, dass man sich sklavisch daran halten muss. Leitlinien bilden einen Handlungsrahmen oder eine Entscheidungshilfe, die wissenschaftlich begründet ist. Im Idealfall sollte der aktuellste medizinische Erkenntnisstand einfließen. In Deutschland werden die Leitlinien in der Regel von den zuständigen Fachgesellschaften entwickelt, gelegentlich auch von der Bundesärztekammer und der Kassenärztlichen Bundesvereinigung. Unter Wissenschaftlern gibt es allerdings eine Auseinandersetzung um die Qualität: Manche Leitlinien sind ein Weg zu einer vernünftigen, evidenzbasierten Medizin, andere spiegeln eher die Interessen der hinter den Autoren stehenden Sponsoren. Leitlinien gibt es heute zu allen möglichen Krankheiten: zu Diabetes, Bluthochdruck, Herzschwäche, Asthma und so weiter. Das Problem ist nur, dass die meisten von ihnen unter dem Einfluss der Pharmaindustrie entstehen.

Pharmagesponserte Autoren von Leitlinien

Kanadische Wissenschaftler haben 2002 im US-amerikanischen Ärzteblatt «Journal of the American Medical Association» eine Untersuchung veröffentlicht, die belegt, dass vier von fünf Autoren medizinischer Leitlinien Honorare von Pharmafirmen erhalten haben.[163] Im Durchschnitt sind zwei dieser vier Autoren sogar Angestellte oder enge Berater der Firmen, deren Medikamente sie dann in den Leitlinien empfehlen.[164] Herausgefunden hatten das Forscher der Universität Toronto, indem sie 167 Autoren von 44 amerikanischen und europäischen Leitlinien nach ihren Verbindungen zur Pharmaindustrie fragten. 107 dieser Autoren beantworteten die Fragen der kanadischen Wissenschaftler: Jeder von ihnen hatte im Schnitt zehn bis elf Kontakte zu Pharmafirmen. Über 50 Prozent der Autoren hatten von Pharmaunternehmen Honorare für Vorträge erhalten, ebenfalls über 50 Prozent hatten Forschungsprojekte betreut, die von der Pharmaindustrie finanziert worden waren. «Unter den 44 Leitlinien gab es keine einzige, an der ausschließlich Autoren ohne Industriekontakte beteiligt waren.»[165]

Inwiefern die guten Beziehungen zur Pharmaindustrie Einfluss auf die Empfehlung bestimmter Medikamente hatten, wurde nicht untersucht.

Interessant war in diesem Zusammenhang, wie die Autoren selbst ihre Unabhängigkeit einschätzten: Nur sieben Prozent glaubten, ihre Tätigkeit für Pharmaunternehmen würde auch ihre eigene Arbeit an den Leitlinien beeinflussen. Gleichzeitig unterstellten aber 19 Prozent, dass ihre Kollegen durch ihre Kontakte zur Pharmaindustrie beeinflusst wären. Als Konsequenz ihrer Studie forderten die kanadischen Wissenschaftler, dass beim Abfassen der Leitlinie zumindest in einer Fußnote angegeben werden müsse, ob und mit welchem Pharmakonzern ein Leitlinien-Autor in Verbindung stehe.

Die Ergebnisse der kanadischen Forscher wurden durch eine zweite Untersuchung bestätigt, die 2005 in «Nature» erschien. Diesmal wurden weltweit mehr als 200 Leitlinien untersucht. Nur in 90 dieser Leitlinien wurden sogenannte Interessenkonflikte angegeben, und nur 31 Leitlinien waren gänzlich frei von industrieller Beeinflussung, was immerhin mehr ist als in der oben erwähnten Studie. Doch auch in dieser Untersuchung waren die engen Verbindungen zur Pharmaindustrie erstaunlich: 35 Prozent der Autoren hatten für Vorträge Geld von der Pharmaindustrie erhalten. Zehn Prozent der Autoren besaßen sogar Aktien jenes Pharmaunternehmens, dessen Präparate für die Therapieempfehlung eine Rolle spielten.[166]

Als Rechtfertigung für diese Zusammenarbeit hört man immer wieder, dass pharmagesponserte Autoren größere Erfahrung in praktischer Forschung hätten und es eben auch ein Qualitätsmerkmal sei, wenn Konzerne einen finanzieren. Diese Argumentation ist aber offenbar blind gegenüber den Abhängigkeiten, die sich dadurch ergeben, dass man sich von der Industrie bezahlen lässt. Drummond Rennie, Mitherausgeber des amerikanischen Ärztejournals «JAMA», zeigte sich jedenfalls schockiert über die in «Nature» berichteten engen Verbindungen der Leitlinien-Autoren. Rennie vermutete: «Pharmafirmen sehen in Leitliniengremien den perfekten Ort, um Einfluss auszuüben. Diese Praxis stinkt.»[167]

Professor Teichmann und die
Hormonersatztherapie

Für die Pharmamultis zahlt sich nicht nur die Beeinflussung von Leitlinien-Autoren aus, sondern auch generell von medizinischen Meinungsführern. Denn wenn diese wohlgefällige Artikel schreiben oder Statements abgeben, beeinflussen sie damit wieder Tausende Ärzte. Ein Beispiel: Im Mai 2002 brachen in den USA die Forschungsleiter die bisher größte medizinische Studie zu Hormonersatzpräparaten ab. In der Studie der Women's Health Initiative (WHI) wollten Ärzte herausfinden, ob eine Kombination aus Östrogenen und Gestagenen vor Herzinfarkt schützt. Dazu wurden 16 000 Frauen in zwei Gruppen geteilt: Die eine Gruppe der Frauen bekam fünf Jahre lang die Hormone verabreicht, die andere erhielt ein Placebo, also eine Zuckerpille ohne Wirkstoff. Eigentlich sollte die Studie neun Jahre dauern, doch die Forscher fanden es nach fünf Jahren unverantwortlich, sie weiter laufenzulassen. Der Grund war: Sie stellten überrascht fest, dass sich das Risiko, einen Herzinfarkt zu erleiden, nicht verringerte, sondern mit Einnahme der Medikamente offensichtlich erhöhte. Die Bilanz: Hochgerechnet auf 10 000 Frauen waren von denen, die Placebos erhalten hatten, 30 pro Jahr an Brustkrebs erkrankt. Von denen mit Hormonersatztherapie waren es aber 38 Frauen. Die Gruppe der Frauen, die die Hormone erhalten hatten, hatte also im Vergleich ein um 26 Prozent höheres Brustkrebsrisiko. Das Risiko, einen Herzinfarkt zu erleiden, war sogar um 29 Prozent höher, das, einen Schlaganfall zu bekommen, um 41 Prozent höher.[168] Der Schaden der Behandlung durch Hormonpräparate war also größer als ihr Nutzen. Diese Ergebnisse waren ein Debakel für die Hersteller von Hormonersatzpräparaten. Der Aktienkurs von Schering brach nach Bekanntwerden der Studienresultate von 65 auf 46 Euro ein.[169] Bis heute sind die Verordnungen auf die Hälfte zurückgegangen.

Der Abbruch der WHI-Studie sorgte auch in Deutschland für Unruhe, schließlich waren Ärzte hierzulande Vorreiter bei der Propagierung der Hormonersatztherapie. Die Sexualhormone waren vielen Frauen als Jungbrunnen angepriesen worden, die sie nach den Wechseljahren nehmen sollten, um weniger unter Schweißausbrüchen, Schlafstörungen und Depressionen zu leiden. «In keinem anderen Land waren die Anteile der behandelten Frauen so hoch wie bei uns», sagt der Pharmakologe Professor Peter Schönhöfer, «4,5 Millionen Frauen wurden bei uns mit Hormonpräparaten behandelt.» Das in der Studie deutlich gewordene höhere Brustkrebsrisiko bedeute, so Schönhöfer, «dass von den 46 000 Brustkrebserkrankungen in Deutschland jedes Jahr 4000 bis 8000 durch Hormontherapie ausgelöst wurden».[170]

In den USA ging nach Bekanntwerden der Ergebnisse die Verordnung der Hormonersatzpräparate um 50 Prozent zurück. Nicht so in Deutschland. Ohne zuverlässige Daten zur langfristigen Wirkung ihrer Präparate zu haben, starteten die Hormonanbieter wie Schering, Jenapharm, Organon und Novo Nordisk massive Marketing-Kampagnen, um den eigenen Marktanteil zu schützen und möglicherweise sogar auszudehnen, wie der Medizinjournalist Klaus Koch im August 2002 im «Deutschen Ärzteblatt» berichtete. «Das Ziel lässt sich nur unter einer Voraussetzung erreichen: Ärzte und Frauen müssen davon überzeugt werden, dass die schlechte Bilanz der US-Studie nicht verallgemeinert werden kann.»[171] Das Problem war nur, dass selbst das Bundesinstitut für Arzneimittel und Medizinprodukte (BfArM) aus den US-Daten das Gegenteil folgerte und warnte: «Die Annahme, dass die in der WHI-Studie mit Östrogen und dem Gestagen MPA erhobenen Befunde auch auf andere Östrogen-Gestagen-Behandlungsregime übertragbar sind, liegt nahe.»[172]

Frauenärzte werden beschwichtigt

In dieser schwierigen Situation kam den Pharmaunternehmen im Jahr 2002 der Chefarzt der Frauenklinik in Aschaffenburg, Professor Alexander Teichmann, zu Hilfe. Teichmann leitete zugleich im Berufsverband der Frauenärzte den Arbeitskreis «Steroide in Kontrazeption und Substitution» (SIKUS). Der Professor verfasste im Juli 2002, wenige Wochen nach Abbruch der Studie in den USA, eine «kritische Würdigung», die er an alle 11 000 Mitglieder des Frauenarzt-Verbandes schicken ließ, außerdem ein «Patientinnen-Informationsblatt». Darin behauptete Teichmann, die US-Studie verändere «in keiner Weise die zurzeit gültige Bewertung der Hormonersatztherapie als einer wirksamen Behandlung von Beschwerden, die durch Hormonmangel ausgelöst werden und deren Nutzen oft unter-, deren Risiko gemeinhin jedoch überschätzt wird».[173] In der mitgefaxten «Patientinneninformation» wird mit keinem Wort erwähnt, dass die Studie wegen der hohen Risiken abgebrochen wurde. Stattdessen heißt es unter der Überschrift «Was waren die wichtigsten Ergebnisse dieser Studie»: «Eine leichte Erhöhung der Anzahl diagnostizierter Brustkrebserkrankungen» und «Keine Senkung der Herz-Kreislauf-Erkrankungen». Wohlgemerkt: Das um 29 Prozent erhöhte Risiko, einen Herzinfarkt zu erleiden, wird in der Patientinneninformation wiedergegeben mit der Formulierung: «Keine Senkung der Herz-Kreislauf-Erkrankungen».[174]

Was bewog Professor Teichmann damals, seine wohlwollenden Worte über die Hormontherapie auf Briefpapier des Bundesverbands der Frauenärzte quer durch die Republik versenden zu lassen? In dem Begleitschreiben, das Teichmann zusammen mit seiner Stellungnahme an die Frauenarzt-Praxen verschickt hatte, stand: «Weitere Exemplare dieses Patientinnenaufklärungsbogens können Sie über die Unternehmen Schering Deutschland GmbH beziehungsweise Jenapharm GmbH & Co. KG, die freundlicherweise auch diese Faxaktion unterstützt haben, unter folgender Telefonnummer abfordern.»[175]

In einem Leserbrief an das «Ärzteblatt» musste Professor Teichmann im Oktober 2002 einräumen, dass der im Faksimile wiedergegebene Text der Patienteninformation nicht von ihm selbst verfasst, sondern bei der Firma Schering entstanden ist.[176] Das Magazin «Focus» vermutete damals, «dass Teichmanns jahrelange Verbindungen zum Berliner Pharmakonzern Schering» zu der Beschwichtigungsaktion geführt haben könnte.[177] Teichmann habe in der Zeitschrift «Der Frauenarzt», dem Organ des Berufsverbands der Frauenärzte, bis vor einigen Jahren pharmafreundliche Artikel publiziert. Für diese Zeitschriftentätigkeit habe er rund 42 000 Mark erhalten, außerdem habe Schering Teichmann womöglich jährlich 60 000 Mark zugutekommen lassen – was der Chefarzt aber bestritt.[178] Ansonsten verwies Teichmann in seinem Leserbrief an das «Ärzteblatt» darauf, dass der von Schering aufgesetzte und in seinem Namen verschickte Brief zwar «auf Grundlage» einer Stellungnahme von Teichmanns SIKUS-Kommission verfasst worden sei, «jedoch nicht im Auftrag oder in Abstimmung mit mir». Gleichwohl sei der Briefinhalt «nicht zu beanstanden».[179]

Für den Bremer Pharmakologen Peter Schönhöfer zeigt der Fall Teichmann eindeutig, mit welcher Strategie das Pharmamarketing Desinformation betreibt. «Schering missbraucht einen Berufsverbandsfunktionär zur gezielten Falschinformation und täuscht unabhängige ärztliche Fachkompetenz vor, zum Zweck der Absatzsicherung.»[180]

Professor Zeidler und das Rheumamedikament Vioxx

Ähnlich erhellend ist der Einsatz des Rheumatologen Henning Zeidler für das Schmerzmittel Vioxx. Vioxx gehört wie Celebrex zur Gruppe der sogenannten Cox-2-Hemmer, das sind Rheumamedikamente, die seit Jahren mit großem Aufwand bei Ärzten angepriesen werden und die angeblich weniger guten Standardmedikamente vom Typ NSAR verdrängen sollen. Als nichtsteroidale Antirheumatika (NSAR) werden alle Rheumamedikamente bezeichnet, die gegen Schmerz und Entzündung wirken, in denen aber kein Cortison enthalten ist. «Rheumamedikamente, die als ‹neu›, als ‹besonders wirksam› oder als ‹besonders nebenwirkungsarm› angepriesen werden, bieten meist keinen Vorteil gegenüber den seit Jahren bewährten Wirkstoffen Indometacin, Ibuprofen, Diclofenac, Acemetacin und Naproxen», wie die Verfasser der «Bitteren Pillen», eines Standardlexikons der Arzneimittelkritik, schreiben.[181]

Geworben wurde vom Vioxx-Hersteller Merck (in Deutschland heißt die Firma MSD) und vom Celebrex-Hersteller Pfizer jedoch vor allem damit, dass ihre Präparate weniger Nebenwirkungen haben als NSAR, also weniger Magengeschwüre und Blutungen verursachen. Bei Celebrex wurde allerdings die angeblich bessere Magenverträglichkeit dadurch erreicht, dass man gewisse Daten ausblendete. So hatten die Patienten mit Celebrex nach einem halben Jahr tatsächlich weniger Magengeschwüre als die Patienten, die zum Vergleich Diclofenac oder Ibuprofen nahmen. Am Ende der Studie hatte sich dieser Vorteil aber wieder nivelliert: Celebrex verursachte genauso viele Magengeschwüre wie die bewährten Rheumamittel. «Das passte aber dem Marketing nicht», berichtete Pharmakritiker Schönhöfer. «Die Daten nach einem halben Jahr wurden deshalb hochgerechnet und als Jahresverträglichkeit publiziert. Mit dieser Fälschung wurde eine bessere Verträglichkeit vorgespielt, die nicht vorhanden war.»[182] Trotzdem hieß es in der Pfizer-Werbung für Celebrex: «Signifikant weniger komplizierte Ulzera» (also Magengeschwüre).

Die Studie CLASS, in der die angeblichen Vorteile von Celebrex ausgebreitet wurden, erschien 2000 im «Journal of the American Medical Association» (JAMA), einer der angesehensten medizinischen Fachzeitschriften. Von den sechzehn Autoren waren allerdings sechs Firmenangestellte und zehn bezahlte Berater der Firma Pfizer.[183] Ähnlich war das Zahlenverhältnis auch bei der großen Studie «Vioxx Gastrointestinal Outcomes Research» (VIGOR), mit dem der Merck-Konzern sein Rheumamittel Vioxx als Mittel der ersten Wahl anpreisen wollte. Bei dieser im nicht minder angesehenen «New England Journal of Medicine» (NEJM) im Jahr 2000 publizierten Studie fand sich am Ende des gedruckten Aufsatzes nicht die sonst übliche detaillierte Deklaration der Interessenkonflikte der Autoren. Sie sei wegen des Umfangs «unpraktikabel», hieß es, und finde sich deshalb nur im Internet. «Unpraktikabel» war sie möglicherweise auch. Vor allem aber war sie aufschlussreich: Denn elf der dreizehn Hauptautoren hatten finanzielle Verbindungen zur Herstellerfirma Merck, die beiden anderen waren Angestellte des Pharmakonzerns.[184]

Die angeblichen Vorteile von Celebrex und Vioxx schwanden in den folgenden Jahren nach und nach. Die US-amerikanische Gesundheitsbehörde mahnte Pfizer mehrfach ab, weil der Konzern Ärzten gegenüber bedrohliche Nebenwirkungen wie Magen-Darm-Schäden beziehungsweise Wechselwirkungen mit anderen Medikamenten verschwiegen hatte.[185] Für Vioxx kam es noch schlimmer: Im September 2004 empfahl das firmenunabhängige Aufsichtsgremium der APPROVe-Studie, in der Vioxx getestet wurde, die Studie abzubrechen. Der Grund: In der Patientengruppe, die Vioxx nahm, gab es nach dem 18. Monat der Einnahme eine Zunahme von Herzinfarkten und Schlaganfällen. Die Daten ließen keinen Zweifel mehr am schädigenden Potenzial von Vioxx. Zu diesem Zeitpunkt war Vioxx aber bereits eines der beliebtesten Medikamente in Deutschland. In der Liste der meistverordneten Arzneimittel belegte es im Jahr 2004 Platz 14. Weltweit machte Merck 2003 mit Vioxx 2,5 Milliarden Dollar Umsatz. Dabei war die APPROVe-Studie keineswegs der erste Hinweis auf «kardiovaskuläre Ereignisse» bei Einnahme von Vioxx. Bereits im März 2000 gab es «Hinweise auf ein kardiovaskuläres Schädigungspotenzial». Die APPROVe-Studie war also vielmehr der Schlusspunkt, der dazu führte, dass die US-Firma Merck das Präparat im Herbst 2004 vom Markt nahm. Der Aktienkurs von Merck in den USA fiel daraufhin, die Produktinformation zu Vioxx musste geändert werden, bereits damals fanden sich Warnhinweise auf Herzinfarkt und andere Beschwerden.[186]

Zuvor schien der Pharmakonzern Merck aus Sorge um seine Profite über lange Zeit hinweg die gesundheitlichen Gefahren zu ignorieren. Noch im Frühjahr 2004, nachdem jede Menge kritischer Berichte über Vioxx vorhanden waren, warben Mediziner auf Einladung der deutschen Merck-Tochter MSD auf einem Ärztekongress dafür, mehr Patienten als bisher mit Vioxx zu behandeln.[187]

Einer der bekanntesten Vioxx-Anhänger in Deutschland war Professor Henning Zeidler, bis März 2007 Direktor der Abteilung für Rheumatologie an der Medizinischen Hochschule Hannover. Der rührige Professor stritt noch im Februar 2002 jedes Herzinfarkt-Risiko von Vioxx ab und erklärte die Tatsache, dass in einer Vioxx-Studie die Patienten ein höheres Risiko für Herzinfarkte zeigten als beim Vergleichspräparat Naproxen, mit dem cleveren Hinweis, dass dies ein Zeichen dafür sei, dass Naproxen eine schützende Wirkung fürs Herz habe. Für diese Spitzfindigkeit, die auch vom Hersteller verbreitet wurde, mahnte die US-Zulassungsbehörde FDA 2001 den Merck-Konzern ab. Professor Zeidler benutzte das Argument dennoch 2002 auf einem Symposium von MSD und setzte sogar noch eins drauf: Zeidler selbst sagte, er verordne Vioxx auch Patienten mit kardiovaskulärem Risiko und gebe ihnen zusätzlich Aspirin und ein Magenschutzmittel.[188]

Im März 2004 sprach Zeidler auf einem MSD-Symposium auf dem «Deutschen Schmerztag» in Frankfurt – natürlich gegen Honorar[189] – und zitierte Leitlinien, denen zufolge Medikamente wie Vioxx auch bei «Patienten mit schweren Begleiterkrankungen, etwa kardiovaskulären Erkrankungen» eingesetzt werden sollen.[190] Zu diesem Zeitpunkt war Merck bereits zu einem Hinweis verpflichtet, diesen Risikopatienten besser nicht Vioxx zu verordnen.

151

Selbst die Arzneimittelkommission der Deutschen Ärzteschaft hatte schon 2001 in ihrer Leitlinie auf das erhöhte Risiko von Herzinfarkten bei Präparaten wie Vioxx hingewiesen. Ende 2004 erklärte die Arzneimittelkommission schließlich ausdrücklich, dass Vioxx bei Herzinfarkt-, Schlaganfall- und Bluthochdruck-Risikopatienten auf keinen Fall verordnet werden soll.[191]

Im Februar 2005 musste die Beraterkommission der US-Zulassungsbehörde FDA entscheiden, ob Vioxx in den USA weiter auf dem Markt bleiben sollte oder nicht. Als die 32 Mitglieder der Kommission abstimmten, gab es eine hauchdünne Mehrheit für Vioxx, 17 zu 15. Allerdings hatten zehn Mitglieder der Beraterkommission nicht deklarierte Industrieverträge. Rechnet man diese Berater heraus, hätte es eine klare Mehrheit gegen Vioxx gegeben: Von den verbliebenen FDA-Beratern ohne Interessenkonflikte wollten nur noch acht Vioxx auf dem US-Markt erhalten, 14 aber waren dagegen.[192]

Das Grundübel, das auch hier sichtbar wird, ist, dass es fast keine Wissenschaftler gibt, die komplett pharmaunabhängig sind. Nahezu jeder renommierte Mediziner hat zu irgendeinem Zeitpunkt seiner Karriere Gelder von der Pharmaindustrie erhalten. Deshalb sitzen in staatlichen Aufsichtsgremien wie denen der FDA immer auch Experten mit Interessenkonflikten, das heißt, Forscher, die sich nicht nur den Standards universitärer Wissenschaft verpflichtet fühlen, sondern auch ihren Geldgebern, die sie vielleicht bald schon wieder um Unterstützung bei einem Forschungsprojekt bitten werden.

Ghostwriter: Wenn Wissenschaftler ihren Namen verkaufen

Karen Dente hat in Heidelberg und Berlin Medizin studiert. 2002 machte sich die frischgebackene Ärztin als freie Journalistin in New York selbständig, schrieb für das deutsche «Ärzteblatt», die

«Welt» und andere Medien über medizinische Themen. 2006 schilderte Karen Dente in einem Artikel, welche Erfahrungen sie selbst als Medizinjournalistin mit Pharmaunternehmen gemacht hat.[193]

Einmal bot ihr die PR-Agentur Edelmann 7000 Dollar für einen Artikel an. «Es war von Anbeginn klar, dass dahinter die amerikanische Firma Merck stand. [...] Man übte allerdings Druck aus, dass ich meine Kontakte bei einem renommierten Fachjournal nutzte, um Interesse für diesen Beitrag zu erschleichen.» Der Beitrag sollte nicht unter Dentes Namen erscheinen, sondern unter dem Namen von zwei Ärzten, die für Merck arbeiteten.

Es war Dentes erstes Angebot, als Ghostwriterin zu arbeiten. Das Modell funktioniert wie folgt: Eine PR-Agentur sucht im Auftrag eines Pharmaunternehmens einen freien Journalisten, der einen lobenden Artikel über ein neues Medikament schreibt. Anschließend verkauft der freie Journalist diesen Text für viel Geld an die PR-Agentur – und verzichtet auf seine Autorenrechte. Die Agentur sucht nun einen angesehenen Professor, der nichts dagegen hat, dass der Artikel unter seinem Namen veröffentlicht wird. Geholfen ist damit beiden: dem Professor, der seine Literaturliste um einen Artikel erweitern kann, und dem Pharmaunternehmen, das einen renommierten Fachmann gewonnen hat, der das neue Präparat lobt. Der Name des freien Journalisten, der den Text tatsächlich verfasst hat, fällt unter den Tisch. Erschiene der Artikel unter seinem Namen, wäre die Wirkung nur minimal, schließlich verfügt er nicht über die Autorität des Fachmanns. In Deutschland spielen diese Fälle von Ghostwriting eine geringere Rolle, weil es hierzulande keine international wirklich angesehene Fachzeitschrift gibt. Einfluss haben solche manipulierten Artikel aber auch hierzulande dadurch, dass die internationalen Zeitschriften, in denen sie erscheinen, auch für deutsche Medizinprofessoren meinungsbildend sind.

Anna Wilde Mathews hat im Dezmeber 2005 in einem ausführlichen Beitrag für das «Wall Street Journal» einige Beispiele solcher

Ghostwriting-Fälle aufgelistet, die es bis in angesehene Fachzeitschriften geschafft hatten.[194] Ihren Recherchen zufolge stammen nicht nur einige, sondern sogar die meisten Artikel, die in medizinischen Fachzeitschriften unter dem Namen prominenter Wissenschaftler erscheinen, in Wirklichkeit aus der Feder von Ghostwritern, die von Pharmaunternehmen bezahlt werden. «Diese scheinbar objektiven Artikel, nach denen Ärzte auf der ganzen Welt die Behandlung von Patienten ausrichten, sind oft Teil einer Werbekampagne, mit der Hersteller für eine neues Produkt oder dessen besondere Wirksamkeit werben.»[195]

Eine von der American Medical Writers Association, der Vereinigung von US-Medizinjournalisten, durchgeführte Umfrage unter 71 freiberuflichen Autoren medizinischer Texte ergab, dass 80 Prozent mindestens ein Manuskript verfasst hatten, das ohne Angabe ihrer Mitwirkung veröffentlicht worden war. So veröffentlichte nach den Recherchen von Anna Wilde Mathews etwa das US-amerikanische «Journal of Kidney Diseases» 2001 einen Artikel, der die Vorteile von synthetischem Vitamin D rühmt. Als Autor ist Alex J. Brown genannt, außerordentlicher Professor an der Washington University in St. Louis. Professor Brown gab zu, er hätte keine Zeit gehabt, als ihn das Pharmaunternehmen Abbott um einen Text bat. «Sie sagten, einer ihrer Mitarbeiter werde den Text schreiben und meinen alten Artikel aktualisieren. Anschließend könne ich das Ergebnis prüfen.»[196] Professor Brown sagt, er habe 30 bis 40 Prozent des gelieferten Manuskripts umschreiben müssen, in der Fachzeitschrift erschien der Artikel dennoch nur unter seinem Namen – wer der Autor der restlichen 60 bis 70 Prozent war, blieb verborgen.

Ende 2004 erschien im «British Medical Journal» ein Artikel über Schmerzmittel und Asthma. Die führende Autorin hieß Christine Jenkins, Leiterin einer Forschungsgruppe am australischen Woolcock Institute of Medical Research. Der Aufsatz, so stand in einem Hinweis, sei nicht von einem Pharmaunternehmen finanziert worden. Tatsächlich hat aber, wie das «Wall Street Journal» berichtet, ein von GlaxoSmithKline bezahlter Autor an dem Manuskript mitgearbeitet, die Analyse sei nahezu identisch mit einer älteren Analyse, die nach Auskunft von GlaxoSmithKline vom selben «Autor» erstellt worden sei. Die offizielle Autorin Jenkins sagte, der Aufbau ihrer Arbeit sei durch das Papier von GlaxoSmithKline «angeregt» worden, aber sie hätte eigene Analysen vorgenommen.

Einen anderen Fall erzählte die Autorin Susanna Dodgson dem «Wall Street Journal»: Sie selbst sei von einer PR-Agentur bewogen worden, einen Artikel über das Präparat Eprex des Pharmakonzerns Johnson & Johnson zu schreiben. Ein Unternehmen von Johnson & Johnson hatte eine Studie finanziert, die Auftraggeber sagten Frau Dodgson, dass sie das «wichtigste Ergebnis der Studie» hervorheben müsse, nämlich dass 79 Prozent der Anämiekranken die einmal wöchentliche Gabe von Eprex gut vertragen hätten. Tatsächlich vertrugen aber nur 63 Prozent der Patienten diese Dosierung gut, wie in der Originalstudie steht. Dort steht auch, dass das Ziel der Studie «nicht erreicht werden konnte». Die Quote von 79 Prozent kam nur zustande, indem man die Erfolgskriterien großzügiger auslegte und alle Patienten ausschloss, die sich nicht penibel genau an die Durchführung der Studie gehalten hatten. Der Artikel der freien Autorin erschien schließlich 2004 in der Fachzeitschrift «Clinical Nephrology» mit der angeblichen Erfolgsquote von 79 Prozent. Die 63 Prozent wurden nicht mal erwähnt. Als Autor des Artikels wurde diesmal allerdings Paul Barre von der McGill University in Montreal genannt. Er gibt zu, die PR-Agentur habe einen «großen Teil der lästigen Arbeit für ihn erledigt». Auf das Problem mit den fraglichen Prozentzahlen angesprochen, antwortete Barre dem «Wall Street Journal»: «Es geht hier nicht um eine vorsätzliche Verzerrung der Datenanalyse, sondern um die Suche nach positiven Aussagen für den Artikel. Artikel mit positiven Aussagen werden eher veröffentlicht.» Eine erstaunlich ehrliche Antwort.

Der Aufstand der Herausgeber

Die Herausgeber von zwölf der angesehensten Medizinzeitschriften der Welt haben erkannt, dass es mit den manipulierten Publikationen so nicht mehr weitergehen kann, wenn sie ihren Ruf und ihre Seriosität nicht vollends aufs Spiel setzen wollen. Sie entschlossen sich deshalb in ungewöhnlicher Einmütigkeit zu einem gemeinsamen Aufstand: Im September 2001 erschien in den zwölf Fachzeitschriften unter der Überschrift «Sponsorentum, Autorenschaft und Verantwortlichkeit» eine Erklärung, die zumindest jede Menge Problembewusstsein erkennen ließ und unterzeichnet war von den Herausgebern des «Annals of Internal Medicine», des «Journal of the American Medical Association», des «New England Journal of Medicine», des «Canadian Medical Association Journal», des «Journal of the Danish Medical Association», von «Lancet», des «New Zealand Medical Journal», des «Journal of the Norwegian Medical Association», des «Dutch Journal of Medicine», der «Annals of Internal Medicine», des «Medical Journal of Australia», des «Western Journal of Medicine» und vom geschäftsführenden Redakteur der Datenbank «Medline».[197]

Die ehrwürdigen Herausgeber stellten gemeinsam fest, dass sich die Zeiten zum Schlechten gewandelt hatten. Bis vor kurzem sei es noch selbstverständlich gewesen, dass unabhängige klinische Forscher bestimmen konnten, unter welchen Bedingungen eine Studie ablaufen musste, welche Patienten zu rekrutieren und wie die Ergebnisse zu interpretieren waren. Mit steigendem wirtschaftlichem Druck gehörten diese Standards aber offenbar der Vergangenheit an, klagten die einflussreichen Chefs der Medizinzeitschriften. «Die Pharmaindustrie hat erkannt, dass private, nichtuniversitäre Forschergruppen den gleichen Job für weniger Geld und weniger Bedenken machen als akademische Forscher.» So hätten im Jahr 2000 die privaten Forschungsgruppen bereits

60 Prozent der Pharma-Forschungszuschüsse erhalten, die universitären klinischen Forscher nur noch 40 Prozent.

In dem Maße aber, in dem private und universitäre Forscher um Budgets für klinische Studien konkurrieren, können Pharmaunternehmen die Studienbedingungen diktieren. Forscher hätten, so schreiben die Herausgeber, geringen oder gar keinen Einfluss mehr auf das Design der Studie, keinen Zugang zu den Rohdaten und nur eingeschränkte Mitsprache bei der Interpretation der Ergebnisse. Obwohl diese Bedingungen für Forscher mit Selbstachtung ein Schlag ins Gesicht seien, hätten viele das akzeptiert, weil die Pharmafirmen sonst einen anderen gefunden hätten, der die Studie durchführt. «Als Herausgeber lehnen wir Verträge entschieden ab, die den Forschern das Recht auf unabhängige Prüfung der Daten verweigern.» Scharf wenden sich die Chefs der Medizinzeitschriften gegen den Anspruch von Pharmafirmen, unliebsame Studienergebnisse nicht zur Veröffentlichung freizugeben.

Die Herausgeber erklärten schließlich, dass sie von den Autoren künftig routinemäßig verlangen werden, die Rolle des Sponsors in der besprochenen Studie aufzudecken. Wenn die Autoren bei einer Pharmafirma beschäftigt sind, müsse dies in jedem Fall kenntlich gemacht werden. «Autorenschaft bedeutet Verantwortlichkeit und Unabhängigkeit. Ein eingereichtes Manuskript ist das intellektuelle Eigentum des Autors, nicht des Sponsors der Studie. Wir werden keine Artikel über Studien mehr veröffentlichen, die unter Bedingungen durchgeführt wurde, die dem Sponsor die alleinige Kontrolle der Ergebnisse erlauben oder das Verhindern einer Veröffentlichung.» Für die Herausgeber der Medizinzeitschriften sind diese Standards so wichtig, weil sie wissen, dass sich weltweit Leitlinien zur Behandlung von Patienten genau an den Arbeiten orientieren, die sie in ihren Journalen veröffentlichen. Wenn klinische Studien überhaupt noch etwas wert sein sollen, dann muss der Einfluss der Pharmaunternehmen zumindest transparent und nachprüfbar sein.

Dass diese Erklärung ein Fortschritt war, aber kein ausreichender Schutz vor manipulierten Veröffentlichungen, zeigt sich auch heute noch, sechs Jahre nach Veröffentlichung der Erklärung: Der Leiter des in Kopenhagen ansässigen Nordic Cochrane Center, Peter Gøtzsche, berichtete im Januar 2007 von seiner eigenen Untersuchung über den Anteil von Ghostwritern bei der Publikation von Medikamentenstudien.[198] Gøtzsche wertete die Unterlagen von 44 medizinischen Studien aus, von denen 43 von Pharmafirmen initiiert worden waren, und verglich sie mit den späteren Publikationen in internationalen Medizinzeitschriften. In 33 Studienunterlagen fand Gøtzsche Hinweise auf die Mitarbeit von Forschern aus Pharmaunternehmen, die aber in der späteren Veröffentlichung nicht mehr zu finden waren. Bei den Pharmamitarbeitern handelte es sich meist um Statistiker, die für die Auswertung der Studien verantwortlich waren und damit auch entscheidend die Darstellung der Studienergebnisse prägen konnten. Gøtzsche vermutet, dass die Mitarbeiter der Pharmaunternehmen bewusst verschwiegen wurden, da die Beteiligung von Pharmamitarbeitern bei der Auswertung die Glaubwürdigkeit der publizierten Studien untergraben kann.[199] Lieber nennt man in den Fachzeitschriften nur Medizinprofessoren als Autoren, die als unabhängig gelten.

Die Herausgeberin des «British Medical Journal», Fiona Godlee, schlug im Jahr 2006 nach all den Fällen von Studien-Manipulationen vor, dass Arzneimittelherstellern künftig gar nicht mehr erlaubt werden sollte, eigene Medikamente klinisch zu testen. Godlee will stattdessen, dass die Firmen, wenn sie Studien für die Zulassung eines neuen Medikaments brauchen, Geld in einen zentralen Topf einzahlen, aus dem dann unabhängige und öffentliche klinische Studien finanziert werden.[200]

Der frühere Vizechef der niederländischen Zulassungsbehörde, Leo Offerhaus, riet Frau Godlee und ihren Kollegen, zumindest die Vermarktung von Scheininnovationen nicht weiter zu unterstützen, indem sie wie bisher Berichte darüber veröffentlichen.

Offerhaus: «Die Zeitschriften-Herausgeber könnten sich weigern, Daten über Medikamente zu veröffentlichen, die keine therapeutisch relevante Verbesserung in der Versorgung bringen. Leider sind einige Zeitschriften (und nicht zu vergessen auch Verlage!) käuflich.»[201]

Allerdings ist die Korrumpierung der meinungsbildenden Professoren in der Medizin derart weit fortgeschritten, dass es schwer ist, nun wieder Standards der Integrität und Unabhängigkeit einzuführen. Die Medizinzeitschriften könnten einen Schritt vorangehen – und die Universitäten und öffentlichen Kliniken einen hinterher: Sie könnten zumindest die bei ihnen angestellten Professoren verpflichten, ihre Interessenkonflikte zu veröffentlichen, also schlicht transparent zu machen, von welchem Unternehmen sie bezahlt werden, mit welchen Firmen sie Verträge laufen haben, wer ihre Fortbildungen finanziert oder wer ihrem Institut Zuwendungen irgendwelcher Art zukommen lässt.

Pharma-Schleichwerbung in der ARD und andere PR-Tricks

Eigentlich ist Werbung für verschreibungspflichtige Medikamente in Deutschland verboten. Jedenfalls laut Heilmittelwerbegesetz (HWG). Das regelt Paragraph 10: «Für verschreibungspflichtige Arzneimittel darf nur bei Ärzten, Zahnärzten, Tierärzten, Apothekern und Personen, die mit diesen Arzneimitteln erlaubterweise Handel treiben, geworben werden.» Im nächsten Paragraphen heißt es ausdrücklich: «Außerhalb der Fachkreise darf für Arzneimittel, Verfahren, Behandlungen, Gegenstände oder andere Mittel nicht geworben werden.»

Fernsehzuschauer gehören vermutlich nicht zu den erwähnten «Fachkreisen». Wenn im Fernsehen oder in Zeitschriften dennoch für Arzneimittel geworben wird, darf es sich legalerweise nur um rezeptfreie Präparate handeln, also Hustenmittel, Schnupfensprays, Knoblauchpillen und so weiter – alles andere ist verbotene Schleichwerbung. Besonders beliebt ist dabei das Product Placement: also das Platzieren etwa von Medikamenten oder deren Wirkstoffen in TV-Sendungen, ohne dass der Zuschauer das als Werbung erkennt.

Solche Placements sind selbstverständlich auch verboten. Dass es sie dennoch gegeben hat, enthüllte der Journalist Volker Lilienthal 2005 in dem bis dahin größten Schleichwerbeskandal im öffentlich-rechtlichen Rundfunk. Vor allem in der ARD-Vorabendserie «Marienhof» konnten demnach Unternehmen wie der Reiseveranstalter L'TUR, der Sparkassenverband oder die Sanitär- und Heizungsinnung versteckte Werbebotschaften unterbringen – gegen Geld, versteht sich. «Auch Drehbücher waren nicht mehr tabu, sondern wurden weit für die Botschaften interessierter Dritter geöffnet.»[202] Die Deals fädelte die Münchner Agentur H.+S. beziehungsweise deren Schwesterfirma K+W (Kultur+Werbung) ein. Beide Agenturen gehören dem ehemaligen Schauspieler Andreas Schnoor, der seit Mitte der neunziger Jahre zu den erfolgreichsten Product Placers in Deutschland gehört. Schnoors Spezialität: Themen-Placements für Industrie und Interessensverbände.[203] Dabei werden nicht nur die Produkte unauffällig ins Bild gerückt, sondern Geschichten rund um das Produkt entwickelt, das Produkt also in die Handlung regelrecht eingebaut.

«In aller Freundschaft»

Aus Schnoors Agentur K+W gibt es einen bisher unveröffentlichten internen Projektbericht, der einen detaillierten Überblick über die Pharmaunternehmen gibt, die Schleichwerbung in Auftrag gegeben haben sollen. Der Bericht trägt das Datum 6. Dezember 2002 und betrifft ausschließlich Placements in der Ärzte-Serie «In aller Freundschaft». Die Serie läuft noch immer dienstags um 21.05 Uhr

in der ARD und wird von der Saxonia Media Filmproduktion hergestellt, einer Tochter der Bavaria Film GmbH. Gedreht wird die
Serie in den Studios 1 und 2 der Media City Leipzig.

Die Placements fanden in den Jahren 2002 bis 2004 statt, wo
«In aller Freundschaft» im Schnitt fünf Millionen Zuschauer sa-
hen. Laut dem Bericht der Agentur K+W gab es in diesen Jahren
mit dem Produzenten von «In aller Freundschaft» drei Modelle für
Placements, die die Pharmafirmen in der Ärzte-Serie buchen konnten. Im Detail listet der interne Bericht der Agentur Schnoor auf:

1. Ausstattungsplacement

*Hier geht es darum, Plakate, Aufkleber bzw. Produktausstattung
für Arztzimmer, OP etc. zu verkaufen. Einmal der Markenname
pro Folge, Preisvorschlag EUR 20 000.*

2. Product-Placement

*Hier geht es um die selbstverständliche Anwendung eines Pro-
dukts, wie z. B. eine Infusionslösung am Tropf. Der Markenname
wird sichtbar. Es wird nicht darüber geredet. Es hat keinen direkten «thematischen Bezug». Es findet nur die richtige, produktge-
rechte Anwendung statt. Preisvorschlag EUR 20 000.*

3. Themenplacement

*Hier kann es nur um Wirkstoffe und nicht um Marken gehen.
Dann können thematisch breite Aussagen stattfinden. Es handelt
sich hier um eine aufwendige Dramaturgie. Kostenvoranschlag
EUR 30 000.*

Das Geld, mit dem die Schleichwerbung bezahlt wurde, floss
dabei vermutlich auf folgendem Weg: Die Pharmaunternehmen
beziehungsweise die für sie tätigen PR-Agenturen überwiesen die
Summe an Schnoors Agentur. Der überwies das Geld, abzüglich
seines Honorars, an die Bavaria-Tochter BSM (Bavaria Sonor Mer-
chandising), die es wiederum an die Bavaria-Tochter Saxonia Media abführte, die die Serie produzierte. Die Bavaria selbst gehört
mehrheitlich einzelnen Sendern der ARD.

Laut dem Bericht aus Schnoors PR-Agentur sind «Abschlüsse»

Auszug aus einem Projektbericht
der PR-Agentur

PROJEKT: IN ALLER FREUNDSCHAFT   Stand: 06.12.2002
Übersicht

LIEFERADRESSE:	Saxonia Media Filmproduktion GmbH
	Geschäftsbereich / Produktion
	Umzug *in Media City in Leipzig*
	D-04103 Leipzig
PROJEKT-MANAGER:	ELKE
PROJEKTPARTNER/KONSTANT:	K + W / MA
DATUM ERSTLISTE:	
AKQUISEZEITRAUM:	freigegeben VERLÄNGERUNG:
PROJEKT-DATEN:	
PRODUKTION:	Saxonia Media Filmproduktion GmbH und der ARD/DEGETO
	i.A. des MDR für DAS ERSTE
PRODUCER:	Oliver Vogel
BUCH:	Torsten Lenkeit, Achim Scholz, Axel Hildebrand, Andreas Püschel, u.a.
REGIE:	Bernhard Stephan, Klaus Gendries, Peter Vogel, Peter Hill, Gunter Krää
	u.a.
KAMERA:	Jürgen Hemlich, Patrick Popow
DREHORT:	Leipzig und Umgegung
SENDEANSTALT:	ARD
	- seit 26.10.1998 -
DREH 6. STAFFEL:	Ende September-Mitte August 03 (Fo.-Stand 165-205)
FOLGENSTAND zum 03.12.02:	Folge 161
AUSSTRAHLUNG:	seit 08.01.02, immer dienstags, 21:05 Uhr bis 21:50 Uhr (Folge 125
	beginnend)
FOLGEN-STAND:	zum 10.09.02: Folge 150 „Eine Frage der Ehre" (4,07 Zusch. gesamt,
	14,1% MA / ab 14 Jahre: 4,0 Mio Zuschauer, 14,2% MA).

AUSSTRAHLUNG DER EINZELNEN THEMEN:		
Asthma/Symbicort:	Folge 142	28.05.2002
Eurypo/Fatique Syndrom:	Folge 14:	25.06.2002
Morbus Fabry/Fabrazyme	Folge 153	08.10.2002
Thrombose/Mono Emoblex	Folge 162	10.12.2002
Alzheimer/Memantine	Folge 164	24.12.2002
Epilepsie /Keppra	Folge 172	25.02.2003
Morbus Gaucher/Genzyme	Folge 173	04.03.2003
Fatigue Syndrom/Eurypo	Folge 183	13.05.2003
Multiple Sklerose/Copaxone	Folge 184	20.05.2003

ROLLE/DARSTELLER:	"Dr. Roland Heilmann"/Thomas Rühmann
	"Dr. Kathrin Globisch"/Andrea Kathrin Loewig, „Dr. Achim Kreuzter"/
	Holger Daemgen, „Prof. Dr. Gernot Simoni/"Dieter Bellmann, „Pia Heil-
	Mann"/Hendrikje Fitz, u.a.
PROD.-ZEITRAUM:	ab 6/98 bis fortlaufend
PREISE:	pro Folge: EUR 30.000 AKTUELLE PREISGESTALTUNG
	BERÜCKSICHTIGEN !!!
MEDIA-DATEN:	Aktuelle Mediadaten liegen vor.
INFO:	Mit dem Produzenten wurde festgelegt, dass es hier drei

162

**Ab sofort kann nur noch für jeweils 1 Folge akquiriert werden. Wir gehen
nur noch Einzelfälle an.**

Aktuelle Informationen zur Serie können im Internet unter mdr.de/in-aller-
freundschaft/serie/inhalt.html abgefragt werden.

Asthma/SYMBICORT: WV Januar 2003 wg. neuem Produkt in neuer
Folge. Storyboard ok.
EURYPO/FATIGUE SYNDROM: Folge 183 als 2. Folge. Treatment ab
02.12.02 angesagt. Drehbuch ab 16.12.2002 angesagt. Drehbuch muss
von SF bis 20.12.2002 bearbeitet werden, damit es in der zweiten
Drehbuchfassung integriert ist.
ALZHEIMER/AXURA: Zwei Folgen (Fo. 120, 164) wurden bereits
umgesetzt und abgenommen. *Ausstrahlung 24.12.2003.* 3. Folge liegt
als Skizze vor.
THROMBOSE/MONO-EMBOLEX: Folge 162, Ausstrahlung 10.12.2002
Entsprechend liegt uns VHS vor. *abgenommen*
EPILEPSIE/UCB Chemie "**KEPPRA**" (Fo. 172 „Familienbande). Ist gerade
im Dreh.
MORBUS GAUCHER/CEREZYME: Folge 173. Ausstrahlung 04.03.2003.
ist im Dreh.
MULTIPLE SKLEROSE/COPAXONE/AVENTIS für MS: Folge 184.
Briefing sowie entsprechende Outline (Stand 21.11.02) liegt vor.
Treatment ab 02.12.02 angesagt. Drehbuch ab 16.12.2002.
PARKINSON/COMTESS/ORION PHARMA.
Hier hat sich der Fachberater schon Gedanken für eine Story gemacht.
Briefing wurde Lenkeit zugeschickt. EH spricht mit Produktion.
BRUSTKREBS (ARIMIDEX))/Astra Zeneca.
Story wird kreiert.
DIABETES (VIAGRA): Aktuelles Briefing hierzu liegt vor.
Story wird kreiert.
NEU:
NEUE KRANKHEITSBILDER FÜR NÄCHSTE STAFFEL:
- Alkoholismus (neues Medikament gegen Such)
- Kinderunfall (Kind fällt vom Baum, schwere Krankheit, die während
  der OP festgestellt wird)
- Nierentransplantation.

WEITERE THEMEN ; Migräne + Diabetis (nur schwerwiegende
Krankheiten). Künstliche Haut + Hansapflast: No.

ABSCHLÜSSE:

AS:	- AVENTIS/COPAXONE für 1 Folge
EH:	- MERZ (MEMANTINE) für 3 Folgen
	- NOVARTIS (2 Folgen: Prophylaxe bei Operation, Reisethrombose)
	- ASTRA ZENECA (Brustkrebs) (1 Folge)
	- ORION (Parkinson) (1 Folge)
	- UCB Chemie (Epilepsie/Keppra) (1 Folge)
JJ:	- LUNDBECK (Nachfolger von Cipramil): Zusage, Umsetzung nach Zulassung
HP:	
MA:	
WS:	
SF:	- ORTHO BIOTECH (Forschungsreihe, 2 Folgen)
MB:	- GENZYME („Morbus Gaucher", Wirkstoff Imiglucerase), 1 Folge

mit folgenden Pharmaunternehmen verzeichnet: Aventis, Merz Pharmaceuticals, Novartis, AstraZeneca, Orion, UCB, Lundbeck, Ortho Biotech und Genzyme. Die Unternehmen bestreiten dies zum Teil, zum Teil geben sie die Placements zu (siehe unten).

Dem Journalisten Lilienthal gegenüber hatten schon fünf Pharmafirmen beziehungsweise deren Umkreis bestätigt, dass es diese «Medienkooperationen» gegeben hat. Ein Pharmamanager habe ihm berichtet, dass er den Agentur-Chef Schnoor als «absolut zuverlässigen Geschäftspartner mit hervorragenden Kontakten» kennengelernt hat.[204]

Das interne Protokoll der Agentur Schnoor (siehe Faksimile) listet unter anderem folgende Pharma-Schleichwerbung in der ARD-Serie «In aller Freundschaft» auf:

Ortho Biotech, ein Geschäftsbereich des Pharmakonzerns **Janssen-Cilag**, stellt das Präparat Erypo her. Es hilft Krebspatienten, die nach einer Chemotherapie oder Bestrahlung wochen- oder monatelang sehr erschöpft sind («Fatigue-Syndrom»). Nach dem internen Bericht der Agentur Schnoor wurden für Erypo zwei Folgen «In aller Freundschaft» gebucht: Folge 146 und 183. In Folge 183, die am 27. Mai 2003 in der ARD zu sehen war, bewerben sich die Klinikärzte Dr. Achim Kreutzer und Dr. Philipp Brentano um ein Stipendium, das die Aufgabe hat, das Fatigue-Syndrom zu erforschen. Durch die ganze Folge zieht sich diese Krankheit. «Das Fatigue-Syndrom ist ein starker Erschöpfungszustand, der während einer Chemotherapie auftreten kann», erzählt Dr. Kreutzer schon am Frühstückstisch, «jedenfalls interessiert mich das schon länger.» Den Kollegen in der Klinik sagt er: «Es gibt lächerlich wenig Untersuchungen bei Fatigue.» Als die beiden jungen Ärzte Dr. Kreutzer und Dr. Brentano frühmorgens in einem gemeinsamen Büro sitzen und beide wieder über das Fatigue-Syndrom arbeiten, kommt eine weitere Kollegin herein, schaut Dr. Kreutzer über die Schulter und sagt: «Erythropoetin. Regt die Produktion der roten Blutzellen im Knochenmark an, gegen Anämie. Stimmt's? Fatigue-Syndrom.» Erythropoetin ist der Wirkstoff, der in dem Janssen-Cilag-Präparat Erypo enthalten ist.

Neben der Bewerbung für das Stipendium taucht das Syndrom in Folge 183 auch bei Patienten auf. Bei einem an Krebs erkrankten Pferdehofbesitzer vermutet die Ärztin Dr. Kathrin Globisch «das Fatigue-Syndrom, eine zunehmende Erschöpfung und Antriebslosigkeit bei Krebserkrankungen». Später baut derselbe Patient einen Verkehrsunfall und wird «sofort wegen eines jetzt offensichtlichen Fatigue-Syndroms behandelt».[205]

Ende Juli 2005 hatte die ARD unter dem Vorsitz des SWR-Justiziars Hermann Eicher eine «Clearingstelle» eingerichtet, um intern die Schleichwerbung aufzuarbeiten. Laut dem Bericht dieser ARD-Clearingstelle gab es 2002 und 2003 jeweils einen «Auftraggeber / Vertragsgegenstand Erypo», außerdem ein Placement zum Fatigue-Syndrom.[206]

Das Pharmaunternehmen Janssen-Cilag stellt sich dagegen auf den Standpunkt, dass kein Placement zu Erypo stattgefunden habe. «Es gab lediglich eine Anfrage bei uns zu Placements in der Serie ‹In aller Freundschaft›. Diese Anfrage wurde von uns abgelehnt.»

SWR-Justiziar Hermann Eicher sagt dagegen, er könne nicht glauben, dass Geld an die Bavaria-Tochter BSM für ein Placement gezahlt wurde, ohne dass tatsächlich auch ein Placement in Auftrag gegeben worden sei. «Die Agentur Schnoor war kein Wohlfahrtsverein, die hätte sicher nicht gezahlt für etwas, wofür sie selbst kein Geld bekommen hat.» Wenn ein Pharmaunternehmen dennoch behaupte, kein Placement in Auftrag gegeben zu haben, obwohl es im Bericht der ARD-Clearingstelle auftauche, dann könne dies damit zusammenhängen, dass man eine weitere Agentur zwischengeschaltet habe und das Unternehmen selbst damit formal den konkreten Auftrag nicht erteilt habe.

Ein anderer Fall betrifft das Biotech-Unternehmen **Genzyme**.

Die Firma produziert Medikamente gegen die Krankheiten Morbus Fabry und Morbus Gaucher. Morbus Fabry ist eine seltene Erbkrankheit, bei der den Patienten ein Enzym fehlt. Das Medikament, das Genzyme dafür herstellt, heißt Fabrazyme. Auch Genzyme taucht in der Kundenliste der Agentur Schnoor auf, für Morbus Fabry habe es einen «Abschluss» gegeben, als Beleg wird Folge 153 der Arzt-Serie angeführt. Tatsächlich taucht in Folge 153, die am 8. Oktober 2002 in der ARD lief, ein passender Patient auf: «Brentano stellt fest, dass Jens unter Morbus Fabry leidet, einer schwer erkennbaren Stoffwechselkrankheit.» Auch der Bericht der ARD-Clearingstelle hält fest, dass 2002 ein solches Placement beauftragt und abgerechnet wurde: «Integration des Themas Morbus Fabry, keine Produktnennung.»[207] Für Morbus Gaucher gab es nach dem ARD-Bericht 2003 ebenfalls einen Auftraggeber. Der Bericht aus der Agentur Schnoor verrät unter «Abschluss»: «Genzyme, Morbus Gaucher, Kind hat vergrößerte Leber u. Milz Enzym fehlt». Als Beleg wird Folge 173 vom 18. März 2003 (Sendedatum) angeführt. Tatsächlich taucht in dieser Folge ein Mädchen mit unklaren Symptomen auf. Die Ärztin «findet heraus, dass Maria u. a. eine extrem vergrößerte Milz hat». Nach dem Bericht der ARD-Clearingstelle landeten auf dem Konto des Bavaria-Tochterunternehmens BSM für die Placements für Morbus Fabry und Morbus Gaucher zusammen 17 384 Euro.

Dazu befragt, antwortet Genzyme, «dass die in unserem Unternehmen zum damaligen Zeitpunkt Verantwortlichen mittlerweile nicht mehr bei Genzyme beschäftigt sind. Mögliche Beweggründe und zeitliche Abläufe, egal von welcher Seite (Agentur oder Genzyme) entsprechende Initiativen ausgegangen sind, sind daher für uns nicht mehr nachvollziehbar.» Erstaunlich: Vorgänge, die das nicht besonders weit zurückliegende Jahr 2002 betreffen, sollen für das Unternehmen «nicht mehr nachvollziehbar» sein? Nachvollziehbar wäre es allerdings, wenn es den Verantwortlichen heute unangenehm wäre, mit dieser Schleichwerbung konfrontiert zu werden.

Bei **Merz Pharmaceuticals** in Frankfurt wird das Alzheimer-Präparat Axura hergestellt, der Wirkstoff heißt Memantine. Auch mit Merz wurde gemäß Schnoors Liste ein Placement vereinbart. Für «Alzheimer/Memantine» nennt der Agentur-Bericht als Beleg Folge 164 (Sendedatum 24. Dezember 2002). In dieser Folge taucht tatsächlich ein Patient aus München auf. «Dem an Alzheimer Leidenden ist es dort zu langweilig.» Der ARD-Revisionsbericht listet sowohl für 2002 als auch für 2003 einen Auftraggeber zum «Wirkstoff Memantine» auf. 2004 gab es, laut dem ARD-Bericht, ebenfalls eine «Integration des Themas Alzheimer und eines Alzheimerpräparats». Allein für das Placement 2004 flossen an die Bavaria-Tochter BSM 20 000 Euro. Das Unternehmen Merz gibt auf Anfrage zu, «wohl mit einer dieser Agenturen einen Vertrag geschlossen (zu haben) mit dem Ziel, in der Öffentlichkeit mehr Bewusstsein für das tabuisierte Thema Alzheimer zu schaffen.»

Die **UCB GmbH**, ein Pharmaunternehmen mit Sitz in Kerpen, produziert das Epilepsie-Medikament Keppra, ein neues Präparat, das in Kombination mit anderen Präparaten eingenommen wird, relativ gut verträglich, aber auch teuer ist: Eine Packung mit 100 Tabletten (1000 mg) kostet 346 Euro.[208] In Schnoors Liste taucht UCB unter den Firmen auf, mit denen es zu einem Abschluss gekommen ist: «Epilepsie/Keppra (1 Folge)». Als Beleg wird die Folge 172 genannt, die am 11. März 2003 in der ARD ausgestrahlt wurde. In der Folge heißt der Patient Klaus Ritter, der sich für seine Epilepsie schämt und verheimlicht, dass er Tabletten nimmt. Erst seine Frau entdeckt in seiner Nachttischschublade eine Packung. Nach einem Anfall sagt Klinikärztin Dr. Elena Eichhorn zu dem Patienten: «Sie leiden an Epilepsie. Ihr altes Medikament wird in Zukunft nicht mehr reichen, derartige Anfälle zu vermeiden.» Doch die Ärztin kann ihn beruhigen: «Es gibt ein neues, hochwirksames und sehr gut verträgliches Antiepileptikum. Diesen neuen Wirkstoff werde ich Ihnen verschreiben.» Sie fährt fort: «Das ist ein sogenanntes add-on-Präparat ...» (in diesem Moment bringt Klinikarzt Dr. Brentano die neue Packung), «... das Sie zusätzlich zu Ihren bisherigen Medikamenten einnehmen werden.» Dr. Elena Eichhorn reicht ihm die Packung ins Krankenbett, Patient Ritter schaut sie aufmerksam an, dann fährt die Ärztin fort: «Mit diesem neuen Medikament werden wir Ihre Anfallhäufigkeit deutlich reduzieren können. Das werden Sie schon nach zwei Wochen merken. Und Sie können natürlich weiterarbeiten.» Patient Ritter, bisher eher verstockt, antwortet freundlich: «Das klingt ja schon besser. Vielen Dank, Frau Doktor.»

Der Präparatsname Keppra fällt in der Sendung zwar nirgends. Aber wenn ein Epilepsie-Patient sich nach der Folge nur gemerkt hat, dass es ein neues Präparat gibt, das man zusätzlich zu seinen bisherigen Medikamenten einnimmt, das besser wirkt und gut verträglich ist, und der Patient damit zu seinem Hausarzt geht und nach so einem neuen Präparat fragt, ist es nicht unwahrscheinlich, dass er am Ende mit Keppra nach Hause geht.

Auch die ARD-Clearingstelle listet in ihrem Bericht für 2003 ein entsprechendes Placement auf: «Integration des Themas Epilepsie (Wirkstoff: Keppra)». Laut ARD wurden dafür 11 000 Euro an die Bavaria-Tochter BSM gezahlt. Das Pharmaunternehmen UCB hat eine schriftliche Anfrage des Verfassers zu diesem Fall nicht beantwortet und eine Auskunft verweigert.

Diese kleine Übersicht von Pharma-Schleichwerbung in der ARD ist bei weitem nicht vollständig. Der interne Bericht aus Schnoors Agentur K+W stammt schließlich vom Dezember 2002. Fälle ab der zweiten Hälfte 2003 sind gar nicht mehr erfasst. Dagegen listet der ARD-Revisionsbericht allein für 2004 weitere acht Fälle von Pharma-Placements auf, für die 127 000 Euro an die Bavaria-Tochter BSM geflossen sind. Insgesamt landeten bei BSM in den Jahren 2002, 2003 und 2004 allein für Pharma-Schleichwerbung mehr als 250 000 Euro.

Dazu kamen 2002 in der Serie «Marienhof» zwanzig Placements des Bundesverbands der Arzneimittelhersteller (BAH) und der Bundesvereinigung Deutscher Apothekerverbände (ABDA), wofür 147 763 Euro bei den «Marienhof»-Produzenten landeten. 2004 ließen die beiden Verbände weitere zehn Placements in «Marienhof» laufen, für die 93 500 Euro an die Bavaria-Tochter BSM gezahlt wurden. 2005 schließlich flossen für die von ABDA und BAH bezahlte Schleichwerbung 46 750 Euro an die BSM. Das Ziel der Schleichwerbung war die «Herausstellung der Apotheke als fachkompetent», wie es im Bericht der ARD-Clearingstelle heißt, und die Förderung des Absatzes rezeptfreier Medikamente (Husten- und Schnupfenpräparate), an denen der Bundesverband der Arzneimittelhersteller Interesse hatte, weil in ihm genau jene Firmen zusammengeschlossen sind, die die rezeptfreien Präparate herstellen.[209]

Offizielle Rügen für Apotheker und Arzneimittelhersteller

Der Deutsche Rat für Public Relations (DRPR) hat den Verband der Apotheker (ABDA) und den der Arzneimittelhersteller (BAH) Ende 2006 für die Placements in «Marienhof» öffentlich gerügt. Schließlich stelle die Schleichwerbung «eine unzulässige Form der Zuschauerbeeinflussung dar». Lobend erwähnte der PR-Rat lediglich, dass ABDA und BAH, als sie mit den Vorwürfen konfrontiert wurden, «keinen Versuch einer Rechtfertigung» unternommen hätten, sondern «die Problematik ihrer Aktivitäten anerkannten».

Bei den Schleichwerbungsfällen der einzelnen Pharmaunternehmen dagegen sei der ehrenamtlich tätige PR-Rat bisher nur noch nicht dazu gekommen, sie aufzuarbeiten, wie der DRPR-Vorsitzende Horst Avenarius versichert. Schließlich gehe es da nicht um einen Verband, sondern um viele einzelne Unternehmen, was die Ermittlungen aufwendiger gestalte. «Im Laufe des Jahres 2007 wollen wir aber auch das aufklären.» Lohnenswert wäre es für den PR-Rat allemal, sich um die Pharma-Placements der Serie «In aller Freundschaft» zu kümmern. Schließlich handelt es sich genau genommen um einen dreifachen Gesetzesbruch: erstens um Schleichwerbung, weil die Werbung nicht in der Werbepause zu sehen war, sondern in eine TV-Folge integriert war. Zweitens wurden die Beiträge nach der bei ARD und ZDF geltenden 20-Uhr-Werbegrenze ausgestrahlt. Und drittens war es, wenn Produkte genannt wurden, verbotene Werbung für verschreibungspflichtige Arzneimittel, bei der zudem der vorgeschriebene Hinweis auf Risiken und Nebenwirkungen fehlte.[210]

PR-Tricks in Zeitungen und Zeitschriften

Neben Pharma-Placements im TV gibt es auch Versuche, Schleichwerbung in seriösen Tageszeitungen unterzubringen. Das «Manager Magazin» berichtete im November 2003 vom Versuch einer PR-Agentur, den Geschäftsführer des Axel Springer Verlags in Berlin, Josef Probst, für ein besonders anrüchiges Geschäft zu gewinnen. Danach bot der Chef der PR-Firma «Pro Planum» dem Springer-Geschäftsführer an, dass es ihm beziehungsweise der Firma Novartis bis zu 300 000 Euro pro Jahr wert sein könnte, wenn in Springer-Blättern wie der «Welt» oder der «Berliner Morgenpost» ab und zu Novartis-freundliche Zusammenhänge hergestellt würden und gelegentlich auch mal ein Novartis-Medikament im Foto gezeigt würde.[211] Der Springer-Geschäftsführer lehnte das Geheimangebot offenbar ab.

In einem anderen Fall war Novartis erfolgreicher: Im Jahr 2002 kam heraus, dass die Humphrey-Bogart-Witwe Lauren Bacall in einem Interview der US-TV-Sendung «Today» nicht zufällig, sondern gegen Geld das Novartis-Präparat «Visudyne» gelobt hatte. Seither müssen Gäste der Sendung vor Interviews angeben, ob sie von Pharmaunternehmen bezahlt werden.[212]

Pharmafinanzierte Journalistenpreise:
Werbung für Krankheiten

Noch einen Tick cleverer gehen Pharmakonzerne vor, die nicht nur Werbung für Medikamente machen, sondern gleich für Krankheiten – natürlich nur für solche, für die sie Medikamente zur Behandlung anbieten. Ein besonders beliebtes Instrument, um Krankheiten zu mehr Beachtung zu verhelfen, sind Journalistenpreise, die für die einfühlsame Beschreibung spezieller Krankheiten vergeben werden. Journalisten schreiben also Artikel, für die sie sowieso von ihren Zeitungen bezahlt werden. Und wenn ein solcher Artikel einem Pharmaunternehmen besonders gut gefällt, gibt's dafür nochmal einen Preis und ein paar tausend Euro obendrauf. Nicht wenige Medizinjournalisten schreiben heute gezielt Artikel, die den jeweiligen Ausschreibungsbedingungen für Pharma-Preise entsprechen. Die Pharmaunternehmen erhalten mit einer hochdotierten Preisausschreibung dabei nicht nur einen wohlgefälligen Beitrag, sondern setzen eine Welle von Berichterstattung über die von ihnen «geförderten» Krankheiten in Gang.

So schreibt das Pharmaunternehmen Novo Nordisk den mit 12 000 Euro dotieren «Novo Nordisk Media Prize» für den besten Diabetes-Beitrag aus. Nicht zufällig stellt Novo Nordisk auch eine ganze Palette von Diabetes-Medikamenten her. «Wir haben vor fünf Jahren den ‹Novo Nordisk Media Prize› ins Leben gerufen, weil wir uns als weltweit führendes Diabetes-Unternehmen dafür verantwortlich fühlen, die Bevölkerung besser über Diabetes zu informieren», erklärt das Unternehmen scheinbar selbstlos. «Weltweit gibt es bereits 194 Millionen Diabetiker. Experten rechnen damit, dass diese Zahl bis zum Jahr 2025 auf über 300 Millionen anwachsen wird», schreibt das Pharmaunternehmen auf seiner Homepage – glänzende Geschäftsaussichten also für einen Konzern, der genau die Mittel zur Behandlung dieser «Volkskrankheit» herstellt. Laut den Teilnahmebedingungen für den Journalistenpreis muss sich ein

Beitrag, der sich das Preisgeld von Novo Nordisk verdienen will, «mit Diabetes befassen (Vermeidung, Krankheitsbild, Behandlung, Wirkstoffe etc.) und die Thematik ansprechend und fachlich korrekt behandeln».[213] Neben Novo Nordisk schreibt auch die Deutsche Diabetes-Stiftung einen «Medienpreis» aus, der mit 16 666 Euro dotiert ist und vom Pharmakonzern Daiichi Sankyo gefördert wird. Ausgezeichnet werden hier Beiträge, die «über die Zivilisationskrankheit Diabetes und deren Folgen aufklären».[214]

Einen anderen Preis vergibt der Pharmakonzern AstraZeneca, der Medikamente zur Behandlung von Krebs herstellt. Der Preis nennt sich «Onkologie-Medienpreis» und ist mit 10 000 Schweizer Franken dotiert. 2006 war der Preis beschränkt auf Arbeiten, «die sich thematisch mit dem Dick- und Mastdarmkrebs befassen». Inhaltlich sollte der preiswürdige Beitrag unter anderem die «Behandlung dieser Erkrankungen [...] abhandeln» – da ist es sicherlich nicht hinderlich, wenn auch Medikamente erwähnt werden. «Die Beiträge müssen für die angesprochenen Zielgruppen einen nachhaltigen Zusatznutzen darstellen», heißt es in den Ausschreibungsbedingungen. Passenderweise entwickelt AstraZeneca derzeit ein neues Medikament gegen – genau! – Darmkrebs, wofür es auch noch Patienten für eine Studie sucht.[215]

Wenn alle anderen mitmachen, will auch GlaxoSmithKline nicht hintanstehen und vergibt den mit 15 000 Euro dotierten «Publizistik-Preis», den Journalisten erhalten können, die «biomedizinische Themen einer breiten Öffentlichkeit» verständlich darstellen. Sanofi-Aventis legt noch einen drauf und sponsert einen Journalistenpreis mit insgesamt 20 000 Euro, den man sich verdienen kann durch «allgemeinverständliche journalistische Vermittlung eines innovativen medizinisch-wissenschaftlichen Themas». Innovativ klingt dabei sehr nach innovativer Behandlung, von wo aus man wieder sehr schnell bei innovativen Medikamenten landet. Ein Beitrag, der die Scheininnovationen der Firma Sanofi-Aventis kritisiert, fällt vermutlich nicht unter die Ausschreibungsbedingungen.

Boehringer Ingelheim wiederum, ein Pharmakonzern, der Aids-Medikamente herstellt, vergibt zusammen mit der Deutschen Aidshilfe einen Medienpreis, dessen Preisgeld in Höhe von 15 000 Euro vom Pharmaunternehmen bezahlt wird. Bewerben können sich Journalisten, «die sich in medialer Form mit dem Thema HIV/AIDS befasst haben».[216]

Die Schweizer Dependance des größten Pharmakonzerns der Welt, Pfizer, vergibt schließlich einen mit 15 000 Euro dotierten Journalistenpreis, der 2007 unter dem Motto «Schönheit durch Medizin» steht. Schaut man sich die Ausschreibungsbedingungen an, sieht man, dass es um kaum verhüllte Werbung für Schönheitsoperationen geht: «Immer mehr Menschen sind mit ihrem Aussehen unzufrieden und versuchen mit Hilfe der Medizin nachzuhelfen.» Pfizer, so heißt es weiter, wolle «die Öffentlichkeit für die erwähnte Thematik sensibilisieren und [...] allfällige Lösungen aufzeigen».[217]

Auch Selbsthilfegruppen vergeben gelegentlich Journalistenpreise. Der des Bundesverbands der Angehörigen psychisch Kranker wird vom Pharmaunternehmen Janssen-Cilag gesponsert. Im Jahr 2000 gewann den Preis Claudia Gottschling für einen in «Focus» erschienenen Artikel, der die Mittel Risperdal von Janssen-Cilag und Zyprexa von Lilly im Foto zeigte. Die Bildunterschrift des prämierten «Focus»-Artikels lautete: «Neue atypische Neuroleptika haben weniger Nebenwirkungen und bieten mehr Lebensqualität.»[218] Der Artikel selbst warb stark für die neuen Präparate, die «Patienten weniger in ihrem Lebensgefühl» beeinträchtigen. Leider legten manche Patienten nach Einnahme der Tabletten um zehn Kilogramm zu. Doch: «Die Firma Pfizer verspricht für nächstes Jahr ein Neuroleptikum ohne diese Nebenwirkung.» Ärgerlich aus Sicht der Autorin ist nur, dass nicht alle Patienten die neuen Medikamente gleich verordnet bekommen: «Angehörige und Psychiater eines eigens gegründeten Aktionskreises schlagen Alarm, weil nur zehn bis 20 Prozent der Betroffenen die neuen Pharmaka verschrieben bekommen. [...] Der Grund sind Sparvorschriften durch die Gesundheitsreform.»[219] Dass man auch aus anderen Gründen zurückhaltend gegenüber Zyprexa von Lilly sein kann, berichtet der Pharma-Brief der unabhängigen BuKo-Pharmakampagne: Danach warnen unabhängige Wissenschaftler schon länger vor extremer Gewichtszunahme und dem Auftreten von Diabetes unter Zyprexa: «Bereits 1999 zirkulierte bei Lilly ein Dokument, das die Ergebnisse von 70 Studien mit Zyprexa zusammenfasste: Bei 16 Prozent der Patienten wurde eine Gewichtszunahme von 30 Kilogramm verzeichnet. Der Firma war das zu brisant. Erst ein Jahr später wurde eine Zunahme von zehn Kilogramm bei 30 Prozent der Patienten eingeräumt. Das klang für das Marketing deutlich besser, wenn sich im Gespräch mit den Ärzten das Thema Gewichtszunahme nicht vermeiden ließ.»[220]

Das Problem bei den Journalistenpreisen besteht damals wie heute nicht darin, dass gute Artikel ausgezeichnet werden, sondern dass Pharmaunternehmen mit Medienpreisen gezielt Aufmerksamkeit für Krankheiten schaffen und damit eine Nachfrage nach medikamentöser Behandlung wecken. Problematisch wird es, wenn dabei ganz normale Begleiterscheinungen des Alterns plötzlich als behandlungsbedürftig vermarktet werden. Der Grenzwert für Bluthochdruck wird ebenso ständig verändert wie der Wert, ab dem man einen Cholesterinsenker nehmen sollte. Jede Änderung führt dazu, dass die Gruppe derjenigen, die als krank definiert wird und damit behandlungsbedürftig ist, größer wird. Beispiel Sodbrennen: «Zur Linderung der Symptome trank man früher meist ein Glas Milch», schreibt Marcia Angell, die frühere Herausgeberin des «New England Journal of Medicine». «Heute dagegen wird das Sodbrennen als ‹gastroösophagaler Reflux› bezeichnet und zusammen mit den Medikamenten zu seiner Behandlung als Vorbote einer schwerwiegenden Speiseröhrenerkrankung angepriesen – der es in der Regel nicht ist.»[221] Dennoch gehören die Medikamente zur Behandlung dieses «gastroösophagalen Refluxes» heute zu den meistverkauften Medikamenten in Deutschland.

Die «Wartezimmerzeitung»

Die Situation kennt jeder: Man sitzt beim Arzt im Wartezimmer, auf einem Tischchen liegen die üblichen bunten Zeitschriften, dazu meist noch eine paar Broschüren über Krankheiten und gelegentlich ein sogenanntes Gesundheitsmagazin wie die «Wartezimmerzeitung». Die Ausgabe Nummer 4/2006 der «Wartezimmerzeitung» ziert eine lockige junge Frau auf dem Titelblatt, die lustvoll in einen grünen Apfel beißt – sieht alles sehr gesund aus. Das 36-Seiten-Heft bietet ein großes «Zahn-Special», einen Artikel über Reisekrankheiten und einen über die Artischocke, «eine der ältesten Heilpflanzen der Geschichte». Doch die Artischocke gibt's auch als Tablette, wie die «Wartezimmerzeitung» weiß: «Wer oft mit Völlegefühl und Blähungen zu kämpfen hat, hat mit einem Artischockenpräparat ein natürliches, gut verträgliches Arzneimittel zur Hand.» Daneben, so die «Wartezimmerzeitung» weiter, schütze ein Artischockenpräparat die Leber, senke den Cholesterinspiegel und komme «unserem Organismus bei der Prophylaxe vor Krankheiten entgegen». Ein wenig erstaunt sieht man auf der gleichen Seite der «Wartezimmerzeitung» aber auch ein Inserat für ein Artischocken-Präparat von Ratiopharm. Darüber steht zwar in blasser Schrift «Anzeige», aber es passt ganz hervorragend zum Text, denn auch in der Anzeige heißt es: «‹Artischocke-Ratiopharm› hilft bei Verdauungsbeschwerden.»

Im nächsten Artikel geht es darum, wie die Leser ihre «Gedächtnisleistungen auf Vordermann» bringen können – auch in diesen Artikel ist wieder eine Anzeige integriert: «Das gut verträgliche pflanzliche Arzneimittel Gingkobil Ratiopharm versorgt die Gehirnzellen mit Sauerstoff und Nährstoffen.» Wer jetzt langsam stutzig wird und auf Seite 34 das Impressum der «Wartezimmerzeitung» aufschlägt, findet nur die Namen von einigen Redakteuren, den Hinweis, dass die «Wartezimmerzeitung» alle zwei Monate erscheint und man sie für 18,60 Euro abonnieren kann. Als Herausgeber und Verlag fungiert die ASMA Medien GmbH in Ulm. Kein Hinweis auf Ratiopharm. Eine fast perfekte Tarnung. Tatsächlich gehört die ASMA Medien GmbH allerdings zum Imperium der Ratiopharm-Familie Merckle. Gesellschafter der ASMA Medien GmbH ist die Otto Stumpf GmbH, an der wiederum die Merckles maßgeblich beteiligt sind. Hinter dem Ulmer Postfach 1560, das im Impressum der ASMA Medien GmbH angegeben ist, findet sich die Adresse Graf-Arco-Straße 3 – genau die gleiche Adresse wie die von Ratiopharm. Und als «alleinvertretungsberechtigter Geschäftsführer» der ASMA Medien GmbH fungiert Jörg Nitschke – der gleichzeitig Pressesprecher von Ratiopharm ist. Die Leser der «Wartezimmerzeitung» erfahren von alldem nichts. Sie werden im Glauben gelassen, ein unabhängiges Gesundheitsmagazin zu lesen.

Die Beilage «Medizin» in Tageszeitungen

Eine sehr viel größere Aufmerksamkeit als die «Wartezimmerzeitung» erreicht die Zeitschrift «Medizin», die in einer Auflage von 1,2 Millionen Exemplaren kostenlos vielen Tageszeitungen beiliegt, unter anderem der «Süddeutschen Zeitung», dem «Münchner Merkur», der «Nordwest-Zeitung», der «Mittelbadischen Presse», den «Ruhr-Nachrichten» und der «Magdeburger Volksstimme». In dem Heftchen geht es um «Tipps gegen Erkältung», um Fragen zur Verhütung («Pille top»), um Omega-3-Fettsäuren oder Parodontitis. Die Beilage erscheint zehnmal im Jahr und ist eine kaum verhüllte Werbung für verschreibungspflichtige Medikamente. In der Ausgabe 8/2006 geht es zum Beispiel um, so die Überschrift, «Neue Hoffnung» für Rheumapatienten: «Zur Behandlung der rheumatoiden Arthritis ist seit Juli 2006 der Wirkstoff Rituximab zugelassen», heißt es. Das Medikament wird von der Firma Roche vertrieben, eine Flasche Konzentrat kostet 1868 Euro. «Die Therapie stoppt so die Entzündungsreaktion, verringert damit Schmerzen und kann die fortwährende Knochenzerstörung aufhalten», schwärmt die Beilage «Medizin». Die Fotos, mit denen der Artikel bebildert ist, stammen vom Pharmakonzern Roche.

In einer Broschüre für mögliche Anzeigenkunden wirbt der «Medizin»-Verlag damit, «eine sehr effektive Endverbaucheransprache im weiten Interessenfeld der Gesundheit» zu ermöglichen. Dabei wendet er sich an Pharmaunternehmen, die rezeptfreie Medikamente herstellen, und bietet an, dafür ein günstiges Klima zu schaffen: Solche «redaktionellen Themen bieten die optimale Kommunikationsplattform für Produkte und Dienstleistungen aus allen Bereichen der Medizin und Gesundheit», wie die Beilage über sich selbst schreibt.

Auf Seite 11 der «Medizin»-Ausgabe 08/2006 ging die Redaktion auch auf den Streit um die Analoginsuline ein, die nach einem Gutachten des IQWiG keinen nachgewiesenen Zusatznutzen gegenüber Humaninsulin haben. «Medizin» beklagt dagegen, dass den Diabetikern nach der Entscheidung des Gemeinsamen Bundesausschusses die Analoginsuline «praktisch verweigert» werden: «Erstmals wird Kassenpatienten damit eine gesamte Klasse moderner Arzneimittel, deren Wirksamkeit bewiesen ist und die sich international bewährt haben, aus Kostengründen vorenthalten.» Die Formulierung klingt ein wenig vertraut. Im November 2006 verschickte die Pharmafirma Lilly, die Analoginsulin verkauft, eine Pressemitteilung, in der es wörtlich heißt: «Erstmals wird damit Kassenpatienten eine gesamte Klasse moderner Arzneimittel, deren Wirksamkeit bewiesen ist und die sich international bewährt haben, aus Kostengründen vorenthalten.»[222] Zwei Seiten vor dem Artikel in «Medizin» fand sich übrigens ein zum Artikel über Analoginsuline ausgesprochen gut passendes Inserat des Pharmaunternehmens Lilly.

«Bunte» Werbewelt

Während die Beilage «Medizin» gratis ist, muss man für die Schleichwerbung in «Bunte» auch noch zahlen. Am 2. Februar 2006 erschien dort ein Artikel über prominente Asthmapatienten.

«Prominente wie Jan Ulrich, Liza Minelli, Sharon Stone leiden unter Asthma – wie vier Millionen Deutsche. Was kann man dagegen tun? ‹Bunte› sprach mit Dr. Hartmut Timmermann, Internist und Lungenspezialist aus Hamburg.» Timmermann berichtete in dem anschließenden Interview von einem Projekt, zu dem er selbst die Idee hatte: 14 Asthmapatienten trainierten monatelang, um am New-York-Marathon teilzunehmen. Später stieß die achtfache Olympiasiegerin Birgit Fischer dazu. «Alle 15 kamen erschöpft, aber überglücklich am Ziel an», schwärmte Doktor Timmermann in «Bunte». «Das beweist: Asthmakranke können Fantastisches leisten.» Wie die Kranken das schaffen konnten? Auch das verriet der Asthma-Experte: durch eine «Kombinationstherapie mit dem Mittel Symbicort».

Symbicort wird von AstraZeneca hergestellt. Der Bericht in «Bunte» fügte sich in eine breitgefächerte Werbekampagne von AstraZeneca für Symbicort ein, wobei die Kanutin Birgit Fischer schon mehrfach als prominente Asthmapatientin auffiel. Wie zufällig ist auf dem Foto, das die Sportlerin zeigt, der Schriftzug von AstraZeneca zu sehen – auf ihrem Paddel. Die «Zeit»-Journalistin Cornelia Stolze hat recherchiert, was «Bunte»-Leser nicht erfuhren: Nicht nur Birgit Fischer wurde von AstraZeneca bezahlt. Auch der interviewte Experte Hartmut Timmermann arbeitete mit dem britisch-schwedischen Arzneimittelhersteller zusammen. Auf Pressekonferenzen des Konzerns hielt Timmermann Vorträge über Symbicort. Sogar sein New-York-Marathon-Projekt wurde von AstraZeneca finanziert.[223] Ein klassischer Fall von Lesertäuschung: Ein als Lungenspezialist vorgestellter Arzt wird von einem Pharmaunternehmen bezahlt, dessen Produkt er nicht nur namentlich nennt, sondern ahnungslosen Patienten auch noch anpreist.

Noch hemmungsloser ist das 2005 entwickelte Magazin «Bunte Gesundheit», eine weitere Wartezimmerzeitschrift, die eine Auflage von 80 000 Exemplaren erreicht. «Bunte Gesundheit» wird vom gleichen Verlag wie die «Bunte» herausgegeben, finanziert wird das «völlig neuartige Konzept» (Selbstdarstellung) allerdings durch «langfristige Werbepartner» wie den Pharmaunternehmen Hexal und Sanofi-Aventis. Hexal zahlt zum Beispiel eine feste Summe an «Bunte Gesundheit», wie hoch die ist, wird allerdings nicht verraten.[224] Im Impressum erfährt der Leser von all diesen Verquickungen nichts.

Wer die «Bunte Gesundheit» durchblättert, merkt, dass es eine Menge Medikamente gegen kleinere Wehwehchen gibt, von denen man bisher gar nicht wusste, dass man sie braucht. Sei's für die Stärkung der Knochen, gegen Schnupfen, für die Darmflora oder gegen Haarausfall. Die «Werbepartner» dürfen zufrieden sein – eine lohnende Manipulation im Wartezimmer.

Medizinjournalisten und PR

Pharmaunternehmen können Medizinjournalisten auch deshalb leicht manipulieren, weil viele von ihnen es offenbar gar nicht besonders problematisch finden, wenn Journalismus und PR sich vermischen. Wie weit die Standards von Medizinjournalisten sinken können, offenbarte die frühere Vorsitzende des Verbandes Deutscher Medizinjournalisten, Maria-E. Lange-Ernst in einem Interview, das sie der Journalisten-Fachzeitschrift «Message» gegeben hat. Darin hält Frau Lange-Ernst das «verächtliche Herabblicken auf PR-Tätigkeiten» für «reichlich altbacken». Journalisten sollten ihrer Meinung nach nicht nur Artikel schreiben, sondern nebenher auch noch als Pressesprecher arbeiten dürfen: «Natürlich lässt sich das unter einen Hut bringen. Ich selbst bin freie Journalistin und unter anderem Pressesprecherin des Berufsverbandes der Frauenärzte. Das eine geht in das andere über. Wichtig ist nicht, PR und Journalismus zu trennen, sondern mit seiner Aufgabe verantwortungsvoll umzugehen.» Als der Interviewer daraufhin wissen wollte, ob es vorkommt, dass Medizinjournalisten für einen Artikel sowohl von einem Pharmaunternehmen als auch von einer

Redaktion bezahlt werden, sagte Frau Lange-Ernst: «Das kann sehr gut sein, ist aber sicher sehr unterschiedlich.»

Auf die Frage, ob sie keinen Konflikt darin sehe, unabhängigen Journalismus zu machen und gleichzeitig die Interessen von Pharmaunternehmen zu vertreten, gestand Frau Lange-Ernst: «Solche Dinge spielen sich nicht nur bei Journalisten ab [...]. Das sind Verflechtungen, die nicht ohne weiteres zu entwirren sind, da häufig merkantile Interessen im Vordergrund stehen. [...] Ich weiß von Journalisten, die ihre Artikel vor der Veröffentlichung von der Herstellerfirma nochmals gegenlesen lassen müssen.»[225]

In einem Brief an die «Message»-Herausgeber beklagte sich Frau Lange-Ernst anschließend, ihre Äußerungen seien aus dem Zusammenhang gerissen worden. «Message»-Herausgeber Michael Haller hält dem entgegen, dass das Interview von Frau Lange-Ernst autorisiert worden sei und «präzise mit Punkt und Komma in der autorisierten Fassung veröffentlicht» wurde. Als Vorsitzende des Verbands der Medizinjournalisten ist Maria-E. Lange-Ernst mittlerweile abgelöst worden. Pressesprecherin des Berufsverbandes der Frauenärzte ist sie dagegen bis heute.

5. Korruption von Ärzten

Jedes Pharmaunternehmen weiß: Um ein Medikament an den Patienten zu bringen, braucht es den Arzt. Was aber, wenn die Auswahl an Medikamenten riesengroß ist, der Arzt also mal dieses, mal jenes Präparat verordnen kann? Dann braucht es Anreize. Die bestehen für viele Pharmaunternehmen aber nicht darin, bessere Medikamente herzustellen, sondern den Arzt stärker zu beeinflussen als die Konkurrenz. Deshalb werden Ärzte schon mal zur Einführung eines neuen Präparats für drei Tage auf die griechische Ferieninsel Rhodos eingeladen, um ein paar kurze Vorträge zu hören, oder sie werden zum Pferdereiten nach Island geflogen («Sonnenschutzcreme, Sonnenbrille und viel gute Laune nicht vergessen»). Andere bekamen, wie im Fall Ratiopharm, Espressomaschinen geschenkt, hochwertige Tischleuchten oder Mikrowellengeräte, wenn sie entsprechend häufig die Medikamente des Sponsors verschrieben. Selbstverständlich überlegt sich die Pharmaindustrie gut, wie sie dem Arzt Geld zukommen lassen kann, ohne dass es gleich nach Bestechung aussieht. Das beliebteste Mittel dafür sind sogenannte Anwendungsbeobachtungen (AWBs): wissenschaftlich oft wertlose Studien, bei denen der Arzt für jeden Patienten, dem er das beworbene Medikament verordnet, etwa 40 Euro bekommt. Die Zahl dieser AWBs ist so hoch, dass für jeden niedergelassenen Arzt in Deutschland rechnerisch einige hundert Euro abfallen, für manche mehr, für andere weniger. Eines verdrängen die beschenkten Ärzte dabei gern: dass die Pharmaindustrie nichts wirklich zu verschenken hat. Denn ihre «Marketingausgaben» holen sich die Unternehmen wieder über hohe Medikamentenpreise von den Krankenversicherten zurück.

Besuch vom Pharmareferenten:
Die alltägliche Manipulation in der Arztpraxis

Jeden Morgen stehen in Deutschland 20 000 Pharmareferenten auf und machen sich auf den Weg in Arztpraxen und Apotheken. Es ist die schlagkräftigste Armee der Pharmaindustrie: das Heer der Außendienstmitarbeiter. Bezahlt werden sie in der Regel nach Erfolg: Je mehr Medikamente seiner Firma in seiner Region verordnet werden, desto höher das Gehalt des Pharmareferenten.

Wenn der Pharmareferent sich morgens ins Auto setzt, ist sein Kofferraum meist randvoll mit sogenannten Ärztemustern. Dabei handelt es sich um Gratismedikamente, die der Arzt erhält, damit er sie an seine Patienten weiterreicht, um diese mit einem bestimmten Präparat «anzufixen»: Das heißt, die Patienten gewöhnen sich an ein Präparat, es wirkt, sie wollen es immer wieder haben – der Preis interessiert nicht. Zahlt ja sowieso die Krankenkasse.

Erlaubt ist den Pharmareferenten offiziell nur, jedem Arzt zwei gleiche Arzneimittelpackungen pro Jahr zu schenken. Doch gegen diese Vorschrift wird en masse verstoßen. Jeder Patient kann sich selbst mal bei seinem Arzt umsehen, ob nur immer maximal zwei gleiche Packungen im Regal liegen oder doch ein wenig mehr.

Ärzte nehmen die kostenlosen Packungen aus zwei Gründen gern in Empfang: Erstens freut sich der Patient, wenn er von seinem Arzt ein Medikament direkt erhält und sich dafür den Gang in die Apotheke und die Rezeptgebühr spart. Zweitens entlastet so ein geschenktes Medikament das Budget des Arztes, schließlich soll er pro Patient und Jahr nur Medikamente im Wert von rund 166 Euro verordnen (für Rentner gilt ein höherer Betrag von 551 Euro pro Jahr).[226] Liegt der Arzt im Durchschnitt aller seiner Patienten deutlich über diesem Wert, droht ihm als Strafe ein sogenannter Regress. Kostenlose Packungen, die er an seine Patienten weiterreicht, schmälern also die offiziellen Medikamentenausgaben jedes Arztes.

Die Ärztemuster, die ein einzelner Pharmareferent übers Jahr gesehen verteilt, sind mitunter so gigantisch, dass sich damit locker drei Apotheken füllen ließen. Im Juni 2004 hatte zum Beispiel der Generika-Hersteller Ratiopharm seinen Außendienstlern per E-Mail die «Musterplanung 2005» geschickt: eine genaue Auflistung, wie viele Gratispackungen jeder der rund 400 Pharmareferenten erhält. Darunter waren 2100 Packungen des Blutdrucksenkers Amlodipin, 500 Packungen des Schmerzmittels Diclofenac, 3800 Packungen des Herz-Kreislauf-Mittels Metoprolol und so weiter. Insgesamt bekam jeder dieser Pharmareferenten mehr als 40 000 Arzneimittelpackungen zum Verschenken. Wer all diese Medikamente in der Apotheke kaufen will, müsste dafür schätzungsweise 250 000 Euro hinblättern. Weil die ganze Gratisware in keinen Kofferraum der Welt passt, stapeln sich die Medikamente meist im Keller der Außendienstler oder in deren Garage. Pharmareferenten erkennt man auch daran, dass sie ihr Auto im Freien parken.

Eine besondere Form von Ärztemustern sind Klinikentlassungssets. Sie werden ebenfalls kostenlos zu Tausenden in Krankenhäusern verteilt, mit der Absicht, dass Patienten ihre in der Klinik erhaltenen Medikamente auch nach ihrer Entlassung weiter von ihrem Hausarzt verschrieben haben möchten. Im firmeninternen «Verbindlichen Maßnahmenkatalog 06 / 006» des Pharmaunternehmens Novartis vom September 2006 steht unter der Überschrift «Krankenhausabsatz steigern»: «Verteilung von 45 000 Klinikentlassungssets. Beschleunigter und erhöhter Mustereinsatz mit klarem Abschluss».

Die Sets enthalten jeweils zwei Fertigspritzen mit dem Mittel Mono-Embolex von Novartis. Das Medikament bewirkt eine verminderte Gerinnungsfähigkeit des Blutes und dient als Thromboseschutz. In einer E-Mail vom 15. September 2006 erläutert die Novartis-Zentrale den Außendienstmitarbeitern in Stichworten das «Ziel» dieser Entlassungssets: «Abstrahleffekte für Mono-Embolex auch für Kliniken erzeugen, in denen es bisher nicht gelistet ist.» Unter dem Punkt «Wie?» heißt es weiter: «Überzeugte Ärzte für eine Therapie-Empfehlung bei Entlassung der Patienten aus der Klinik gewinnen – und hier kommt das Entlass-Set als praktische ‹Hilfestellung› ins Spiel: Der Patient wird mit dem angehängten ‹Behandlungsplan› zu seinem Hausarzt gehen, um ein Rezept zu erhalten.» Dass auch die Klinikentlassungssets als reines Marketinginstrument zu sehen sind, zeigt die E-Mail an alle Novartis-Außendienstler, in der es weiter heißt: «Liebe Kolleginnen und Kollegen, um die Erreichung unserer Umsatzziele 2006 zu gewährleisten, setzen wir zusätzlich ab sofort die bereits angekündigten Mono-Embolex-Patienten-Entlassungssets ein.»

Mono-Embolex verursacht nach Angaben des Arzneiverordnungsreports pro Patient und Monat Kosten von 148,50 Euro. Andere niedermolekulare Heparine wie Clexane sind mit 98,70 Euro pro Monat und Patient deutlich billiger.[227]

Das neue, seit Mai 2006 geltende Arzneimittel-Wirtschaftlichkeitsgesetz (AVWG) versucht dieses Anfixen durch teure Medikamente nach einem Krankenhausaufenthalt zu unterbinden. In Paragraph 115c heißt es, dass «das Krankenhaus bei der Entlassung Arzneimittel anwenden soll, die auch bei der Verordnung in der vertragsärztlichen Versorgung zweckmäßig und wirtschaftlich sind». Außerdem: «Falls preisgünstigere Arzneimittel mit therapeutisch vergleichbarer Wirkung verfügbar sind, ist mindestens ein preisgünstigerer Therapievorschlag anzugeben.»[228]

Novartis selbst sieht in den 45 000 Klinikentlassungssets keine unzulässige Beeinflussung von Klinikärzten. Mit dem entsprechenden Sachverhalt konfrontiert, antwortete das Unternehmen: «Mit den Entlassungssets stellen wir sicher, dass der Patient nach dem Verlassen des Krankenhauses weiterhin effektiv vor Thrombosen geschützt wird, bis er sich seinem Hausarzt vorstellt.»

Manipulierte Werbeprospekte für den Arzt

Der eigentliche Skandal liegt aber weder im Anfixen durch Klinik-entlassungssets noch in der Überschwemmung der Arztpraxen mit Gratis-Werbemedikamenten. Der eigentliche Skandal liegt darin, dass viele Ärzte nahezu ihr gesamtes Wissen über neue Arzneimittel von Pharmareferenten beziehen – und dabei nach allen Regeln der Kunst manipuliert werden. Das Kölner «Institut für evidenz-basierte Medizin» hat im Jahr 2003 untersucht, ob die Prospekte über Medikamente, die Pharmareferenten den Ärzten in die Hand drücken, überhaupt stimmen.[229] Dazu sammelten die Forscher in 43 zufällig ausgewählten Arztpraxen in Nordrhein-Westfalen alle Werbeprospekte ein, die im Juni 2003 von Pharmareferenten dort abgegeben oder per Post zugesandt wurden.

Insgesamt wurden 293 Prospekte eingesammelt, in 175 davon fanden sich medizinische Aussagen, zum Teil mehrere pro Werbe-prospekt, sodass man insgesamt auf genau 520 einzelne konkrete medizinische Aussagen kam. Von diesen Aussagen waren allerdings nur 42 Prozent durch eine Quellenangabe belegt, etwa den Hinweis auf eine medizinische Studie, die in einer Fachzeitschrift veröffentlicht wurde. Von dieser Minderheit der Aussagen mit Quellen-angaben stimmten aber nur 19 Prozent wirklich mit der zitierten Arbeit überein. Beim Rest wurde der Inhalt der wissenschaftlichen Literatur direkt falsch wiedergegeben, oder es wurden wesentliche Aspekte der zitierten Studien unterschlagen oder Aussagen zitiert, die sich in der Originalpublikation gar nicht fanden. «Insbesondere werden Medikamentennebenwirkungen verschwiegen und thera-peutische Effekte des umworbenen Präparats übertrieben», bilan-zierten die Forscher des Instituts für evidenzbasierte Medizin, «Er-gebnisse aus Tierversuchen werden als Daten aus Humanstudien dargestellt.»[230] Im Detail haben die Forscher in den Werbeprospek-ten der Pharmaindustrie im Jahr 2003 folgende Manipulationen ent-deckt:

- Falsche Wiedergabe von Leitlinieninhalten beim Medikament Limptar-N der Firma Cassella-med.
- Geänderte Leitlinieninhalte beim Blutverdünner Plavix von Sanofi-Aventis.
- Verharmlosung von Nebenwirkungen bei Corifeo, einem Präparat von UCB Pharma.
- Ausweitung des Indikationsgebietes durch falsche Beschreibung der untersuchten Patientengruppe beim Präparat Delix aus dem Hause Sanofi-Aventis.
- Verschweigen von wesentlichen Studienergebnissen beim Kalziumantagonisten Norvasc von Pfizer.
- Übertreibung des therapeutischen Effekts beim Bluthochdruck-Präparat Tarka von Abbott und Knoll.
- Manipulation der Risiken bei den Blutverdünnungsmitteln Plavix von Sanofi-Aventis und Iscover von BristolMyersSquibb.
- Aussagen über Menschen aufgrund von Tierstudien beim Potenzmittel Levitra von Bayer.

Nach Auswertung all der Broschüren schreiben die Autoren: «Insgesamt werden die Informationen in 94 Prozent der Werbeprospekte der pharmazeutischen Industrie nicht durch valide wissenschaftliche Untersuchungen nachvollziehbar belegt. Die Beschreibung der Sicherheit und Wirksamkeit der pharmakologischen Produkte kann auf diese Weise einseitig verzerrt und die medizinische Qualität und Wirtschaftlichkeit der ärztlichen Verschreibungspraxis wesentlich beeinträchtigt werden.»[231]

Im Kodex des Vereins «Freiwillige Selbstkontrolle Arzneimittelindustrie» (FSA) verpflichten sich die großen Pharmakonzerne zwar, Medikamentenwerbung müsse «so zutreffend, ausgewogen, fair, objektiv und vollständig sein, dass sie einen richtigen Gesamteindruck vermittelt» – doch die Analyse der Pharmaprospekte zeigt eine ganz andere Wirklichkeit als die wohlklingenden Standards des Pharmakodexes: Informationen wurden nicht vollständig, sondern selektiv wiedergegeben, es wurden Halbwahrheiten verbreitet, Wesentliches unterschlagen oder schlicht gelogen.

Für Wolf-Dieter Ludwig, Vorsitzender der Arzneimittelkommission der deutschen Ärzteschaft, hat sich an der Qualität der Pharmaprospekte seit dieser Untersuchung nichts Grundsätzliches geändert: «Macht man sich die Mühe und sucht die Quellen heraus, findet man die Fakten oft gar nicht so, wie sie in der Broschüre dargestellt sind. Manchmal hat die Studie sogar überhaupt nichts mit dem zu tun, was in der Broschüre steht.»[232] Ludwig kritisierte aber auch die Ärzte, die den Pharmaprospekten zu naiv glauben.

Eckhard Schreiber-Weber, Facharzt für Allgemeinmedizin in Bad Salzuflen, berichtete über seine Erfahrungen mit den Außendienstlern der Pharmakonzerne: «Pharmareferenten haben ausdrücklich nicht die Aufgabe, uns objektiv zu informieren. Sie stehen unter großem Druck, den Medikamentenumsatz ihrer Firmen zu steigern. Dazu machen sie gute Stimmung, setzen kleine und große Bestechungsmittel ein. Ihre Aussagen sind meist unvollständig bis schlicht falsch. Über unerwünschte Medikamentenwirkungen und höhere Kosten sprechen sie fast nie.»[233]

Für Nichtmediziner ist es kaum fassbar, wie bereitwillig sich Ärzte von Pharmareferenten manipulieren lassen. Und nur selten findet man einen Mediziner, der einen so kritischen Blick auf die Kollegen hat wie Magnus Heier. Der niedergelassene Facharzt für Neurologie gestand 2004 in einem Artikel für die «Frankfurter Allgemeine Sonntagszeitung»: «Die Ärzteschaft vertraut fast ausschließlich auf das, was die pharmazeutische Industrie sagt. Das ist etwa so, als würde man ein neues Auto kaufen, sich bei zwei, drei Autohändlern einen Überblick über den Markt verschaffen und sich auf der Grundlage ihrer Hochglanzprospekte für einen neuen Wagen entscheiden – ohne Testbericht und Vergleiche.»[234]

«Die anderen lassen sich beeinflussen, ich nicht»

Es gibt eine interessante Umfrage an einem Krankenhaus in Kalifornien: Die Ärzte wurden gefragt, ob sie bei der Auswahl der Medikamente, die sie Patienten verordnen, durch Pharmavertreter beeinflusst werden. 61 Prozent sagten, sie ließen sich «gar nicht» beeinflussen. Dann wurden die gleichen Ärzte gefragt, ob sich ihre Kollegen durch Pharmavertreter in ihren Verordnungen beeinflussen ließen. Diesmal sah das Ergebnis ganz anders aus: Nur 16 Prozent antworteten, die Kollegen ließen sich «gar nicht» beeinflussen. 84 Prozent waren aber der Ansicht, dass sich die Kollegen «manchmal» bis «häufig» von Pharmavertretern beeinflussen lassen. Selbst also glauben Ärzte, sie würden die Marketingtricks durchschauen und den Außendienstlern nicht auf den Leim gehen. Wenn es um ihre Kollegen geht, sind die gleichen Ärzte viel skeptischer – und vermutlich realistischer.

Eine im Jahr 2000 im amerikanischen Ärzteblatt «JAMA» veröffentliche Auswertung aller wichtigen Studien über den Einfluss von Pharmareferenten kam zu dem Ergebnis: Je mehr Geschenke ein Arzt erhält, desto häufiger glaubt er, dass Pharmareferenten keinen Einfluss auf sein Verordnungsverhalten haben.[235]

Das «Niedersächsische Ärzteblatt» berichtete Anfang 2007 zudem von einer Umfrage in Deutschland über die Einstellung von Ärzten gegenüber Pharmareferenten. Das Ergebnis: «Die Eigenschaft von Pharmareferenten, sich emotional auf den jeweiligen Gesprächspartner einzulassen oder sich sogar freundschaftlich zu binden, wird von Arztseite geschätzt. Somit werden die Referenten als eine willkommene Unterbrechung des Praxisalltags gesehen, bei der vornehmlich Wert auf die soziale Kompetenz des Mitarbeiters gelegt wird.»[236]

Privates über den Arzt im Computer
des Pharmareferenten

Nicht alle Ärzte sehen das heute aber so. Viele fühlen sich durch die ständigen Vertreterbesuche in ihrem Praxisalltag gestört. Gute Pharmareferenten müssen deshalb Kommunikationsprofis sein, um nicht gleich wieder aus der Arztpraxis zu fliegen. Um die wichtigsten Informationen über den Arzt zu speichern, sollten Ratiopharm-Außendienstler zum Beispiel nach einem Praxisbesuch eine Datei in ihrem Computer anlegen. In diesem Programm, CRM genannt («Customer Relationship Management», Kunden-Beziehungs-Management) kann der Pharmareferent nicht nur eintragen, welche Gratismuster er in der Arztpraxis hinterlassen hat und welche Medikamente dieser Doktor besonders gern verschreibt, sondern auch, ob der Arzt verheiratet oder ledig ist, wann seine Frau Geburtstag hat, ob er Kinder hat, ob er gern ins Theater geht oder welche Hobbys er sonst pflegt. In einer E-Mail schrieb die ehemalige Ratiopharm-Marketingchefin Dagmar Siebert im August 2004 an alle Pharmareferenten:

«Sehr geehrte Damen, sehr geehrte Herren,
es wird immer wichtiger, dass Sie die Beziehungen der Ärzte zu den jeweiligen Apotheken kennen, damit in der täglichen Arbeit klar ist
* *wer mit wem kooperiert*
* *evtl. an welche Apotheke der Arzt den Patienten empfiehlt*
* *welche Apotheke ihnen Informationen über die Verordnungen der ‹Beziehungsärzte› geben kann*
* *wer mit wem befreundet ist*
* *ob evtl. wer mit wem verheiratet ist*
[…]Diese Daten sind keine ‹eigenen› Informationen, sondern werden im Rahmen Ihrer Tätigkeit Ihnen bekannt und wir bitten Sie, diese in Zukunft regelmäßig in CRM einzupflegen.»
Auch die Arzthelferin, im internen Sprachgebrauch von Pharma-

unternehmen manchmal abschätzig ÖIZ genannt («Öffentliche Informations-Zentrale»), geriet ins Visier der Pharmareferenten: sei es, um einen Besuchstermin beim Arzt zu ergattern oder um die Medikamentenverordnung zu kontrollieren. So ermahnte Dagmar Siebert in einer anderen E-Mail die Außendienstler: «Nicht nur Muster platzieren, sondern bei der ÖIZ, sprich Helferin / Schwester, die Nachverordnungen von Zocor blockieren» – das heißt, auch bei der Sprechstundenhilfe dafür zu sorgen, dass die Patienten vom Originalpräparat Zocor auf das Ratiopharm-Präparat umgestellt werden.

Im Mai 2006 sah sich das Pharmaunternehmen Roche gar mit Vorwürfen konfrontiert, seine Außendienstler in Polen würden regelrecht darin ausgebildet, Ärzten als Gegenleistung fürs Verschreiben von Roche-Produkten Barzahlungen oder Ferienreisen anzubieten. Nachdem eine Zeitung darüber berichtet hatte, ordnete der polnische Justizminister eine Untersuchung der Vorgänge an. Roche dementierte allerdings, dass es sich bei den berichteten Fällen um Anweisungen für Verkaufsgespräche gehandelt habe. Stattdessen soll, wie ein Sprecher versichert, die Schulung der «Eliminierung unethischer Verhaltensweisen» gedient haben.[237]

KV Bayern gegen Pharmareferenten

Die Kassenärztliche Vereinigung Bayern wehrt sich schon seit Jahren gegen den massiven Einfluss von Pharmareferenten auf die Ärzte. Im September 2005 hat der Chef der KV Bayern, Axel Munte, der bayerischen Sozialministerin Christa Stewens vorgeschlagen, den Besuch von Pharmavertretern in Arztpraxen ganz zu verbieten, weil diese Form der «Werbung am Arbeitsplatz des jeweiligen Arztes massiv zur Produktbewerbung für hochpreisige Arzneimittel benutzt» werde, wie es in dem Brief an die Ministerin heißt. Weil der Vorschlag aber auf keine Resonanz stieß, starteten Munte und die KV Bayern mit dem Projekt «Pharmavertreterfreie Praxis» im Jahr 2006 einen eigenen Versuch, eine Gegenmacht aufzubauen. Die KV Bayern engagierte dazu drei Arzneimittelvertreterinnen, die nun in ihrem Auftrag in Mittelfranken Arztpraxen aufsuchen und unabhängig über Arznei-Neuheiten informieren. 200 Arztpraxen hätten gleich zu Beginn ihr Interesse an dieser unabhängigen Information bekundet, sagt Munte. Vorteil für die Ärzte: «Sie laufen nicht in die Regressfalle, weil sie jetzt günstiger verordnen.»

Im Prinzip macht die KV Bayern damit nichts anderes als die KV Nordrhein, nur dass sie die Ärzte nicht anhand einer «Me too»-Liste informiert (siehe S. 83 ff.), sondern in persönlichen Gesprächen den Arzt vor teuren Scheininnovationen warnt, die er nur in begründeten Fällen verordnen sollte. Die Krankenkassen beteiligen sich am bayerischen Projekt, indem sie die Hälfte der Kosten der KV-eigenen Pharmareferentinnen übernehmen. Wenn das Budget es hergibt, will Munte, wie er ankündigt, diese Gegenmacht sogar noch ausbauen.[238]

«Mein Essen zahl ich selbst»:
Der Verein MEZIS

Im Jahr 2003 veröffentlichte das angesehene «British Medical Journal» (BMJ) eine Umfrage unter seinen Lesern (bei denen es sich vor allem um Ärzte handelt). Auf die Frage: «Möchten Sie, dass Ärzte damit aufhören, Pharmareferenten zu empfangen, und stattdessen mehr unabhängige Quellen zur Gesundheitsinformation nutzen?», antworteten 79 Prozent mit «Ja». Noch mehr Zustimmung gab es auf die Frage: «Möchten Sie, dass Ärzte alle Formen von direkten oder indirekten Geschenken von Pharmafirmen nicht mehr annehmen?» 84 Prozent der BMJ-Leser antworteten darauf mit «Ja».[239]

Auch in Deutschland haben erste Arztpraxen, vor allem solche, die sich an evidenzbasierte Medizin halten, begonnen, Pharmavertreter nicht mehr zu empfangen.[240] Sie verzichten damit auf allerlei manipulierte Informationen, aber auch auf manch schöne Geschenke und Einladungen. Im Gegenzug können sie dafür das Vertrauen ihrer Patienten gewinnen. Anfang 2007 gründeten deutsche Ärzte den bundesweiten Verein «Mein Essen zahl ich selbst» (MEZIS), nach dem Vorbild der US-Ärzteorganisation «No free lunch».[241] Das Essen ist dabei ein Symbol: Gehört das gemeinsame, luxuriöse Abendessen in einem Sterne-Restaurant doch zu den beliebtesten Gefälligkeiten, die Pharmareferenten anzubieten haben. Aus steuerlichen Gründen dürfen dabei zwar nur Kosten von 40 Euro pro Person abgerechnet werden, doch das kann man geschickt umgehen, indem noch zwei oder drei Arzthelferinnen oder ein weiterer Arzt auf der Rechnung fürs Finanzamt aufgelistet werden. Denn welcher Arzt will schon für mickrige 40 Euro mit seinem Pharmareferenten speisen?

Die MEZIS-Ärzte sind überzeugt, dass ihre Kollegen «nicht mehr unbeeinflussbar sind, wenn sie annehmen, was ihnen die Hersteller bieten (Kulis, Essen, Studien, Reisespesen und mehr)». Die Mediziner betrachten mit Sorge, wie das Pharmamarketing das Vertrauensverhältnis zwischen Arzt und Patienten zerstört. Patienten seien «misstrauisch geworden, weil sie zu Recht an deren Unabhängigkeit und an der Integrität zu zweifeln beginnen», heißt es auf der Homepage. Die kritischen MEZIS-Ärzte verpflichten sich nicht nur, keine Essenseinladungen von Pharmareferenten mehr anzunehmen. Sie lehnen alle Arten von Geschenken ab, nehmen nicht mal mehr Ärztemuster an, verwenden keine von der Industrie gesponserte Praxissoftware und verzichten komplett auf den Besuch von Pharma-Außendienstlern in ihrer Praxis.

Bruno Müller-Oerlinghausen, bis Ende 2006 Vorsitzender der Arzneimittelkommission der Deutschen Ärzteschaft, macht bei MEZIS mit, weil, wie er sagt, «den einseitigen Werbeanstrengungen der Pharmaindustrie etwas entgegengesetzt werden muss».[242] Ebenso unterstützt die KV Bayern als Gründungsmitglied die Organisation der aufmüpfigen Ärzte.

«Plötzlich war ich der Nestbeschmutzer ...»

Neu ist, dass es Organisationen wie MEZIS nun auch in Deutschland gibt und sich Kassenärztliche Vereinigungen gegen den Einfluss der Pharmaindustrie wehren. Selbst der neue Chef der Arzneimittelkommission der Deutschen Ärzteschaft, Wolf-Dieter Ludwig, sieht nun einen Schwerpunkt seiner Tätigkeit darin, «unseriöse Marketingstrategien öffentlich zu machen», da diese «eindeutig zugenommen haben».[243]

Neu ist dagegen nicht, dass viele Ärzte auch bisher schon vereinzelt und unorganisiert versucht haben, sich gegen den Einfluss der Pharmaindustrie zu wehren. Einer von ihnen ist Dieter Petzold, der bis vor kurzem eine Praxis als Allgemeinarzt in Wuppertal unterhielt und mittlerweile pensioniert ist. Petzold, Jahrgang 1940, berichtet in einem zur Veröffentlichung freigegebenen Brief an den Verfasser von seinen Erfahrungen mit Kollegen:

«Ich stamme aus einer Nicht-Akademiker-Familie und habe so auch die Patientensichtweise kennengelernt, bevor ich Arzt wurde und meine eigene Praxis viele Jahre führte. Anfangs wurde ich von einigen Kollegen noch belächelt, wenn ich nur mit einem Mittelklassewagen bei Kongressen auftauchte. [...] Ich konnte es nie über mich bringen, gesunden Menschen Medikamente zu verschreiben, nur um damit Geld zu verdienen, und ich hasste es, wenn junge Ärzte schon früh sogenannte Tipps bekamen, wie man noch mehr Geld scheffeln kann. Da ich viele Patienten ohne negative Diagnose nach Hause schickte, weil die einfach nichts hatten, wurde ich von vielen Kollegen geschnitten. [...] In den letzten Jahren meiner Praxiszeit wurde ich überhäuft mit Angeboten der Pharmaindustrie. Ich lehnte alle ab, nachdem ich bemerkte, dass es nicht um Forschung, sondern um eine sehr zweifelhafte Form des Marketings ging. Und ich kann mir vorstellen, dass da auch manchmal einem gesunden oder grenzgängigen Patienten ein Medikament verordnet wird, um das eigene Soll zu erfüllen und vom

*Pharmavertreter entlohnt zu werden. [...] Vor ein paar Jahren bin
ich in den Ruhestand gegangen und habe mir alles einmal in Form
eines Buches von der Leber geschrieben.*[244] *[...] Plötzlich war ich
der Nestbeschmutzer, das absolute Arschloch, das den ganzen Ärz-
testand in Verruf bringt. Ein paar der Herren Akademiker konnten
eine Fäkalsprache an den Tag legen, die man von Akademikern,
also gebildeten Leuten, eigentlich nicht gewohnt sein sollte. [...]
Ich gebe die Hoffnung nicht auf, dass irgendwann die Patienten
aufwachen und dass der Beruf des Arztes wieder zu dem wird, was
er einmal war.»*

Machenschaften en detail:
Das Beispiel Ratiopharm

Im Jahr 2005 übergaben Insider dem «stern» einen Berg voll Unterlagen aus dem Unternehmen Ratiopharm. Es handelte sich um
mehr als 4000 E-Mails zwischen Außendienstlern und der Ratio-
pharm-Zentrale, dazu Schecks an Ärzte, interne Protokolle und
Marketing-Dokumente, die zeigen, wie Ratiopharm jahrelang seine
Medikamente mit fragwürdigen Geschäftsmethoden in den Markt
drückte und dabei weit mehr Dinge an Ärzte verteilte als nur Mus-
terpackungen und Kugelschreiber. Die Unterlagen dokumentieren
ein ganzes System von Vergünstigungen. So ist bereits in einem
firmeninternen Protokoll einer Pharmareferenten-Tagung aus dem
Jahr 1993 unter der Überschrift «Besondere Wünsche» zu lesen:

*«Pro Mitarbeiter werden 3 Wünsche à 500 DM genehmigt.
Der Arzt bekommt dafür in jedem Fall einen Scheck und keine
Naturalien wie z. B. Opernkarten o. ä. Offiziell wird der Scheck
gegenüber der Buchhaltung damit gerechtfertigt, dass der Arzt
eine Studie durchgeführt hat. Es ist darauf zu achten, dass mit
der Wunscherfüllung eine konkrete Verordnungsverpflichtung ver-
knüpft wird.»*

Geld sollte der Arzt also nur dann bekommen, wenn er sich verpflichtet, Ratiopharm-Präparate zu verschreiben. Leistung und Gegenleistung. Was aber sollte schlecht daran sein, Ratiopharm zu verschreiben, kann man sich fragen. Schließlich sind deren Medikamente doch grundsätzlich günstiger als Originalpräparate.

Die Firma wurde 1974 im schwäbischen Blaubeuren von dem Unternehmer Adolf Merckle gegründet und von den etablierten Pharmakonzernen lange als Außenseiter bekämpft, weil sie mit billigen Nachahmer-Medikamenten deren Geschäft vermieste. Doch Ratiopharm wuchs rasant, nicht zuletzt, weil sich angesichts knapper Kassen im Gesundheitssystem Generika immer weiter durchsetzten. So stellten die Merckles zwar billige Arzneimittel her, gehören damit inzwischen aber zu den reichsten Leuten in Deutschland. Auf der Forbes-Liste deutscher Milliardäre rangiert Adolf Merckle mit einem geschätzten Vermögen von 9,5 Milliarden Euro als viertreichster Deutscher hinter den Aldi-Brüdern und der Familie des Versandhändlers Otto[245]. Ratiopharm selbst war 2006 weltweit in 25 Ländern mit Niederlassungen vertreten und setzte allein in Deutschland 815 Millionen Euro um.

Ist Ratiopharm aber wirklich so billig, wie die Unternehmenswerbung lange Zeit glauben machte – Motto: «Gute Preise. Gute Besserung»? Tatsächlich ist Ratiopharm innerhalb der Generikasparte keineswegs besonders günstig, sondern gehört nach wie vor zu den eher teuren Anbietern, wie man an den Festpreisen einiger häufig verschriebener Arzneimittel sieht (Preise vom 5. März 2007 laut «Gelbe Liste»). Ärzte konnten früher wie heute also auch innerhalb der Generikasparte deutlich billiger verordnen:

- Ciprofloxacin zum Beispiel, ein Antibiotikum (250 Milligramm, 20 Tabletten), kostet von der Firma 1-A-Pharma 18,94 Euro, bei Ratiopharm 20,36 Euro.
- Lamotrigin, ein Medikament gegen Epilepsie (100 Milligramm, 200 Stück), kostet von der Firma Aliud 106,37 Euro, von Ratiopharm 121,86 Euro.

- Omeprazol, ein Mittel gegen Magenübersäuerung (20 Milligramm, 30 Kapseln), kostet von der Firma TAD 20,04 Euro, von Ratiopharm 24,26 Euro.
- Simvastatin, ein Medikament gegen erhöhte Cholesterinwerte (20 Milligramm, 100 Tabletten), kostet von 1-A-Pharma 29,57 Euro, von Ratiopharm 37,24 Euro.

Weil Ratiopharm nicht zu den wirklich günstigen Arzneimittelfirmen gehörte, rechnete es sich für die Firma durchaus, Ärzte mit Geldgeschenken zu überzeugen.

Der Trick mit der Praxissoftware

Ein subtileres Mittel, das Verschreibungsverhalten der Ärzte zu manipulieren, sind Praxisprogramme wie DOCexpert, eine Software, die Ratiopharm dem Arzt empfiehlt, um seine Praxis zu managen: Er kann damit Patientendaten anlegen, Medikamente aus einer elektronischen Datenbank auswählen und Rezepte drucken. Die einfache Version von DOCexpert kostete 1900 Euro – doch Ratiopharm zeigte sich auch hier großzügig und spendierte jedem Arzt, der das wollte, einen Gutschein im Wert von 1900 Euro, damit er DOCexpert installieren konnte.

Eigennützig war das Sponsoring selbstverständlich nicht. Denn wenn ein Arzt die Software auf seinen Computer lud und anschließend einen Wirkstoff eingab, erschien als erste Auswahl ein Präparat von Ratiopharm. Selbst wenn der Arzt das spezielle Präparat einer anderen Herstellerfirma suchte, erschien neben dem gesuchten Medikament auch ein Produkt von Ratiopharm auf dem Bildschirm.

Wie erfolgreich DOCexpert das Verschreibungsverhalten beeinflusste, sah man an der Umsatzentwicklung der Ratiopharm-Produkte: Bei niedergelassenen Ärzten kam Ratiopharm 2004 im Durchschnitt auf einen Marktanteil von 22 Prozent, gemessen am Umsatz der verschriebenen Mittel. Bei jenen Ärzten aber, die DOCexpert in ihrer Praxis installiert hatten, erreichte Ratiopharm einen Marktanteil von 39 Prozent.[246]

Der Trick mit der Software gehört auch heute noch zum Standardrepertoire vieler Generikakonzerne. Anfang 2007 berichtete die «Ärztezeitung», dass mittlerweile rund 11 500 Arztpraxen in Deutschland mit Software der DOCexpert Computer GmbH ausgestattet sind. Marktführer mit knapp 15 000 Arztpraxen ist die Software Medistar, die von Hexal und Stada gesponsert wird.[247]

Der Einfluss der Praxis-Software ging selbst Bruno Müller-Oerlinghausen von der Arzneimittel-Kommission der deutschen Ärz-

teschaft zu weit: «Das ist mehr als Werbung», erklärte er bereits 2004, «das ist gezielte Manipulation.» Weit über 90 Prozent aller Ärzte hätten sich mittlerweile für ein Programm mit Pharmawerbung entschieden, teilte die Anbietervereinigung solcher Software, der «Verband Deutscher Arztinformationssystemhersteller» (VDAP) damals mit. Müller-Oerlinghausen erklärte sich die Beliebtheit der gesponserten Computerprogramme so: «Der Arzt braucht das nicht zu bezahlen – und unsere Kollegenschaft ist nur zu gerne bereit, etwas zu nehmen, was nichts kostet.»[248] Ein Experte berichtete: «Nur 10 bis 15 Prozent der Ärzte sind in der Lage, die Software in ihrem Computer so zu verändern, dass die Medikamente der Sponsorfirma nicht vorausgewählt werden. Als Arzt hat man gar nicht die Zeit, lange rumzuklicken. Im Alltag muss die Medikamentenverschreibung zack, zack gehen.»

Auch nachdem Adolf Merckles Sohn Philipp Daniel bei Ratiopharm 2005 die Geschäftsführung übernommen und sich von den unsauberen Marketingmethoden distanziert hatte, sponserte die Firma Ärzten munter weiter die Praxissoftware DOCexpert. In einer firmeninternen E-Mail an die Ratiopharm-Außendienstler vom 9. Dezember 2005 heißt es:

«Sehr geehrte Damen und Herren,
den Jahreswechsel nutzen viele Ärzte, um sich Gedanken zur EDV zu machen. Mit den DOCexpert Programmen haben wir die ideale Auswahl. […] Die günstige Variante kann nur Neukunden angeboten werden. […] Die Gutscheine für die Anschaffung der Software gelten wie bisher. Bei Fragen bitte melden.
Grüße, H. G. Leiter Arzt EDV Ratiopharm GmbH.»

Im Jahr 2006 hat die Große Koalition mit dem Arzneimittelversorgungs-Wirtschaftlichkeitsgesetz (AVWG) versucht, den Missbrauch zu unterbinden. Es schreibt vor, dass Praxissoftware künftig grundsätzlich manipulationsfrei sein muss. Ärzte dürfen nur noch solche Software benutzen, die von der Kassenärztlichen Bundesvereinigung lizenziert, also abgesegnet wurde. Werbung müsse darin deutlich als Werbung gekennzeichnet sein. So weit die Theorie. Viel verändert hat sich in deutschen Arztpraxen trotz des Gesetzes bisher aber nicht.

Wenige Wochen nach Verabschiedung des AVWG luden die Hersteller der Praxissoftware gemeinsam mit der Kassenärztlichen Bundesvereinigung zu einer Pressekonferenz ein, auf der die Firmen eine «Selbstverpflichtungserklärung» abgaben. Darin bekunden die Hersteller, die Souveränität des Arztes zu respektieren. «Allein der Arzt entscheidet über die Auswahl eines Medikaments. Es erfolgt keine automatische Substitution eines Präparats durch das System.» Die Formulierung war ein Bluff, denn genau genommen war das auch bisher so. Schließlich musste man als Arzt immer noch die «Enter»-Taste drücken, um das Präparat des Sponsors zu verordnen. Wie einsichtig die Software-Hersteller tatsächlich sind, verrät allerdings ihre Behauptung, «dass die Regeln der jetzt verabschiedeten Selbstverpflichtung bereits vor der Verabschiedung durch das AVWG die Manipulationsfreiheit von Arztsoftware gewährleistet» hat. Der Vorsitzende des Praxissoftware-Verbands kommentierte, dass mit der Selbstverpflichtungserklärung der Firmen nun alles in Butter sei. «Eine weitere gesetzliche Regelung betreffs Werbung in Arztsoftware zu treffen, ist deshalb aus unserer Sicht obsolet.»

Besonders engagiert wirkte die Kassenärztliche Bundesvereinigung unter ihrem damaligen Vorstand Ulrich Weigelt nicht, das Softwareproblem zu lösen. Ein von Mitarbeitern erarbeiteter Vorschlag, selbst eine werbefreie Software herzustellen, die dem Arzt einen Warnhinweis gibt, wenn er ein überteuertes Präparat verschreibt, die zudem einen Preisvergleich ermöglicht, ihm Alternativen vorschlägt und evidenzbasierte Hinweise gibt, verschwand in der Versenkung. Die Kassenärztliche Bundesvereinigung jedenfalls hat den Jahresbeginn 2007 verstreichen lassen, ohne die vom Gesetzgeber geforderte Maßnahme umzusetzen.

«Verordnungsmanagement» – Schecks für Ärzte

Im Fall Ratiopharm konnte die Praxissoftware noch viel mehr, als die Medikamentenauswahl zu lenken: Die Software DOCexpert spuckte auf Befehl eine genaue Liste aus, wie viel Medikamente welcher Pharmafirma der Arzt im vergangenen Quartal verschrieben hat. «Verordnungsmanagement» hieß das bei Ratiopharm, abgekürzt V.O.M. Erst durch V.O.M. war aber erkennbar, ob ein Arzt sich seine Schecks von Ratiopharm auch redlich verdient hatte. Manche Ärzte, die sich gegenüber dem Pharmakonzern besonders kooperativ zeigten, wurden nämlich quartalsweise mit V.O.M.-Schecks entlohnt. Dazu hatte Ratiopharm ein Modell entwickelt, das den beteiligten Ärzten 2,5 Prozent des Apotheken-Verkaufspreises (AVP) pro Medikament als Belohnung zahlte. Verordnete der Arzt im Quartal Ratiopharm-Medikamente für 10 000 Euro (was eine durchschnittliche Praxis locker schafft), konnte er sich einen Scheck über 250 Euro verdienen. «Das kann man nicht jedem Arzt anbieten», erklärte ein Ratiopharm-Pharmareferent, «man braucht schon ein Gespür dafür, ob der Arzt auf so was anspringt.» Bei Ärzten, die mitmachten, sei die Praxis folgendermaßen abgelaufen, schilderte der Mitarbeiter:

«Am Ende des Quartals gehe ich zu dem Doktor und hole eine Diskette ab oder einen Computerausdruck, auf dem steht, welche Medikamente er im vergangenen Quartal verschrieben hat. Diese Unterlagen schicke ich dann zu DOCexpert nach Bamberg, die daraufhin eine Auswertung zurückschicken, auf der steht, für welche Summe der Arzt in den vergangenen drei Monaten Ratiopharm verschrieben hat. Man sieht auch, wie viele Medikamente er von anderen Firmen wie Stada, Hexal oder Pfizer verordnet hat. Wenn er im letzten Quartal zum Beispiel für 10 000 Euro Ratiopharm-Präparate verschrieben hat, schicke ich eine Scheckanforderung über 250 Euro nach Ulm. Den Verrechnungsscheck bringe ich dann persönlich beim Doktor vorbei.»

Als offizieller Verwendungszweck stand auf den Schecks meist
«Referentenhonorar». Firmeninterne Dokumente zeigen, dass solche Schecks an Ärzte eine seit mindestens 1997 geübte Praxis bei
Ratiopharm waren. Im November 2003 haben die Zahlungen aber
einen solchen Umfang erreicht, dass den Ratiopharm-Managern
in Ulm offenbar der Überblick abhandengekommen war, wie viele
Ärzte Schecks kassierten. Daraufhin erhielten alle Außendienstlei-
ter in Deutschland folgende E-Mail:

Von: K█████ Renate
Gesendet: Dienstag, 18. November 2003 14:59
An: VL_PAD Regionalleiter
Cc: Sch█████ Renate
Betreff: V.O.M.

Sehr geehrte Damen,
sehr geehrte Herren,

für statistische Zwecke benötigen wir folgende Angaben zu V.O.M-ratiopharm:
* mit welchem Arzt wurde eine Vereinbarung getroffen
* welcher Art
* seit wann
* Höhe der Vereinbarung (HAP oder AVP)
bitte setzen Sie sich mit Ihren Mitarbeitern in Verbindung und teilen uns dann die
entsprechenden Angaben bis spätestens **28.11.03** mit.

Vielen Dank!

Freundliche Grüße
Renate K█████
Sekretariat Leitung Praxisaußendienst

Als eine Pharmareferentin berichtete, dass sie an ihre Ärzte sechs
Prozent zahlt, war die Leiterin des Praxisaußendienstes von Ratiopharm lediglich über die Höhe der Zahlung empört und stellte die
gängige Praxis dar:

«Hallo Frau S.,

wie bekannt gibt es bei V.O.M. 5 Prozent auf HAP [Hersteller-Abgabepreis, Anm. d. Verf.] und 2,5 Prozent auf AVP [Apotheken-Verkaufspreis, Anm. d. Verf.] und dies auch nur in Absprachen. Sie werden verstehen, dass wir nicht ohne Ende solche Summen außerhalb des Budgets zahlen können. Wer hat denn diese Vereinbarung, dass 6 Prozent AVP bei einem Umsatz über 100 000,– gezahlt werden, ursprünglich genehmigt?

Freundliche Grüße, Renate Sch.,

Ratiopharm GmbH Außendienstleitung Verordnungslinie»

Als die E-Mails der anderen Außendienstler in Ulm eintrudelten, wurde klar, welches Ausmaß die «Ärztebetreuung» mittlerweile angenommen hatte: So meldete ein einziger Regionalleiter 25 Ärzte aus seinem Gebiet, die V.O.M.-Schecks bekommen. Bundesweit erhielten, so schätzten Ratiopharm-Mitarbeiter, zwischen 500 und 1000 Ärzte regelmäßig Schecks des Pharmakonzerns für willfähriges Verschreibungsverhalten, also etwa ein Prozent aller niedergelassenen Ärzte. Wie anspruchsvoll manche von ihnen waren, zeigt die E-Mail einer anderen Pharmareferentin an die Zentrale in Ulm:

Von: ▮▮▮▮▮▮
Gesendet: Donnerstag, 19. September 2002 19:50 Uhr
An: K▮▮▮▮Renate
Cc: ▮▮▮▮▮▮
Betreff: AW: Arztkontakte

Hallo Frau K▮▮▮▮
Herr Dr. ▮▮▮▮▮ legt keinen Wert auf den Besuch von Firmen die ihn nicht für seine "Verordnungen bezahlen". Er wünscht quartalsweise Zahlungen ohne Kontrolle der Verordnungen wie z.B. durch V.O.M. Lediglich Werbegeschenke und Servicemuster können bei den Damen abgegeben werden.

Herzliche Grüße
▮▮▮▮▮

Andere Außendienstler berichteten, wie motivierend Schecks für Ärzte waren, die bisher wenig Ratiopharm-Präparate verschrieben haben. So schrieb eine Pharmareferentin in ihrem Wochenbericht an ihren Chef:

«[...] bin ich sofort zu den Ärzten hin und habe die Muster abgegeben, einige Ärzte haben mir dann ganz klar zu verstehen gegeben, dann, wenn ich ihnen etwas Gutes tue, in Form eines Schecks, dann würden sie auch wieder Ratiopharm verordnen. Mal sehen, was sich da machen lässt. Ansonsten habe ich die ersten Geschenke für die Ärzte schon gekauft und verteilt, CDs, Kerzenständer, Gutscheine Douglas etc. Schöne Grüße!»

Am 8. April 2005 schrieb die damalige Ratiopharm-Marketingchefin Dagmar Siebert folgende E-Mail an ihre Außendienstmitarbeiter:

«Liebe Ratiopharmer, wir haben heute die wichtigsten Eckpunkte für unser Umsatzziel der nächsten 3 Monate (190 Mio. Euro) fixiert. Mit V.O.M.-Ratiopharm haben Sie ein wichtiges, attraktives Instrument zur Verfügung, um dem Arzt sein Verordnungsverhalten aufzuzeigen. Sprechen Sie mit Ihren Regionalleitern, wie dieses Instrument in Mehrumsatz umzusetzen ist. Diese haben die Detaillösung. Nähere Informationen auf Ihren Tagungen. ‹Erfolg kommt vom Machen›! Setzen Sie alle Möglichkeiten / Budgets ein, um Mehrumsatz zu generieren!! Viel Erfolg! Es grüßen Sie herzlichst Dagmar Siebert mit Team.»

Ratiopharm war nicht die einzige Firma, die Ärzten Geld angeboten hat, damit diese bestimmte Medikamente verschreiben. Auch die Generikafirma Sandoz hat Ärzten eine prozentuale «Provision» auf den «berechneten Umsatzzuwachs im Vertragsgebiet» angeboten, wie das «arznei-telegramm» berichtete. Sandoz selbst erklärte 2005, dass man «die Verträge mit den Arztnetzen im gegenseitigen Einvernehmen» ausgesetzt habe.

«Auf die Ärzte, fertig, los!»
Douglas-Gutscheine für neue Patienten

Im Jahr 2004 brachte Ratiopharm den Cholesterinsenker Pravastatin auf den Markt und entwickelte dazu ein lukratives Gutscheinprogramm für Ärzte. Als Motto steht über dem firmeninternen Papier: «Gezielter Mitteleinsatz und selektive Vorgehensweise durch Vereinbarungen und daran geknüpfte Incentives [engl. Anreize, d. Verf.] für den Arzt.» Darunter sind die Voraussetzungen genau geregelt, wann ein Arzt welche Belohnung bekommen sollte: Wer als Arzt fünf Patienten auf das neue Medikament einstellt, bekommt einen Gutschein über 50 Euro. Zehn Patienten bringen 100 Euro, 15 Patienten 200 Euro. Die Gutscheine konnten etwa bei der Parfümerie Douglas, bei Mediamarkt und Juwelier Christ eingelöst werden, wie der Leiter des Ratiopharm-Produktmanagements die Außendienstmitarbeiter per E-Mail informierte. Außerdem ergänzte er: «Der Arzt muss die Gutscheine nicht ver-

---

Von: Benkendorf, Thomas
Datum: Fri, 28 May 2004 13:06:55 +0200
An: VL_PAD gesamt
Cc: Siebert, Dagmar, S███████, R█████, K██████████████, K█████████, VL_PM Verordnungslinie, VL_Organisation ratiopharm
Unterhaltung: Arzt-Incentive-Konzept!
Betreff: Arzt-Incentive-Konzept!

Sehr geehrte Damen und Herren,

wie bereits auf der Einführungs- und Gruppentagung vorgestellt, steht Ihnen ab 01.06.2004 das Arzt-Incentive-Konzept (Aktionszeitraum: 01.06. - 15.07.2004) zur Verfügung. Mit diesem Instrument können Sie vorallem B-Ärzte zu Top-Verordnern entwickeln.
Hinweis: Der Arzt muß die Gutscheine nicht versteuern!
Weitere Informationen erhalten Sie in folgender Datei:
   <<Arzt-Incentive-Konzept.ppt>>
Ein erholsames und sonniges Wochenende und viel Erfolg beim Wettlauf...

Auf die Ärzte, fertig, los!

Mit freundlichem Gruß
███████████████████████

ratiopharm GmbH
Produktmanagement VO

---

steuern.» Die Münchner Oberstaatsanwältin Regina Sieh, erfahren in Pharma-Korruptionsverfahren, bemerkte dazu: «Diese Auffassung finde ich sehr lustig. Aber sie stimmt natürlich nicht. Ein Gutschein bei Douglas oder Mediamarkt ist selbstverständlich ein geldwerter Vorteil, den man angeben muss.»

Bei den Ärzten kam die Marketing-Aktion unterschiedlich an: Eine Pharmareferentin berichtete ihrem Chef: «Ich konnte in fast jeder Praxis eine Umstellungszusage bekommen.» Eine andere schrieb: «Bis jetzt konnte sich noch keiner der Ärzte für dieses Konzept begeistern, sie möchten lieber alle bar-cash ...»

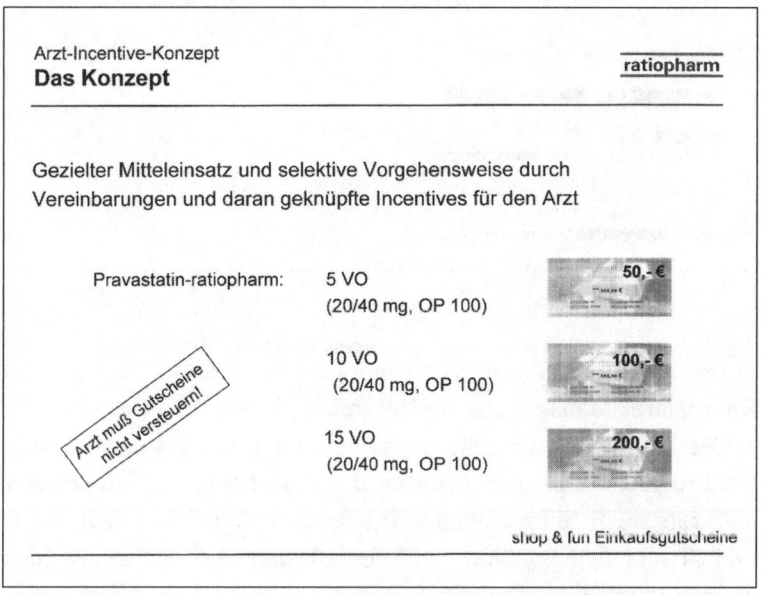

Arzt-Incentive-Konzept
Das Konzept   ratiopharm

Gezielter Mitteleinsatz und selektive Vorgehensweise durch Vereinbarungen und daran geknüpfte Incentives für den Arzt

Pravastatin-ratiopharm: 5 VO   50,- €
                            (20/40 mg, OP 100)

                            10 VO   100,- €
                            (20/40 mg, OP 100)

Arzt muß Gutscheine   15 VO   200,- €
nicht versteuern!   (20/40 mg, OP 100)

                                    shop & fun Einkaufsgutscheine

Ein anderes Mal bot Ratiopharm seinen Außendienstlern Espressomaschinen für Ärzte an. Jeder Pharmareferent konnte maximal drei dieser Espressomaschinen ordern, um sie an seine Ärzte zu verschenken. «Bitte knüpfen Sie die Abgabe der hochwertigen Es-

pressomaschinen an ein Verordnungsversprechen», mahnten die
Ratiopharm-Manager aus der Zentrale in Ulm.

Der Wert einer dieser Espressomaschinen beträgt laut Hersteller 250 Euro. Daneben lieferten die Ratiopharm-Außendienstler
an Ärzte auch Mikrowellen-/Grillgeräte (Wert 332 Euro), Arte-
mide-Tischleuchten (Wert 225 Euro) und die Kaffeemaschine
Milano thermline (Wert 85 Euro). Nach 2003 haben die teuren
Werbegeschenke allerdings nachgelassen, seither mussten sich die
Ärzte mit Personenwaagen, Wasserkochern, Yogamatten, Radios,
Sporttaschen, Wein-Sets und Ähnlichem begnügen. Ratiopharm erklärte dazu 2005: «Der Einsatz von Werbegeschenken ist im Wirt-
schaftsleben üblich», damals seien aber nur noch Werbegeschenke

verteilt worden, «die im Rahmen der ärztlichen Praxis nutzbar sind».

Viel wichtiger als all diese Werbegeschenke, die Ärzte auch von anderen Konzernen en masse bekommen, blieb aber schlicht Geld. Und Geld gab es bei Ratiopharm nicht nur über V.O.M.-Schecks, sondern auch getarnt als «Referentenhonorar» oder «Patienten-seminar». Offenkundig wird der Zusammenhang zwischen den Schecks und der gewünschten Verordnung von Medikamenten, wenn man die Bemerkungen der Außendienstmitarbeiter auf den Honoraranträgen liest. Hier einige Beispiele. Die Namen der Ärzte werden anonymisiert wiedergegeben, sind aber alle bekannt:

- *Dr. H., Honorarwunsch: 250 Euro.*
  Bemerkung: Wichtige Praxis für Simvastatin
- *Dr. med. T., Honorarwunsch: 200 Euro.*
  Bemerkung: Feste Verordnungsvereinbarung getroffen
- *Praxis D. Honorarwunsch: 230 Euro.*
  Bemerkung: Positive Einstellung für Ratiopharm-Produkte
- *Praxis Dr. L., Honorarwunsch: 200–250 Euro.*
- *Bemerkung: Ausbau von Verordnungen*
- *Dr. S., Honorarwunsch: 300 Euro.*
  Bemerkung: Ausbaufähige Praxis! DOCexpert-Anwender!
- *Dr. O., Honorarwunsch: wie letztes Jahr*
  Bemerkung: Kundenbindung! Vermehrte Insulinverordnungen!
- *Praxis Dr. P., Honorarwunsch: 350 Euro.*
  Bemerkung: Zur Umsatzsteigerung von Simvastatin
- *Dr. W., Honorarwunsch: 250 Euro.*
  Bemerkung: wird neue Diabetiker auf BBM-Ratiopharm einstellen

Mit Fragen zu den Honoraranträgen konfrontiert, antwortete Ratiopharm 2005: Bezahlt werde nur für Leistungen, die «von den Ärzten uns gegenüber detailliert dargelegt werden». Ein Miss-brauch «im Einzelfall» sei aber «nie auszuschließen». Unterlagen darüber habe das Unternehmen freilich keine. Die Überprüfung obliege den Außendienstmitarbeitern.

Wie Ratiopharm auf den Skandal reagiert

Auf die Enthüllung seiner Geschäftspraktiken reagierte Ratiopharm Ende 2005 prompt und wies in einer Stellungnahme alle Vorwürfe zurück: *«Es ist nicht hinnehmbar, dass Einzelfälle aus der Vergangenheit, die bereits abgestellt wurden, als Norm dargestellt werden. [...] Ratiopharm wird sich mit allen zur Verfügung stehenden juristischen Mitteln gegen die vom Stern verbreiteten Unterstellungen wehren!»*[249]

Das war gut gebrüllt – aber es war Bluff. Ratiopharm hat seither keinen einzigen Versuch unternommen, auch nur gegen eine Zeile der zehnseitigen Enthüllungsgeschichte juristisch vorzugehen.

Tatsächlich spiegelt die Stellungnahme aber die Haltung der Eigentümerfamilie wider: Die Merckles haben nie wirklich verstanden, wieso ausgerechnet ihr Unternehmen am Pranger steht. Gerade sie hatten sich doch immer als besondere Unternehmer verstanden, die auf den Gleichklang von Ethik und Monetik achteten. So leistet sich Ratiopharm eine Firmenpfarrerin auf dem Betriebsgelände und einen eigenen Andachtsraum. Seniorchefin Ruth Merckle engagierte sich in der «Arbeitsgemeinschaft Evangelischer Unternehmer» (AEU), deren Geschäftsführer daran erinnerte, «wie sie half, das Gebet vor Vorstandssitzungen der AEU wieder einzuführen». 2004 ließ Philipp Daniel Merckle den Ratiopharm-Mitarbeitern die Losungen der Herrnhuter Brüdergemeine mit Bibelworten für jeden Tag unter den Gabentisch legen. «Die Losungen geben Halt in der Unbeständigkeit des Alltags», hieß es in dem beiliegenden Brief. In keinem anderen Pharmakonzern konnte die Kluft zwischen Anspruch und Wirklichkeit wohl größer ausfallen als bei den Merckles – aber wahrhaben wollte das firmenintern niemand.

**Merckle junior reagiert mit einer
Image-Offensive**

Sieben Tage nach Bekanntwerden des Skandals feuerte Philipp Daniel Merckle dennoch die Ratiopharm-Manager Claudio Albrecht und Peter Prock. In einem Interview warf er ihnen den Satz hinterher: «Die Folgen der bisherigen Führung sind mir in vielem zutiefst zuwider.»[250] Seinen Mitarbeitern erklärte der Juniorchef auf der Weihnachtsfeier dagegen den Rauswurf wie folgt: *«Es war dies natürlich keine Reaktion auf irgendwelche Presseberichte. Mein Dank gilt den Leistungen und Bemühungen von Claudio Albrecht. Die Zukunft sieht aber anders aus. Ich hätte diesen Schritt – in Absprache mit meinem Vater und meiner Mutter und meinem Bruder – sonst gewisslich nicht getan.»*[251]

Schwerer tat sich Merckle offenbar mit der Trennung von Marketing-Geschäftsführerin Dagmar Siebert. Sie wurde erst ein halbes Jahr später geschasst. In einer dürren Pressemitteilung schrieb Ratiopharm damals: «Die Wege der neu gestalteten Ratiopharm und die von Dagmar Siebert, ehemals Geschäftsführerin Deutschland Marketing und Vertrieb, haben sich getrennt.» Kein Dank, kein Gruß, nicht mal mehr eine Phrase wie «in gegenseitigem Einvernehmen».

Nachdem Merckle in der Firma aufgeräumt hatte, startete er eine Image-Offensive nach außen. In der hauseigenen Zeitschrift «Pharmer» ließ er eine geplante Diskussion über «Systembedingte Schwächen im Pharmabereich» ankündigen. Seine Strategie war es, weg von den eigenen Verfehlungen zu kommen und über Fehler im System zu reden. Schuld an den Verfehlungen der Pharmaindustrie seien demnach nicht die einzelnen Unternehmen, sondern das Gesundheitssystem. Der «Runde Tisch» war allerdings nicht öffentlich. Auf dem Podium saß neben Merckle junior der Ehrenpräsident des Hausärzteverbandes, Klaus-Dieter Kossow (siehe Kapitel 4: Zensur von Fachzeitschriften). Die Rede, die Merckle hierbei hielt, gibt tiefe Einblicke in sein Denken und wirft die Frage auf, wie glaubwürdig seine Distanzierung von jenen Marketing-praktiken ist, die er als «Notwendigkeiten und allgemein gängige Vertriebspraktiken» bezeichnet. Wörtlich sagte Merckle 2006:

«Ratiopharm stand im letzten Herbst – stellvertretend für jeden beliebigen anderen Mitbewerber – unter ungeheurem, medialem Beschuss: einseitig, reißerisch; – eine unvergleichlich ordinäre Art und Weise, mit Notwendigkeiten und allgemein gängigen Ver-triebspraktiken in unserer Branche umzugehen. Ängste hat diese Berichterstattung, die keine war, überdies in den Menschen erzeu-gen müssen, um die es uns am meisten zu tun ist – in den Patien-ten: Die Angst, einem raffgierigen System ausgeliefert zu sein, in dem sich Industrielle und Ärzte wie Apotheker gegenseitig die un-lauteren Vorteile nur so zuschustern; [...] Und unter den Ärzten und Apothekern muss den einen oder anderen vehement die Sorge umgetrieben haben, wie man mit diesen Unterstellungen der Ehr-losigkeit umgeht, ohne sich auf das gleiche Niveau herabzuwür-digen, indem man die Diskussion, die keine ist, mit den gleichen Waffen bedient [...] – wie man also der Situation begegnet ohne Rufschaden. Für uns als Unternehmen – und für mich ganz per-sönlich – hat dieses ganze Rauschen, noch dazu von einem Nicht-Fachmann, einen immateriellen Schaden dargestellt, der enorm war.»[252]

Merckles Strategie war es außerdem seit Bekanntwerden der Ge-schäftspraktiken, alles auf die alte Geschäftsführung zu schieben. Doch selbst wenn man ausschließlich die Vorgänge seit August 2005 bei Ratiopharm betrachtet, dem Datum, an dem Merckle auch formal die Verantwortung übernahm, bleiben Fragen zur ethisch heute angeblich vorbildlichen Geschäftspolitik:

• Im März 2006 schickte Ratiopharm seinen Außendienstlern For-mulierungshilfen, mit denen sie Ärzte davon überzeugen sollten, nicht das preiswerteste Medikament zu verordnen. Wörtlich heißt es in dem firmeninternen Papier: *«Sie sind der Arzt. Sie haben einen hochethischen Beruf gewählt. Der Patient ist Ihnen ausgeliefert. Stellen Sie sich mal vor, der Patient geht hier raus und fühlt sich nicht gut, weil er denkt, das Billigste vom Billigen bekommen zu haben. Was wird der wohl tun? Er nimmt das Medikament nicht oder hat kein Vertrauen mehr zu Ihnen und geht zu einem anderen Arzt. Er hat das Vertrauen verloren.»* Ist eine solche Überredungsstrategie ethisch wirklich einwandfrei?

- Am 21. März 2006 suchte Ratiopharm «Meinungsbildner» unter den Urologen und schrieb dazu seinen Außendienstlern eine E-Mail: «*Hintergrund: In der Münchener Medizinischen Wochenzeitschrift soll ein Interview zu Tamsulosin im Allgemeinen und Tamsolusin-Ratiopharm erscheinen. Die Aussage soll in etwa sein: ‹Viele Patienten unterdiagnostiziert, mit generischem Produkt kann man jetzt mehr Männern helfen.› ‹Ratiopharm bietet jetzt Tamsulosin-rtp an›. Haben Sie Urologen, die uns wohlgesinnt sind und gerne in der MMW mit einem Interview vertreten sein würden? Bitte melden Sie uns diese Ärzte [...] Natürlich bekommen die Ärzte hierfür eine Aufwandsentschädigung.*» Ethisch wirklich einwandfrei?

- Im April 2006 hat Ratiopharm den Apothekern noch massenhaft Gratispackungen (Naturalrabatte) angeboten, obwohl das Unternehmen wusste, dass diese Praxis wenige Tage später, zum 1. Mai 2006, per Gesetz verboten wird. Ethisch wirklich einwandfrei?

- Die «Wartezimmerzeitung» gibt sich neutral, wirbt aber für Ratiopharm-Präparate (siehe Kapitel 4: PR-Tricks in Zeitungen und Zeitschriften). Im Impressum steht als Herausgeber die ASMA Medien GmbH. Tatsächlich steckt hinter der Zeitschrift aber Ratiopharm: Der Geschäftsführer der ASMA Medien GmbH ist Ratiopharm-Sprecher Jörg Nitschke. Ist eine solche Intransparenz ethisch wirklich einwandfrei?

- Im Januar 2007 berichtete die «Kleine Zeitung», dass Ratiopharm in Österreich Hausärzten mit Hausapotheken Rabatte bis zu 40 Prozent anbietet. Der Kabinettschef im österreichischen Gesundheitsministerium, Clemens Martin Auer, kommentierte: «Das ist eine problematische Vorgangsweise, weil Rabatte das Verschreibungsverhalten der Ärzte auf Kosten der sozialen Krankenkassen beeinflussen.»[253] Ethisch wirklich einwandfrei?

«World in Balance»:
Ein Cent für Äthiopien

Im Herbst 2006 sägte Ratiopharm die bisherige Werbung mit den lächelnden Zwillingen Folke und Gyde ab und damit auch den neuerdings etwas zweideutigen Werbeslogan «Da gibt's doch was von Ratiopharm!» An deren Stelle tritt nun die Image-Werbung «World in Balance», ein Projekt, das Hilfsorganisationen unterstützen will, die in Afrika tätig sind. Künftig soll es also nicht mehr 2,5 Prozent pro verordneter Packung für den Arzt geben, sondern 1 Cent pro Packung für Afrika. Die Ärzte bekommen nun eine moralische Gratifikation, weil sie, in dem sie Ratiopharm verordnen, Gutes für die Hungernden in Afrika tun.

Als erster Partner von «World in Balance» wurde die Stiftung des ehemaligen Schauspielers Karlheinz Böhm mit 1,7 Millionen Euro bedacht. Böhms Organisation «Menschen für Menschen» finanziert in Äthiopien den Bau von Schulen, Krankenhäusern und Brunnen. Angepriesen wird «World in Balance» auf der Homepage als «ein Brückenschlag zwischen Jugend und Alter, Schwarz und Weiß, Ost und West, Süd und Nord, zwischen Kunst und Industrie, Zivilisation und Ökologie, Leben und Tod oder Arm und Reich». Ende 2006 erschienen Fernsehspots und ganzseitige Anzeigen in «Spiegel» oder «Bunte» von «World in Balance», auf denen Philipp Daniel Merckle zusammen mit Karlheinz Böhm abgebildet sind, ins Gespräch vertieft. Darunter steht ein Text, der in seinem ganzen verschwurbelten Duktus wie von Merckle selbst formuliert wirkt:

«Verantwortung ist nicht nur ein Wort. Verantwortung ist Begegnung: Mit allem, was auf unserem Lebensweg liegt – aktiv gestaltende Begegnung. Philipp Daniel Merckle, gemeinsam mit seinen Mitarbeiterinnen und Mitarbeitern der neu gestalteten Ratiopharm, richtet die Pharmaindustrie seit Herbst 2005 nach ethischen Richtlinien an führender Stelle neu aus. ‹Weil wir herausfinden müssen aus entseelten Systemen, aus dem Austauschbaren und der Gleichgültigkeit. Es geht um viel; in jedem Leben.› Verantwortung. Präzision. Und: Liebe.»[254]

Merckles Anspruch scheint mittlerweile grenzenlos: gleich «die Pharmaindustrie» will er ethisch neu ausrichten. Im Sommer 2007 brach er gar zu einer großen Schifftstour auf, um Ratiopharm als besonders ethisch zu präsentieren. «Ich spüre seit langem ein allgemeines Unbehagen. Vieles ist besorgniserregend und sonderbar gegenwehrlos, den Menschen fern geworden», klagte er vor Beginn der Tour und schrieb voller Weltschmerz: «Ich bin sehr verletzt und traurig über vieles, was ich weiß.» Das PR-Branchenblatt «Horizont» kommentierte die «World in Balance»-Kampagne wie folgt:

«Vor dem Hintergrund der Vorwürfe, dass die Firma versucht haben soll, Ärzte zu bestechen, auf dass diese bevorzugt Ratiopharm-Produkte verschreiben sollen, liest sich der Anzeigentext wie die Predigt eines Pfarrers, der bei der Beisetzung eines Übeltäters mit frommen Worten ablenkt von den Missetaten und davon erzählt, dass der Verstorbene nun ein guter Mensch ist, der im Himmel angekommen ist und zur Harfe ein Halleluja singt. Amen. Das klingt nicht nur wie Realsatire. Das ist Realsatire. Und wenn der Firmenchef, der von der Austauschbarkeit klassischer Medikamente lebt, von ‹Liebe› spricht, dann kann damit nur die Liebe gemeint sein, die jeder Unternehmer hat: Liebe zum Profit.»[255]

Sind Schecks an Ärzte überhaupt strafbar?

Torpediert wird Merckles Image-Offensive auch ein wenig von den immer wieder aufflackernden Berichten über die Ermittlun- gen der Staatsanwaltschaft Ulm gegen Ratiopharm. Unstrittig ist, dass die Geld- und Sachgeschenke an Ärzte ein Verstoß gegen die ärztliche Berufsordnung sind. Doch die Berufsordnung ist eine Selbstverpflichtung, kein Gesetz. Wer dagegen verstößt, kommt nicht vor Gericht, ihm kann nur seine Zulassung entzogen wer- den.

Sind die Schecks an Ärzte aber auch ein strafrechtlicher Ver- stoß? Bisher kennt die Rechtsprechung vor allem für Krankenhaus- ärzte strenge Regeln, weil sie sich als Mitarbeiter im öffentlichen Dienst strafbar machen, wenn sie Geld annehmen. Bei niederge- lassenen Ärzten sah man das bisher nicht so eng, weil sie quasi freie Unternehmer sind. Ein Aufsatz in der «Neuen Zeitschrift für Strafrecht» vom März 2005 vertritt dagegen die Ansicht, dass «ein niedergelassener Kassenarzt als Beauftragter der jeweiligen Kran- kenkasse» sich strafbar mache, «wenn er einen Vorteil als Gegen- leistung dafür annimmt, dass er seinen Kassenpatienten bestimmte Medikamente verordnet».

Als Ende 2005 die örtlich zuständige Staatsanwaltschaft Ulm Ermittlungen gegen Ratiopharm aufnahm, erklärte deren Sprecher Wolfgang Zieher zu der Frage, ob die Schecks an Ärzte überhaupt strafbar sind: «Wir tun uns schwer.»[256] Eine Woche später ist das Verfahren allerdings schon wieder beendet: «Mangels entsprechen- den Tatverdachts aus Rechtsgründen» habe die Behörde das Ra- tiopharm-Verfahren gleich wieder eingestellt. Staatsanwalt Zieher warb um Verständnis dafür, dass seine Behörde es nur mit einem «strafrechtlich-logischen» Problem zu tun gehabt habe.

Kassenärztliche Vereinigung und Krankenkassen schüttelten über die Einstellung der Ermittlungen den Kopf. «Pharmafirmen, die niedergelassene Ärzte mit äußerst fragwürdigen Methoden zur Verordnung unwirtschaftlicher Medikamente verleiten, kommen ungeschoren davon», ärgerte sich Axel Munte, Chef der KV Bayern, der größten von 17 Kassenärztlichen Vereinigungen in Deutschland. «Hier wird mit zweierlei Maß gemessen.»

Auch die Kaufmännische Krankenkasse Halle nannte die Einstellung «völlig unverständlich»: «Die KKH ist über diese Entscheidung entsetzt», sagte ihr Vorsitzender Ingo Kailuweit. «Wenn Ärzte und Apotheker Bestechungsgelder und Geschenke als Gegenleistung für teure Medikamente erhalten, muss das eindeutig unter Strafe gestellt werden.»

Die Wut von Krankenkassen und Ärztefunktionären hätte die Ulmer Staatsanwaltschaft ignorieren können – nicht aber eine Anordnung der Generalstaatsanwaltschaft Stuttgart, die die Einstellung des Verfahrens wieder aufhob. «Wir sind der Meinung, dass ein Anfangsverdacht des Betruges und der Untreue besteht und Ermittlungen notwendig sind», erklärte der stellvertretende Leiter der Generalstaatsanwaltschaft, Rainer Christ, Mitte April 2006. Für die Ulmer Staatsanwaltschaft eine unangenehme Situation. Allerdings dauerte es nochmal über ein halbes Jahr, bis drei Staatsanwälte aus Ulm und 32 Kriminalbeamte der Landespolizeidirektion Tübingen im November 2006 die Firmenzentrale und acht Privatwohnungen von Verantwortlichen des Pharmakonzerns durchsuchten.

Einen Monat später ließ die Staatsanwaltschaft auch die Privatwohnungen von 400 Ratiopharm-Außendienstlern durchsuchen. «Mildere Maßnahmen erscheinen nicht geeignet, zumal im Rahmen der Durchsuchung der Ratiopharm GmbH festgestellt werden musste, dass dort zu den verfahrensgegenständlichen Vorgängen nur unvollständige Unterlagen vorliegen», wie es in dem Durchsuchungsbeschluss heißt, den die Polizisten den Pharmareferenten an jenem Morgen unter die Nase hielten.

Auch im Jahr 2007 dauern die Ermittlungen der Ulmer Staatsanwaltschaft gegen Ratiopharm noch an. Der Jurist Oliver Pragal, der in seinem Aufsatz in der «Neuen Zeitschrift für Strafrecht» klar die Auffassung vertreten hat, dass sich auch niedergelassene Ärzte strafbar machen, wenn sie gegen Geld bestimmte Medikamente zum Nachteil der Krankenkassen verordnen, kommt jedenfalls zu dem Schluss: «*Es ist zu erwarten, dass die erste Anklageerhebung in einem solchen Fall ein mittleres Erdbeben in Teilen der Ärzteschaft, des Berufsstandes der Pharmareferenten und in den Vorstandsetagen der Pharmakonzerne bewirken würde.*»[257]

Scheinforscher: Wie Ärzte durch Anwendungsbeobachtungen zusätzlich abkassieren

Hat Ihnen Ihr Arzt in den vergangenen Monaten zufällig eines der folgenden Medikamente verschrieben:

- gegen Magenschmerzen: Nexium oder Pantozol?
- gegen Bluthochdruck: Emestar, Diovan, Atacand, Votum oder Olmetec?
- gegen zu hohe Cholesterinwerte: Locol oder Cranoc?

Wenn ja, dann hat Ihr Arzt vielleicht gedacht, es sei das beste Medikament für Sie. Vielleicht war es aber auch nur das Beste für ihn. Denn für die Verordnung all dieser Präparate konnten Ärzte in den vergangenen Monaten Geld von der Pharmaindustrie bekommen. Selbstverständlich nicht direkt, das wäre ja Bestechung.

Das Geld erreicht den Arzt unter dem Deckmantel einer Studie. Konkret läuft das so: Ein Pharmareferent kommt in die Praxis und fragt den Arzt, ob er an einer sogenannten Anwendungsbeobachtung teilnehmen möchte. Offiziell sind das Studien mit Patienten über Arzneimittel, die längst zugelassen sind. Wenn der Arzt mitmacht, kann er für jeden Patienten, dem er das Medikament verordnet, ein Honorar erhalten, meist 50 Euro pro Patienten. Gelegentlich, wie im Fall des teuren Krebsmedikaments Glivec der Firma Novartis, können es für den Arzt auch 1000 Euro pro Patienten sein. Nach Berechnungen des wissenschaftlichen Instituts der Techniker

Krankenkasse kosten die AWBs in Deutschland «Jahr für Jahr 930 Millionen Euro. Den Löwenanteil davon – mehr als zwei Drittel – tragen die gesetzlichen Krankenkassen, denn sie kommen für die Arzneimittel auf, die in den Studien verordnet werden.»[258]

Anwendungsbeobachtungen stehen schon lange im Verdacht, vor allem teure Medikamente unter die Patienten zu bringen. Der niedergelassene Facharzt für Neurologie, Magnus Heier, schilderte die Funktion vieler Anwendungsbeobachtungen aus Sicht eines Arztes: «Voraussetzung ist, Sie verschreiben ein bestimmtes, in der Regel sehr teures Medikament. Da das Medikament aber längst zugelassen und gut bekannt ist, sind die Beobachtungen vollkommen uninteressant – und landen oft direkt in der Ablage. Man könnte sie auch abends vor dem Fernseher ausfüllen –, weshalb sie gern als ‹Kaminbeobachtungen› verspottet werden.»[259]

Die lange Zeit einzigen konkreten Erkenntnisse über die wahre Funktion von AWBs stammen aus den Niederlanden. Dort hatte der Inspektor des Gesundheitsamtes in Den Haag, Hans ter Steege, ausgestattet mit den Befugnissen eines Staatsanwalts, Pharmafirmen durchsucht und illegale Marketingpraktiken entdeckt, unter anderem den massenhaften Einsatz von AWBs als Marketinginstrument. 2002 berichtete Hans ter Steege in einem Interview[260]:

«Eigentlich sollten Anwendungsbeobachtungen nach der Marktzulassung eines Medikaments wissenschaftliche Fragen klären. Doch aus den von uns beschlagnahmten Unterlagen geht eindeutig hervor, dass die Firmen zwei Drittel der Studien offen als reines Verkaufsinstrument ansehen. Die Ärzte, die an solchen Untersuchungen teilnehmen, erhalten pro Patienten, dem sie das Medikament verschreiben, eine Aufwandsentschädigung; dafür müssen sie oft nur einen Fragebogen ausfüllen. Mit dieser Belohnung erreichen die Firmen, dass Ärzte und Patienten sich an neue Medikamente gewöhnen und die Präparate nach Auslaufen der Studie weiter verschreiben. Für die Ergebnisse der Studien interessieren sich die Firmen dann gar nicht.»

Kassenärztliche Vereinigung hält AWB-Studie
unter Verschluss

Wie problematisch diese Scheinstudien auch in Deutschland sind, zeigt eine Untersuchung der Kassenärztlichen Bundesvereinigung (KBV), die die Interessen der niedergelassenen Ärzte vertritt. Die Studie mit dem sperrigen Titel «Evaluation der wissenschaftlichen Qualität von Anwendungsbeobachtungen in Deutschland» enthält auf 101 Seiten eine Menge brisanter Statistiken. Doch die KBV hält das Werk unter Verschluss. KBV-Sprecher Roland Stahl wiegelt bisher ab: «Erst wenn der Endbericht bei uns eintrudelt, werden wir entscheiden, ob und was wir veröffentlichen.»

Blättert man in der geheimen Studie, wird schnell klar: Die Ergebnisse zerstören den von der Pharmaindustrie unverdrossen genährten Mythos, dass es bei den AWBs stets um wissenschaftliche Erkenntnisse über Arzneimittel geht. Nach Sichtung aller im zweiten Halbjahr 2005 angemeldeten AWBs kommen die Autorinnen der KBV-Studie, Eva Susanne Dietrich und Franziska Zierold, zu dem Ergebnis: «Der überwiegende Teil der AWBs fungiert vordergründig als Marketinginstrument und stellt damit wissenschaftliche Ansprüche oftmals in Frage.» Tatsächlich geht es häufig darum, den Absatz bestimmter Medikamente zu fördern. So fand sich nur bei 19 Prozent aller AWBs in den Unterlagen überhaupt ein Hinweis auf eine geplante Veröffentlichung der Studienergebnisse. Gerade die fehlende Publikation ist nach Ansicht der Autorinnen ein klares Indiz, dass die AWBs als «Marketinginstrument» anzusehen sind. Natürlich bedeutet das nicht, dass alle Anwendungsbeobachtungen Bluff sind. Der Pharmakonzern Lilly beispielsweise führte bei seiner AWB zu Yentreve sogar eine Kontrollgruppe ein: das heißt, ein Drittel der 24 000 Patienten erhielt das Medikament gar nicht, um einen Vergleich zu ermöglichen. Doch die Unternehmen, die sich um Seriosität und wissenschaftliche Erkenntnis bemühen, befinden sich nach der Studie der KBV in der Minderheit.

Schon im Jahr 2002 hatten Experten der KBV eine interne Einschätzung abgegeben, dass «nur zwischen 10 und 20 Prozent der AWBs der Gewinnung von wissenschaftlicher Erkenntnis» dienen. Von den in der aktuellen KBV-Studie analysierten Anwendungsbeobachtungen enthielten nur 28 Prozent beispielsweise einen Studienplan, die Liste der teilnehmenden Ärzte, Fachinformationen und den Erfassungsbogen, den der Arzt ausfüllen soll. Bei 67 Prozent der AWBs war nicht einmal klar, welche Ergebnisse sie liefern sollten, «da entweder keine Ziele benannt wurden oder kein Studienplan vorhanden war», wie es in der Untersuchung heißt.

Was ist aber so schlimm daran, kann man sich fragen, wenn ein Arzt an einer Scheinstudie teilnimmt und dadurch sein Honorar ein bisschen aufbessert? Das Problem ist, dass dafür vor allem die gesetzlichen Krankenkassen bezahlen, weil zu ihren Lasten ja die in der AWB getesteten Präparate verordnet werden und die Medikamente, um die es sich handelt, meist hochpreisige Arzneimittel sind. «Im Mittel liegt für in AWBs eingesetzte Präparate der durchschnittliche Preis je Verordnung bei etwa 380 Euro. Er beträgt damit das Zehnfache des realen durchschnittlichen Preises je Verordnung (40 Euro)», schreiben die Autorinnen der KBV-Studie. «Für einige Präparate konnten teilweise messbare Verordnungs- bzw. Umsatzzuwächse mit Beginn der entsprechenden AWB beobachtet werden.» Dazu kommt, dass die Patienten nach Auslaufen der AWB das teure Präparat oft jahrelang weiternehmen – für die Pharmaunternehmen also eine lange sprudelnde Geldquelle.

Im Juni 2006 erschien im angesehenen amerikanischen Ärzteblatt «JAMA» ein Aufsatz von Forschern der dänischen Universität in Odense. Sie hatten zehn Arztpraxen untersucht, die an AWBs teilnahmen, und verglichen sie mit 165 anderen Arztpraxen. Das Ergebnis: Die AWB-Ärzte verordneten noch nach zwei Jahren 26 Prozent häufiger das entsprechende Medikament, für das sie Honorar von der Pharmafirma erhalten hatten.[261]

In Deutschland muss jede AWB der Kassenärztlichen Vereinigung gemeldet werden. Doch die hält nicht nur ihre eigene Untersuchung zu dem Thema unter Verschluss, sondern weigert sich auch, die Namen der Arzneimittel, die Zahl der Ärzte, der Patienten und die Pharmafirmen, die AWBs durchführen, zu nennen. «Wir können keine Statistiken herausgeben», wimmelte KBV-Sprecher Roland Stahl eine Anfrage nach diesen Daten ab. «Die Liste der 30 teilnehmerstärksten Patientenbeobachtungen können und dürfen wir nicht herausgeben.»

Der Geheimhaltungspraxis zum Trotz sickerten die Informationen dennoch durch. Die unten abgedruckte Liste basiert auf Unterlagen, mit denen die Pharmakonzerne ihre Anwendungsbeobachtungen bei den zuständigen Behörden und Institutionen angemeldet haben und die dem Verfasser vorliegen. Für die folgenden 30 Präparate wurden die meisten Patienten angemeldet:

Forschung oder Marketing?						
Die 30 Anwendungsbeobachtungen mit den meisten Patienten*						
Name des Präparats	Anwendungsgebiet	Jahr der Einf.	Neuigkeitswert**	Pharmahersteller	Zahl der Patienten in AWB	Umsatz 2005
1. Nexium	Magensäureblocker	1994	C	AstraZeneca	121 900	+23 %
2. Alvesco	Asthmamedikament	2005		Altana (seit 2007: Nycomed)	67 200	k. A.
3. Emestar mono	Bluthochdruck	2004	C***	Tromms-dorff	67 000	k. A.
Emestar plus		2003				+84 %
4. Diovan	Bluthochdruck	1996	C	Novartis	53 650	+9 %
Codiovan		1997				+20 %
5. Symbicort	Asthmamedikament	2001		AstraZeneca	53 000	+32 %
6. Atacand	Bluthochdruck	1997	C	AstraZeneca	48 360	+32 %

7. Pantozol	Magen-säureblocker	1994	C	Altana	42 300	+37 %
8. Inegy	Cholesterin-senker	2004	B	MSD Essex pharma	38 678****	+356 %
9. Actimax	Anti-biotikum	2004	C***	Sankyo	36 000	+336 %
10. Votum	Bluthoch-druck	2002	C	Berlin-Chemie	35 000	+48 %
11. Aprovel	Bluthoch-druck	1997	B			+5 %
CoAprovel		1998		Sanofi-Aventis	31 000	+14 %
12. Uro-Xatral	Prostata-medika-ment	1990	C	Sanofi-Aventis	30 600	+9 %
13. Xenetix	Kontrast-mittel	1996	C	Guerbet	30 000	k. A.
14. Torem	Harntreib-mittel	1992	C	BerlinChe-mie	28 780	+13 %
15. Multi-Hance	Kontrast-mittel	1998	B	Altana (seit 2007: Nycomed)	27 500	k. A.
16. Actonel	Osteoporose	2000	C			+9 %
Actonel plus		2005		Procter & Gamble	26 000	k. A.
17. Yentreve	Harn-inkontinenz	2004	A/D	Lilly	24 000	+499 %
18. Olme-tec	Bluthoch-druck	2002	C			+26 %
Olmetec plus		2005		Sankyo Pharma	24 000	k. A.
19. Apidra	Analog-insulin	2004	C	Sanofi-Aventis	22 000	k. A.
20. Azopt	Augentrop-fen	2000	C			+21 %
Travatan		2001	C			+24 %
Duotrav		2006		Alcon Pharma	21 800	k. A.

221

21. Locol	Cholesterin-senker	1994	C	Novartis	19 000	+39 %
22. Leve-mir	Analog-insulin	2004	C	Novo-Nordisk	18 500	+491 %
23. Oxy-gesic	Opiat	1998		Mundi-pharma	17 000	+36 %
24. Cranoc	Cholesterin-senker	1994	C	Astellas Pharma	16 000	+19 %
25. Bonviva	Osteoporose	2005		Roche	16 000	k. A.
26. Lantus	Analog-insulin	2000	B / C	Sanofi-Aventis	15 000	+16 %
27. Imeron	Kontrast-mittel	1995		Altana (seit 2007: Nycomed)	15 000	k. A.
28. Spiriva	Asthmame-dikament	2002	B	Boehringer Ingelh.	15 000	+38 %
29. Optiray	Kontrast-mittel	1991		Tyco Health-care	12 125****	k. A.
30. Artirem	Kontrast-mittel	2005	C***	Guerbet	12 000	k. A.
				Summe:	**984 393 Patienten**	

* von August 2004 bis Dezember 2006, soweit Patientendaten den Behörden gemeldet wurden. Ohne Angaben zu Patientenzahlen waren z. B. die AWB-Meldungen der Firma Janssen-Cilag zu Durogesic, dem umsatzstärksten Medikament in Deutschland (Umsatz 2005 zu Lasten der gesetzlichen Krankenkassen: 306 Mio. Euro).

** *Bewertung der Wirkstoffe nach der Klassifikation von U. Fricke und W. Klaus:*
   A = Neuartiges Wirkprinzip mit therapeutischer Relevanz
   B = Verbesserung der Eigenschaften bereits bekannter Wirkprinzipien
   C = Keine oder unwesentliche Unterschiede zu bereits eingeführten Präparaten
   D = Nicht ausreichend gesichertes Wirkprinzip oder unklarer therapeutischer Nutzen
   A/D = Neues Wirkprinzip, klinische Relevanz aber zweifelhaft
   B/C = Verbesserung pharmakologischer Eigenschaften ohne klinisch erkennbaren Vorteil

*** Bewertung des zugrunde liegenden Wirkstoffes

**** tatsächlich erreichte Patientenzahlen nach Firmenangaben

Die Liste macht klar, zu welchem Massenphänomen AWBs mittlerweile geworden sind: So sind 2005 und 2006 allein bei den 30 größten AWBs knapp eine Million Patienten beobachtet worden und haben damit den Doktoren eine zusätzliche Einnahmequelle verschafft. Ärzte mit vielen AWBs erzielen einen nennenswerten Teil ihres Gesamteinkommens – mit Hilfe der Pharmaindustrie.

Espressomaschine, Laptop oder DVD-Player?

Die Firma Trommsdorff zum Beispiel hat unter den Ärzten ein Formular mit der Überschrift «Anwendungsbeobachtung Emestar mono/plus» verteilt, in dem der Arzt genau sehen kann, für wie viele Patienten es welche Entlohnung geben kann. Er muss nur noch ankreuzen, was er gern möchte:

- für 5 Patienten: Flachbildschirm 17 Zoll oder iPod mini
- für 12 Patienten: Espressomaschine Jura Impressa
- für 18 Patienten: Laptop, Beamer oder PC und Drucker

seit 1797 **Trommsdorff** Arzneimittel

ANWENDUNGSBEOBACHTUNG EMESTAR® mono/-plus
Bei Patienten mit essentieller Hypertonie

Teilnahmeerklärung Nr.: ☐ 6001   Interne Nr.: _____ (wird von der AWB-Verwaltung vergeben)

Zwischen dem unterzeichnenden Arzt und Trommsdorff GmbH Co. KG Arzneimittel wird die Durchführung einer Anwendungsbeobachtung mit EMESTAR® mono/-plus vereinbart.

Grundlage und Bestandteil dieser Vereinbarung sind der Beobachtungsplan und die Dokumentationsbögen mit der gleichlautenden oben stehenden Nummer.

Jeder vollständig dokumentierte Patient wird mit einer Aufwandsentschädigung von 40 Euro honoriert. Vorrausetzung für die Honorierung ist das Vorliegen eines vollständig ausgefüllten Dokumentationsbogens und ggf. eines Formblattes „Bericht über unerwünschte Arzneimittelwirkungen" (auch Verdachtsfälle).

→ Bitte ankreuzen ☐ Honorarzahlung ☐ _____
für 5 Patienten ☐ Flachbildschirm 17" ☐ iPod mini
für 7 Patienten ☐ Flachbildschirm 19" ☐ DVD Recorder ☐ iRiver ☐ All-in-One Drucker
für 12 Patienten ☐ Jura Impressa
für 14 Patienten ☐ Navigationssystem Tom Tom Go 300 ☐ DVD Recorder mit Festplatte
für 18 Patienten ☐ Laptop ☐ Beamer
 ☐ PC und Drucker ☐ PC und Flachbildschirm 17"

Die Firma Trommsdorff widerspricht diesem Katalog nicht und räumt ein, «den Ärzten, die mehrere Patienten in die Studie einbringen konnten, angeboten [zu haben], anstatt des Geldbetrags ein technisches Gerät im gleichen Wert zu erhalten». Außerdem entspreche, so Trommsdorff-Geschäftsführer Ernst Mohler, «diese Regelung geltendem Recht». Dennoch bleibt die Frage, welche Anreize mit einem solchen Vergütungssystem gesetzt werden.

Was die Liste der größten AWBs aber auch verdeutlicht: Es werden überwiegend ältere und unwirtschaftliche Medikamente getestet, wie Nexium, der Magensäureblocker (siehe auch S. 27 f.), für den die Firma AstraZeneca mehr als 30 000 Ärzte gewonnen hat. Das heißt: Jeder vierte niedergelassene Arzt in Deutschland hat wohl von einer Nexium-AWB profitiert. Nach Berechnungen des Arzneiverordnungsreports nehmen in ganz Deutschland durchschnittlich 465 000 Patienten regelmäßig das Magenmittel Nexium ein, 121 900 als Objekt einer AWB zwischen November 2004 und September 2006.

AWBs bescheren Scheininnovationen ein Umsatzplus

Würden die Ärzte statt Nexium, Pantozol, Torem, Actonel, Apidra, Travatan, Locol, Oxygesic und Cranoc die jeweils günstigeren Medikamente verordnen, könnten die Krankenkassen allein bei diesen neun Präparaten jedes Jahr 363 Millionen Euro sparen – ohne dass die Patienten schlechter versorgt wären als bisher.[262]

Wie bedrohlich aber für manche Pharmakonzerne solch eine wirtschaftliche Arzneiverordnung wäre, zeigt sich am Beispiel der Firma Altana und ihres Magenmittels Pantozol. Pantozol liegt in der Liste der umsatzstärksten Arzneimittel in Deutschland auf Platz zwei. Es ist 60 Prozent teurer als Omeprazol – ohne besser zu sein (siehe auch Kapitel 1 zu den Scheininnovationen). Altana macht 75 Prozent seines Umsatzes mit diesem einen Medikament.

Würden die Ärzte aufhören, das teurere Pantozol zu verordnen, käme Altana in größte Schwierigkeiten. Die leere Produktpipeline wird auch der Grund gewesen sein, warum die Eigentümer von Altana die Pharmasparte im Dezember 2006 an den dänischen Konzern Nycomed verkauft haben. Auskunft darüber, wie viele Ärzte durch die Pantozol-AWB Honorar erhalten hatten und in welcher Höhe, verweigerte Altana: «Einzelheiten von Anwendungsbeobachtungen, die über die Anzeigepflichten hinausgehen, werden von uns nicht veröffentlicht.»

Ähnlich zugeknöpft wie Altana reagierten die meisten Pharmakonzerne auf Nachfragen zu ihren Anwendungsbeobachtungen. Essex Pharma, die für den Cholesterinsenker Inegy eine AWB mit 38 678 Patienten durchführte, verweist auf «vertragliche Geheimhaltungspflichten». AstraZeneca, Hersteller des Magensäureblockers Nexium, antwortete: «Zur Anzahl der Ärzte und Patienten machen wir in der Öffentlichkeit keine Angaben.» Die Firmen Astellas Pharma, Berlin-Chemie und Daii Sankyo antworteten überhaupt nicht.

Der Fall Novartis: «Mehr Patienten durch AWBs»

Interne Unterlagen aus der Firma Novartis zeigen, wie auch dort Anwendungsbeobachtungen gezielt aus Marketinggründen eingesetzt werden. Am 19. September 2006 lud Novartis-Chef Peter Maag seine Mitarbeiter zur Veranstaltung «06/600» ein, bei der es darum ging, den «Umsatz von Schlüsselprodukten zu steigern», um, wie der Chef in einer E-Mail schrieb, «angesichts einer negativen Marktentwicklung den aktuellen Trend noch in diesem Jahr umzukehren». Das Kürzel 06/600 bedeutet, wie in einer weiteren E-Mail erklärt wird, «in 2006 noch 600 Mio. US-Dollar Umsatz im Bereich General Medicines zu erwirtschaften».

Novartis hatte nach Angaben des Marktforschungsinstituts In-

Verbindlicher Maßnahmenkatalog
Beschlossen in der PEC vom 12. September 2006

Produkte		
Diovan/CoDiovan	• **Marktführerschaft: Mehr Patienten durch AWBs** • Start der AWBs Val-POWER (2x160)– Fokus „Schutz" und EXCITE (Dio/Amlo) – Fokus „Stärke" vorgezogen, Rekrutierung von 35.000 Patienten • Jahresendspurt Prämie für die Marktführerschaft	S.
Mono-Embolex	• **Krankenhausabsatz steigern** • Verteilung von 45.000 Klinikentlassungssets • Intervenierte Rekrutierung von Zentren für IM-Zulassungsstudie • Beschleunigter und erhöhter Mustereinsatz mit klarem Abschluss • Entwicklung von „Therapie-Set" für Internisten, die von Marcumar/Falithrom umstellen	J.
Locol	• **Volumenausbau sicherstellen** • Überlegene Promotion/Werbeaussagen • Umverteilung des Regionalfonds auf Wachstumsregionen • Motivationsticker	J.
Xolair/Tobi	• **Einstellung neuer Patienten forcieren** • Früherer Start von AWBs (Nutrition/Tobi, Xclusive/Xolair)	T.
Exelon	• **Marktanteils-Offensive** • Anwendungsbeobachtung – Entlastung von Angehörigen/Lebensqualität • Nutzung der positiven IQWIG-Bewertung	A.
Trileptal	• **Zusätzliche Patienten** • Experteninterviews bezüglich der Umstellung von Carbamazepin auf Trileptal • Neue Botschaft „Keine Teratogenität" • Reaktive Besprechung „Bipolare Störung"	A.
Prexige	• **Erstbevorratung des Großhandels** • Nationalen Zulassung vor Weihnachten 2006	J.

Geschäftsleitung Novartis Pharma Deutschland, 21. September 2006

sight Health im September 2006 zwölf Prozent weniger Arzneimittelpackungen verkauft als im September 2005. Im Novartis-internen «verbindlichen Maßnahmenkatalog» erfuhren die Mitarbeiter dann konkret, wie der Umsatz gesteigert werden soll.

226

Als «Top-Line Initiative» ist dort für die Bluthochdruckpräparate Diovan und Codiovan vermerkt: «Marktführerschaft: Mehr Patienten durch AWBs». Erreicht werden soll das durch die «Rekrutierung von 35 000 Patienten». Jeder Arzt, der in der Diovan- und Codiovan-AWB mitmacht, erhält pro Patient 50 Euro. Auch bei Exelon, einem Novartis-Medikament zur Behandlung von Demenz, geht es um «Marktanteils-Offensive» durch AWBs. Novartis selbst antwortete auf Nachfrage, dass die Honorierung der AWBs «dem erforderlichen Aufwand für diese Tätigkeit» entspricht. Weiter heißt es in der offiziellen Stellungnahme des Unternehmens: «Novartis untersucht bei Diovan zum Beispiel, wie weit die leitliniengemäße Therapie stattfindet und auf die Herzinsuffizienz Einfluss nimmt.»

Den Bremer Pharmakologen Peter Schönhöfer überzeugen diese Erklärungen dagegen nicht. Schönhöfer kommentiert die AWBs: «Der Wirkstoff für Diovan und Codiovan wurde bereits 1996 eingeführt. Diese Arzneimittel sind also längst erprobt. Dafür braucht man keine Anwendungsbeobachtungen. Das ist Kauf von Verordnungen.» Nach Angaben des Arzneiverordnungsreports liegen die Jahrestherapiekosten für Diovan bei 237 Euro, für Codiovan bei 380 Euro pro Patient. «Das heißt, Novartis zahlt 50 Euro pro Patient an die Ärzte, die Krankenkassen kostet das aber ein Vielfaches pro Jahr», sagt Schönhöfer.

Novartis-Chef Maag verteidigt intern AWB-Praxis

Bereits im Oktober 2006 fürchtete Novartis kritische Berichte über AWBs. In einer E-Mail warnt die Kommunikationsabteilung des Unternehmens die Mitarbeiter: «Auf Grund verschiedener aktueller Anfragen bei uns und anderen pharmazeutischen Unternehmen unter anderem zum Thema Anwendungsbeobachtungen wissen wir, dass Journalisten auch weiterhin an dem Thema arbeiten und die Pharmaindustrie kritisch durchleuchten. [...] Vor dem

Hintergrund der laufenden Anfragen ist es außerordentlich wichtig, dass wir mit einer Stimme sprechen. [...] Auf jeden Fall ist eine eigene Kommentierung zu vermeiden.»

Als der «stern» schließlich im November 2006 über die Diovan-AWBs bei Novartis das erste Mal berichtete, schrieb Novartis-Chef Peter Maag persönlich seinen Mitarbeitern eine E-Mail und rechtfertigte die Geschäftspraxis:

«Liebe Kolleginnen und Kollegen,

[...] Herrn Grill lagen hausinterne Informationen vor. [...] Wir betonen ausdrücklich, dass sich unser Unternehmen in allen skizzierten Maßnahmen strikt an die Gesetze und den Ehrenkodex der Arzneimittelindustrie, dem wir uns selbst verpflichtet haben, hält. [...] Offensichtlich wird von Medienvertretern – Herrn Grill eingeschlossen – nicht verstanden, dass Forschung und Entwicklung, aber daneben auch die Kommunikation mit dem Arzt über unsere Präparate, notwendig sind, um sie zum Patienten zu bringen. [...] Es ist weder strafbar, noch verstößt es gegen den Verhaltenskodex, wenn die durchgeführten AWBs nicht nur neue Erkenntnisse liefern, sondern auch zu Umsatzsteigerungen führen. [...] Lassen Sie uns [...] die geplanten Aktivitäten in der gewohnt professionellen und ethischen Weise umsetzen.

Mit freundlichen Grüßen, Peter Maag, CEO Novartis Pharma.»

In dem vorletzten Punkt seiner E-Mail irrt der Novartis-Chef womöglich. Denn selbst der eigentlich handzahme Verein Freiwillige Selbstkontrolle Arzneimittelindustrie (FSA) kam nach der Veröffentlichung der internen Novartis-Unterlagen Ende 2006 nicht daran vorbei, ein Verfahren gegen den Pharmakonzern wegen der Anwendungsbeobachtungen zu Diovan und Codiovan einzuleiten.

Dieses Verfahren hatte aber offenbar keinen Einfluss auf die Marketingaktivitäten des Pharmakonzerns. Denn in einem Update zum Maßnahmenkatalog 06/600, das die Geschäftsleitung am 12. Dezember 2006 an die Mitarbeiter per E-Mail verschickte, wurden bei den umstrittenen AWBs schon großartige Erfolge vermeldet: So «wurden bei der Diovan AWB 117 Prozent und bei der Exelon AWB Alzheimer Demenz 131 Prozent der Zielvorgabe für dieses Jahr erreicht. Wir gratulieren den Teams für ihre hervorragende Arbeit.» Ein spezielles Update zu Diovan appellierte nochmal an die Pharmareferenten vor Ort: «Voller Einsatz im Endspurt für die Hypertonie-Marktführerschaft. AWBs schnell platzieren. Auf zuverlässige Patientenrekrutierung achten.»

Für die Anti-Korruptions-Organsation Transparency International ist klar, dass AWBs für den Arzt ein wesentliches Zubrot zu seinem Verdienst bedeuten. «Da er kein Amtsträger, sondern ein freiberuflich tätiger Mensch ist, sind Strafverfolgungen wegen Vorteilsnahme schwer möglich.»[263]

Wolf-Dieter Ludwig, Vorsitzender der Arzneimittelkommission der Deutschen Ärzteschaft, sieht die Ärzte, die beim Pharmamarketing munter mitmachen, nicht nur als Opfer, sondern auch als Täter. Selbstkritisch bemerkte Ludwig schon 2005: «Wir Ärzte haben durch unser Verhalten Dinge veranlasst, die wir heute mühsam durch eine Veränderung der Musterberufsordnung oder durch einen Kodex der pharmazeutischen Industrie wieder ins rechte Licht rücken müssen.»[264] Ludwig rät allen deutschen Ärzten, sich nicht nur bei Anwendungsbeobachtungen, sondern bei allen Kooperationen mit der Pharmaindustrie die Fragen zu stellen, die die American Society of Internal Medicine ihren Mitgliedern bereits vor fünf Jahren zur Gewissenserforschung empfohlen hat:

• Was würde mein Patient über diese Vereinbarung denken?
• Was ist das Ziel des Geschenks?
• Was würden meine Kollegen über diese Vereinbarung denken?
• Wäre es mir recht, wenn die Allgemeinheit von dieser Vereinbarung Kenntnis erhielte?

Nach wachsender Kritik an den Scheinstudien startete der Verband Forschender Arzneimittelhersteller (VFA) im April 2007 eine Initiative, um AWBs zu einem besseren Image zu verhelfen. «Es ist nicht akzeptabel, wenn durch das angebliche oder auch tatsächliche Fehlverhalten einzelner Anwendungsbeobachtungen das ganze Instrument in Misskredit gezogen wird», ärgerte sich VFA-Geschäftsführerin Cornelia Yzer. Deshalb hätten sich die VFA-Pharmaunternehmen auf die Einführung höherer Standards verständigt, versichert Yzer. AWBs sollen demnach künftig bei Studienbeginn in einem öffentlich zugänglichen Register angemeldet werden.[265] Patienten, die an einer AWB teilnehmen, sollen aufgeklärt werden und eine schriftliche Einwilligung abgeben. Für jede AWB soll zudem der Rat einer Ethikkommission eingeholt und spätestens zwölf Monate nach Abschluss sollen die Ergebnisse der AWB auch veröffentlicht werden. Würden diese «Empfehlungen» des VFA von den Unternehmen tatsächlich eingehalten werden, wären AWBs tatsächlich transparenter, als sie heute sind. Ob sich damit ihr Charakter als Marketinginstrument ändert, bleibt allerdings abzuwarten.

Der Heidelberger Pharmakologe und Herausgeber des Arzneiverordnungsreports Ulrich Schwabe plädiert dagegen für eine radikale Lösung: Er würde nach allen Erfahrungen, die man bisher mit diesem Instrument gemacht hat, vergütete Anwendungsbeobachtungen «am liebsten ganz verbieten».

Gesponserte Fortbildung: Einladung zu Kongressen in touristischer Umgebung

Die ärztliche Fortbildung heute ist nahezu vollständig in der Hand der Pharmaindustrie. Selbst Ärztepräsident Jörg-Dietrich Hoppe musste zugeben, dass 80 bis 90 Prozent der Fortbildungskurse von der Industrie finanziert werden.[266] Magnus Heier, niedergelassener Facharzt für Neurologie, berichtete: «Selbst dort, wo objektive Informationen zu bekommen sein sollten – auf wissenschaftlichen Kongressen –, ist die Industrie allgegenwärtig. [...] Wie und wo sie Einfluss nimmt, ist nicht zu kontrollieren. Auch die Meinungsbildner, die Topspezialisten in ihrem Fachgebiet, werden von ihr für Vorträge bezahlt und in ihren Forschungsprojekten finanziell unterstützt. [...] Aber das Problem ist, dass niemand offenlegen muss, welche Firma ihn unterstützt.»[267]

Was offiziell als Fortbildungsveranstaltung verkauft wird, ist oft nur eine verdeckte Form der Belohnung für jene Ärzte, die besonders willfährig die Produkte der Sponsorenfirma verschreiben. So finden die Pharmatagungen außerordentlich häufig an touristisch reizvollen Orten statt – der Konzern bezahlt dem Arzt Flugreise, Hotel und Rahmenprogramm. Ob der Arzt dann auch tatsächlich an dem Kongress teilnimmt oder sich stattdessen am Tagungsort lieber irgendwelche Sehenswürdigkeiten gönnt, interessiert die Sponsorenfirma nicht.

Gegen die Mitarbeiter von vier großen Pharmaunternehmen ermittelt im Jahr 2007 die Staatsanwaltschaft München: Es handelt sich um die Firmen Amgen, Fujisawa (heute Astellas), Bristol-MyersSquibb und Servier. Ein weiteres Großverfahren gegen Mitarbeiter von SmithKline Beecham (heute GlaxoSmithKline) wurde inzwischen abgeschlossen. Es kam in 83 Fällen zu Verurteilungen, Geldstrafen über 800 000 Euro wurden verhängt, dazu Geldbußen über zwei Millionen Euro. Nach Angaben des Münchner Oberstaatsanwalts Anton Winkler geht es in den aktuellen Fällen vor allem um Vorteilsannahme im Amt (betrifft Klinikärzte) und Vorteilsgewährung (betrifft die Mitarbeiter der Pharmafirmen). So soll BristolMyersSquibb (BMS) den Ärzten mehrere lukrative Studienreisen finanziert haben. Allein im Fall BristolMyersSquibb gibt es derzeit noch 2500 offene Verfahren gegen Mediziner und Mitarbeiter der Firma (Stand: April 2007), 500 Verfahren wurden bereits abgeschlossen, bei denen es zum Teil zu Geldauflagen von mehreren tausend Euro kam. Bei Fujisawa laufen noch 300 Ermittlungsverfahren, im Fall des Pharmaunternehmens Servier ermittelt die Staatsanwaltschaft München ebenfalls gegen 300 Ärzte und Pharmamitarbeiter. Bei der Firma Amgen, die die Staatsanwaltschaft im Juli 2006 durchsuchen ließ, dauert die Auswertung noch an, sodass es zur Anzahl der zu erwartenden Verfahren noch keine Angaben gibt. Rechnet man die derzeit laufenden Fälle Bristol-MyersSquibb, Servier und Fujisawa zusammen, betreffen die Ermittlungen Ärzte, die an 600 verschiedenen Krankenhäusern in Deutschland arbeiten. Nebenbei bemerkt: Alle vier betroffenen Pharmaunternehmen sind Mitglied des Vereins Freiwillige Selbstkontrolle Arzneimittelhersteller (FSA) und haben sich dessen hohem ethischem Kodex angeschlossen.

Bei der Durchsuchung von Pharmakonzernen fallen Ermittlern regelmäßig Berge von Dokumenten in die Hände, die ein bezeichnendes Licht auf die Geschäftspraktiken der pharmazeutischen Industrie werfen. Dazu einige Beispiele: Unter dem Stichwort «Reisekostenunterstützung» fand sich ein Brief eines Pharma-außendienstlers an die Zentrale, in dem es darum geht, wie man einem gewissen Professor M. von den Städtischen Kliniken eine Belohnung zukommen lassen kann:

«[...] anbei der genehmigte Antrag/Prof. M. über DM 1219.05.

Herr Prof. M. hat uns durch seinen konsequenten Einsatz weit über DM 100 000,– A.[Medikamentenname]-Umsatz erhalten, im Gegenzug haben wir uns dafür erkenntlich gezeigt. Herr Prof. M. hat sich ebenfalls auch im Rahmen eines Vortrags eindringlich für A. eingesetzt. Für eine baldige Überweisung auf mein Konto wäre ich Ihnen dankbar.»

Neben solchen als Reisekostenzuschuss getarnten Bargeld-Geschenken für willfährige Ärzte veranstalten Pharmakonzerne aber auch reale Reisen, bei denen der Belohnungscharakter im Vordergrund steht. Offensichtlich wird das, wenn man sich den angeblichen Fortbildungsinhalt genauer anschaut. Im Dezember 2001 zum Beispiel wurden Klinikärzte ins idyllische Schechen in Bayern eingeladen. Das Programm sah wie folgt aus:

- *«11 Uhr: Begrüßung*
- *11.10 – 11.20 Uhr: Vortrag*
- *anschließend Diskussion und Rahmenprogramm»*

Zehn Minuten Fortbildung für eine Reise nach Bayern – selten wird der Charakter der Veranstaltung bereits im Programm so offensichtlich.

Dass Pharmafirmen über die Maßen kreativ sind, was die Gestaltung des «Rahmenprogramms» für Ärzte angeht, zeigen weitere Dokumente: Besonders attraktiv war dabei eine Reise nach Paris im Jahr 1998, für die Ärzte gewonnen werden sollten, die den Blutdrucksenker Teveten von der Firma SmithKline Beecham verordneten. Hans-Peter Meuser, Facharzt für Allgemeinmedizin, informierte das «arznei-telegramm» über diese «Bauernfängerei für Teveten»: Demnach «soll der Doktor wohl mindestens 20 Neueinstellungen vornehmen, um in die engere Auswahl für die Paris-Reise zu kommen».[268] Passenderweise war der «Workshop» genau an jenem Wochenende, an dem auch das Endspiel der Fußball-WM in Paris stattfand. «Sollte Interesse bestehen, sich am 12. Juli das Endspiel anzusehen», werde sich, wie die Einladung den Ärzten versprach, «bestimmt auch eine Möglichkeit finden lassen».[269]

Die Ermittler fanden noch weitere interessante Details zu dieser angeblichen Fortbildungsreise nach Paris: Demnach gab es ein offizielles «Programm seriös» (so hieß es wörtlich in einem Fax des Veranstalters), mit dem die Klinikärzte die Reise bei ihrem Arbeitgeber beantragen konnten. Dieses Programm wirkte tatsächlich seriös: Es fanden sich darin wissenschaftliche Vorträge, Erfahrungsberichte von Ärzten, gemeinsame Diskussionen etc. Das «echte», rein touristische Programm dagegen kannte von dem allen nichts. Zu den Zeiten, in denen laut «Programm seriös» die Vorträge stattfinden sollten, wurden in Wirklichkeit touristische Highlights angeboten. Der von Freitag bis Montag dauernde «Workshop» für Klinikärzte hatte tatsächlich folgendes Programm:

> **Freitag**
> *19 Uhr: Gemeinsame Abfahrt vom Hotel. Anschließend Boots-*
> *fahrt auf der Seine.*
> *21.30 Uhr: Dinner im Restaurant «Fermette Marbeuf» in der*
> *Nähe der Champs-Élysees.*
> **Samstag**
> *13 Uhr: gemeinsames Mittagessen mit Begleitpersonen*
> *14.30–16.30 Uhr: Stadtrundfahrt*
> *19 Uhr: Abfahrt vom Hotel zum Montmartre*
> *20.45 Uhr: Besuch des Cabaret-Restaurants «Chez ma cou-*
> *sine» mit Dinner und Programm. Gelegenheit zum Fachsim-*
> *peln mit Pierre Littbarski*
> **Sonntag**
> *10 Uhr: Abfahrt vom Hotel, Besuch des «Musée Rodin»*
> *14.30 Uhr: Mittagessen in einem typischen Pariser Bistro*
> *ca. 17 Uhr: Abfahrt zum Stadion «Stade de France». Hier*
> *erwartet Sie die spektakuläre Abschlussfeier der Fußballwelt-*
> *meisterschaft*
> *21 Uhr WM-Endspiel im Stadion*
> **Montag**
> *7.30 Uhr Transfer zum Flughafen*

Ein Arzt drückte sich nach Angaben der Münchner Ermittler besonders drastisch aus: «Eigentlich ist es mir scheißegal, was die Patienten einnehmen, wenn Sie mir aber einen Fahrradhelm geben, stelle ich auch auf T. [Name des Medikaments, Anm. d. Verf.] ein.»

Manchmal ist auch Erfindungsreichtum gefragt, um einem Arzt seine verdiente Belohnung in Form einer Reise zukommen zu lassen: Als Privatdozent Dr. V. M., ein Klinikarzt, zu einem «Symposium in Budapest» nicht die Genehmigung seines Arbeitgebers erhielt, schrieb der Außendienstler an seine Konzernzentrale: *«Einladung PD. Dr. M. nach Budapest. Sehr geehrte Frau K., bei der Bearbeitung des beigefügten Anmeldeformulars zum Symposium nach Budapest bitte ich Folgendes zu beachten: Reise wurde nach Rücksprache [im Pharmakonzern, Anm. d. Verf.] ohne Unterschrift des Dienstherrn [der Klinik, Anm. d. Verf.] genehmigt. Eventuelle Rückfragen bitte ausschließlich an mich [...] richten! Keinesfalls Rückfragen an die Klinik! Keinesfalls Unterlagen an die Klinik zurücksenden! Reiseunterlagen bitte senden an: PD Dr. V. M.»*

Die von der Arzneimittelkommission der deutschen Ärzteschaft herausgegebene Zeitschrift «Arzneiverordnung in der Praxis» berichtete in ihrer Ausgabe 2/2002 über ein von BristolMyers-Squibb veranstaltetes «Symposium» im Februar 2002 auf der griechischen Insel Rhodos. Die Anreise erfolgte in zwei gecharterten Flugzeugen von Frankfurt und München aus, die von einer von BristolMyersSquibb beauftragten Firma übernommen wurde. Obwohl die Reise vom 22. bis 24. Februar dauerte, begann das Tagungsprogramm erst am 23. Februar um 8.30 Uhr und endete bereits nach fünf Stunden. In ihrem Hotel fanden die Ärzte einen Brief des Leiters Geschäftsbereich Onkologie des Pharmakonzerns vor: «Wir hoffen, Sie hatten eine angenehme Reise, und heißen Sie auf Rhodos herzlich willkommen.» Der Onkologie-Leiter kündigte «einen anregenden Abend in griechischer Atmosphäre mit typischem Essen an», für den nächsten Vormittag das Symposium, dessen Ende «für ca. 13.15 Uhr vorgesehen» ist. Im Anschluss wird «bei schönem Wetter» ein «Buffet am Lagoon Pool aufgebaut», danach folgt ein Rundgang durch die Altstadt von Rhodos, «im Anschluss erwartet Sie nach einer kurzen Fahrt eine Weinprobe mit verschiedenen griechischen Weinen», weiter haben die Ärzte «nach einem köstlichen Menü» die Möglichkeit «zu stimmungsvoller Live-Musik das Tanzbein zu schwingen». Schließlich stand der Sonntagvormittag «zu Ihrer freien Verfügung».

Nach Angaben der von der Arzneimittelkommission der Deutschen Ärzteschaft herausgegebenen Zeitschrift «AVP» stand das Rhodos-Programm «unter dem Vorsitz eines deutschen Lehrstuhlinhabers für Hämatologie und Onkologie mit ausschließlich deutschen Referenten, u. a. aus Recklinghausen, Essen, Braunschweig und Halle». Beschämt stellt das Organ der Ärzteschaft fest: «Irritierend im Zusammenhang mit der Veranstaltung auf Rhodos ist weniger das Verhalten von BristolMyersSquibb, den als Launch-Symposium getarnten Ausflug ins Ägäische Meer zu veranstalten, als vielmehr die Tatsache, dass sich auch im Jahr 2002 ausreichend Onkologen bereit erklären, an derartigen ‹Fortbildungen› teilzunehmen, und hierfür zwei Charterflugzeuge benötigt werden.»[270] Wolf-Dieter Ludwig, Vorsitzender der Arzneimittelkommission der Deutschen Ärzteschaft, sagt, dass er sich über Reisen wie die nach Rhodos fast schäme: «Das sind Dinge, die kein Arzt, der nicht die Glaubwürdigkeit bei seinen Patienten endgültig verlieren möchte, auch nur erwägen sollte.»[271]

Zu einer weiteren Reise lud BristolMyersSquibb die Klinikärzte vom 7. bis 10. Februar 2002 nach Reykjavik/Island ein. «Wir möchten Ihnen die Ergebnisse [...] wichtiger Studien mit AT1-Rezeptorantagonisten in der Indikation Hypertonie intensiv vorstellen», hieß es noch wissenschaftlich verbrämt in dem Einladungsschreiben. Vielversprechend waren dagegen die «nützlichen Informationen», die sich mit BristolMyersSquibb-Briefkopf für die «lieben Gäste» zusammengestellt fanden: «In ungezwungener Umgebung warten nicht nur interessante wissenschaftliche Informationen auf Sie. Vielmehr möchten wir Sie einladen, zusammen mit uns die Urgewalten dieser rauen Landschaft zu erfahren. Mehr werden wir Ihnen an dieser Stelle noch nicht verraten.» Unter der Überschrift «Was Sie unbedingt mitnehmen sollten» fanden die Ärzte weitere Hinweise: Warme und schneesichere Schuhe für die «Besichtigungstour im Super-Jeep», bequeme, warme und sportliche Kleidung für den «Ausritt zu Pferd». Außerdem: «An diese

Tegafur-uracil capsules

HERZLICH WILLKOMMEN AUF RHODOS!

Sehr geehrter Herr Dr. ████

wir hoffen, Sie hatten eine angenehme Reise und heissen Sie auf Rhodos herzlich willkommen.

Wir treffen uns heute um 19.15 Uhr in der Hotellobby für die Fahrt zur Abendveranstaltung in der TAVERNE NIKOLAS HOUSE. Verbringen Sie einen anregenden Abend in griechischer Atmosphäre mit typischem Essen und nutzen Sie diesen zum Erfahrungsaustausch mit Ihren Kollegen. Ab 22.30 Uhr besteht in regelmäßigen Abständen die Möglichkeit, zum Hotel zurückzufahren.

Das **UFT®-Einführungssymposium** beginnt morgen um 08.30 Uhr und findet im Raum MARIKA Capsis B im Capsis Conference Center direkt neben dem Hotel statt. Das Ende des Symposiums ist für ca. 13.15 Uhr vorgesehen. Im Anschluss haben Sie die Möglichkeit, im Pandora Restaurant zu Mittag zu essen, bei schönem Wetter wird das Buffet am Lagoon Pool aufgebaut. Bitte achten Sie auf die Ausschilderung vor Ort.

Unmittelbar nach dem Mittagessen sind Sie herzlich eingeladen, an einem Stadtrundgang durch die ALTSTADT VON RHODOS und einer Führung durch den GRAND MASTER PALACE, dem Wahrzeichen der Stadt, teilzunehmen. Im Anschluss erwartet Sie nach einer kurzen Fahrt eine Weinprobe mit verschiedenen griechischen Weinen. Bitte entnehmen Sie den genauen Verlauf dieses Nachmittags dem beiliegenden Ablaufplan.

Abends erwarten wir Sie gegen 19.30 Uhr in der Bar-Area des Hotels zur abschließenden Abendveranstaltung. Nach einem köstlichen Menü haben Sie die Möglichkeit, zu stimmungsvoller Life-Musik das Tanzbein schwingen. Der Sonntag Vormittag steht zu Ihrer freien Verfügung. Bitte entnehmen Sie Ihre genauen Transferzeiten zum Flughafen den Transferlisten am Hospitality Desk in der Hotellobby.

Bei Fragen zum wissenschaftlichen Programm des **UFT®-Einführungssymposium** stehen Ihnen Frau Dr. Cornelia ████ und Herr Dr. Ralph.S████ sowie die Außendienst-Mitarbeiter von Bristol-Myers Squibb gerne zur Verfügung. Sollten Sie Fragen zur Organisation der Veranstaltung haben, wenden Sie sich bitte an die Mitarbeiterinnen der Agentur EMC Event & Meeting Company GmbH am Hospitality Desk in der Hotellobby oder vor dem Tagungsraum. Telefonisch können Sie EMC im Hotel unter 00 49 ████ (Michaela K████ oder unter 00 49 ████ (Anja P████) erreichen.

Wir wünschen Ihnen einen schönen Aufenthalt und eine anregende und diskussionsreiche Tagung.

Mit freundlichen Grüßen

BRISTOL-MYERS SQUIBB GmbH
– Onkologie –

ppa.

Dr. Ralph S████
Leiter Geschäftsbereich Onkologie

i. V.

Dr. Cornelia L████
Produktmanagerin

237

Sachen sollten Sie denken, um Ihren Aufenthalt auf Island perfekt abzurunden: Sonnenschutzcreme und Sonnenbrille, Fotoapparat und Filmmaterial, viel gute Laune.»

Andreas Barner, der Vorstandsvorsitzende des Verbands Forschender Arzneimittelhersteller (VFA) will zu den noch laufenden Ermittlungen gegen BristolMyersSquibb, Amgen und Fujisawa nicht Stellung nehmen, obwohl alle drei Unternehmen Mitglied in seinem Verband sind und sich dem Kodex des Vereins Freiwillige Selbstkontrolle für die Arzneimittelindustrie (FSA) angeschlossen haben. «Staatsanwaltschaftliche Ermittlungen sagen noch nichts darüber, ob eine Straftat vorliegt», kontert Barner. «Ich glaube jedenfalls, dass sich die Pharmaindustrie ganz stark gewandelt hat.»[272]

An diesem Glauben kann allerdings gezweifelt werden. Nach der Einschätzung von Ermittlern laden die Pharmafirmen noch immer großzügig Ärzte zu Kongressen in schöne Städte ein – mit dem Unterschied, dass das touristische Rahmenprogramm nicht mehr schriftlich in der Einladung auftaucht, sondern nur noch mündlich mitgeteilt wird. Doppelte Programme, also ein offizielles und ein echtes, gibt es zwar auch heute, aber man findet kaum mehr schriftliche Belege dafür – weil sie eben in falsche Hände geraten könnten, wie in die von Ermittlern. Bestenfalls gibt es noch am Veranstaltungsort ein Tagungsprogramm. Aber wenn ein Pharmaunternehmen im März nach Davos einlädt, muss es auch nicht extra betonen, dass es ums Skifahren geht, genauso wenig wie die Firma Novartis, die Anfang Juli 2007 wieder ihren «Spreewälder Ärztetag» in einem Hotel mit Bootsanleger veranstaltet hat.

Außerdem rechnen die Hotels, Fluggesellschaften, Skiliftbetreiber oder Restaurants heutzutage nicht mehr direkt mit dem Pharmaunternehmen ab, sondern meist mit einer Event-Agentur, die das Rahmenprogramm im Auftrag des Unternehmens veranstaltet, sodass bei einer polizeilichen Durchsuchung von Firmenzentralen heute sehr viel weniger aussagekräftige Dokumente gefunden werden können. Die Event-Agentur stellt dem Pharmakonzern zwar auch eine Rechnung, doch die fällt dann meist nicht detailliert, sondern sehr pauschal aus.

Werden dann die Mitarbeiter der Event-Agenturen vernommen, erfahren die Ermittler zum Beispiel, dass zu der Zeit, zu der im offiziellen Programm eine Fortbildungsveranstaltung «Gruppenarbeit» steht, ein Besuch in einem nahe gelegenen Weinkeller stattfand.

Eine weitere Möglichkeit, Reisen und Teilnehmer zu verschleiern, ist, einen Teil der Organisation über ausländische Töchter des Konzerns oder die ausländische Konzernzentrale abzuwickeln. Die US-Zentrale übernimmt zum Beispiel den Flug, die Europa-Zentrale die Kosten für das Rahmenprogramm, sodass die deutschen Ermittler bei Durchsuchungen hierzulande auf keine Unterlagen mehr stoßen, mit denen sich die Beteiligung deutscher Klinikärzte an einer Reise mit eher touristischem Charakter nachweisen lässt.

Von den Einladungen zu Kongressen zu unterscheiden sind von Pharmafirmen selbst veranstaltete Reisen wie die erwähnten nach Rhodos oder Island. Diese Reisen werden meist mit Werbung für ein Produkt des Pharmaunternehmens verbunden. Beliebt ist bei Ärzten nach wie vor die Côte d'Azur, Cannes oder Monaco. Das Ziel all dieser als Fortbildung getarnten Reisen ist natürlich das gleiche wie bei den Anwendungsbeobachtungen: Letztlich geht es den Pharmaunternehmen immer darum, bei Ärzten Anreize zu schaffen, damit die eigenen Präparate verordnet werden und nicht die der Konkurrenz. So gesehen glauben die Ärzte vielleicht, ein Schnäppchen zu machen, wenn sie sich zu diesen Reisen einladen lassen. Im Prinzip sind es aber Kaffeefahrten für Medikamente – mit dem Unterschied, dass die Rechnung die Krankenkassen über hohe Arzneimittelpreise bezahlen.

6. Selbsthilfegruppen im Visier der Pharmaindustrie

Lange Zeit haben Pharmaunternehmen vor allem Ärzte und medizinische Meinungsführer umgarnt. Sie wurden mit Geschenken bedacht, großzügig zu Kongressen eingeladen und auf die eine oder andere Weise mit Geld versorgt. Doch das ändert sich gerade: Die Arzneimittel-Hersteller haben eine neue, vielversprechende Gruppe entdeckt, bei der sich die Manipulationsbemühungen noch besser auszahlen: die Selbsthilfegruppen. Denn wenn Patienten erst einmal in ihrer eigenen Organisation von einem Medikament überzeugt wurden und es anschließend vom Arzt fordern, gehen die Umsätze zielsicher nach oben. Pharmaunternehmen sponsern heute aber nicht mehr nur Selbsthilfegruppen, sie richten eigene Homepages für sie ein, stellen ihnen PR-Agenturen zur Verfügung, und gelegentlich übernehmen Mitarbeiter von Pharmafirmen sogar Führungsämter bei Selbsthilfegruppen. Die Patientenverbände selbst betrachten das kaum als Problem: Schließlich werden sie durch das Pharmageld professioneller und einflussreicher, und das diene ja nur dem ehrenwerten Anliegen, ein Sprachrohr von Kranken und Schwachen zu sein. Dabei bemerken sie nicht, wie sie ihr teuerstes Gut verscherbeln: ihre Glaubwürdigkeit.

Der Diabetikerbund im Kampf um die Analoginsuline

Der Deutsche Diabetikerbund (DDB) ist die älteste und stärkste Selbsthilfeorganisation für Diabetiker in Deutschland. Mit knapp 40 000 Mitgliedern gehört er außerdem zu den zehn größten Patientenverbänden. Geleitet wird er von dem ehemaligen Sparkassendirektor Manfred Wölfert, der nach eigenen Angaben selbst an Diabetes leidet. Obwohl das Institut für Qualität und Wirtschaftlichkeit im Gesundheitswesen (IQWiG) festgestellt hatte, dass Analoginsuline für Diabetiker keinen belegbaren Zusatznutzen gegenüber dem günstigeren Humaninsulin haben (siehe Seite 109 f.), startete im Februar 2006 der DDB eine bundesweite Unterschriftenkampagne für den Erhalt der Analoginsuline.

Warum organisierte der DDB aber einen Aufstand gegen ein Gutachten, das die Analoginsuline entzaubert? Warum kämpft eine Patientenorganisation so vehement dafür, dass Medikamente ohne echte Vorteile weiter von den Krankenkassen bezahlt werden? Im Interesse der Diabetiker kann es kaum sein, auf Präparate zu pochen, die vor allem teurer sind. «Es wird ja immer gesagt, dass wir eine Pharmaabhängigkeit haben», wehrt DDB-Chef Manfred Wölfert Vorwürfe von vornherein ab. «Aber das ist Unsinn. Wir finanzieren uns aus unseren Mitgliedsbeiträgen.»

Was Wölfert weniger gern erzählt, ist, dass zu den Förderern des Diabetikerbundes auch die Pharmakonzerne Novo Nordisk, Sanofi-Aventis und Lilly gehören; also alle großen Hersteller von Analoginsulin. Allein von Sanofi-Aventis hat der DDB im Jahr vor der Kampagne 9000 Euro erhalten. Gleichwohl betont der DDB, unabhängig zu sein. Schließlich werde er auch von zahlreichen anderen Institutionen und Pharmaunternehmen gefördert, die gar kein Analoginsulin herstellen.

Die aggressiven Kampagnen des Diabetikerbundes

Im März 2006 übergab der Diabetikerbund medienwirksam 100 000 Protestunterschriften für den Erhalt der Analoginsuline an Staatssekretär Klaus Theo Schröder im Gesundheitsministerium. Das Ministerium wollte sich von dem organisierten Patientenaufruhr jedoch nicht beeinflussen lassen, was DDB-Chef Manfred Wölfert ärgerte: «Die Politik sagt ganz offiziell, dass sie die Unterschriften nicht erschüttern können. Das ist befremdlich.»

Zwei Monate später hatte Wölfert bereits 180 000 Unterschriften gesammelt, eine beabsichtigte Übergabe an Bundeskanzlerin Angela Merkel kam allerdings nicht mehr zustande. Stattdessen folgte der Gemeinsame Bundesausschuss (G-BA) dem IQWiG-Gutachten und entschied, dass die Krankenkassen die Analoginsuline nicht mehr bezahlen, solange sie so teuer sind. Im September 2006 schließlich, nach der Entscheidung, organisierte der DDB sogar eine Kinder-Demo auf dem Deutschen Diabetikertag in Kassel. «Lasst uns unser Insulin» mahnten Kinder auf Plakaten, wie der Diabetikerbund in einer Pressemitteilung verkündete.

Im November 2006 klang der Protest des Diabetikerbundes noch eine Spur schriller: Diesmal rief die Patientenorganisation ihre Mitglieder zu einer Demonstration direkt vor dem IQWiG in Köln auf. Die Demonstration sollte, wie DDB-Chef Wölfert erklärte, unter dem Motto «Euthanasie auf Raten» stattfinden.[273] IQWiG-Chef Peter Sawicki habe, so warnte Wölfert im Vorfeld, eine «Allmacht in Deutschland, die erstaunlich ist».[274]

Der Vorwurf der Euthanasie traf Peter Sawicki nicht nur deshalb, weil viele seiner Verwandten in deutschen Konzentrationslagern umgebracht wurden. «Was kann man einem Arzt Schlimmeres vorwerfen, als andere Menschen umbringen zu wollen?», fragte sich der Mediziner. Manfred Wölfert entschuldigte sich später zwar für die Formulierung und erklärte, bei dem Motto «Euthanasie auf Raten» habe es sich «lediglich um einen vorläufigen Arbeitstitel» gehandelt, «den wir mangels treffender Alternativen in der Hektik der Vorbereitung intern verwendet haben». Doch an der Patienten-Demo vor Sawickis Institut hielt der DDB fest. Lediglich das Motto wurde verändert, es hieß nun: «Amputation – Herzinfarkt – Tod! Politisch gewolltes Schicksal?»

Während der DDB immer wieder durch die Maßlosigkeit seiner Attacken auffällt, reagiert er selbst empfindlich auf Kritik. So verklagte er im selben Jahr, in dem er zu den Demos für Analoginsulin aufrief, Transparency International vor dem Landgericht Berlin. Anlass war, dass Transparency anlässlich der Vorstellung des «Jahrbuchs Korruption 2006 – Schwerpunkt: Korruption im Gesundheitswesen» eine Stellungnahme über den Einfluss mächtiger Interessengruppen im Gesundheitswesen auf Patientenorganisationen verbreitete und dafür als Beispiel den Diabetikerbund präsentierte. Transparency hielt DDB-Chef Wölfert vor, sich bei seinem Kampf für den Erhalt der Analoginsuline «offensichtlich auf Produktinformationen der Hersteller» wie den Spritz-Ess-Abstand zu beziehen, obwohl die «wissenschaftliche Überprüfung dieser Marketing-Aussage» nicht belegt wurde.

Gegen diese Transparency-Stellungnahme klagte der DDB auf Unterlassung – und verlor. Das Berliner Gericht vertrat die Auffassung, dass Transparency dem DDB gar «nicht Korruptheit vorgeworfen [...], sondern lediglich Interessenkonflikte angeprangert» habe. Dass im Rahmen der Diskussion über Korruption aber auch Einflüsse von Interessengruppen auf Patientenorganisationen erörtert werden dürften, sei legitim. «Dies leuchtet auch ein, da durchaus nicht lediglich ein korruptives Verhalten im engeren Sinn Anlass zu Befürchtungen geben kann [...], sondern auch eine Einflussnahme, die rechtlich zulässig ist, aber möglicherweise Urheber von Diskussionsbeiträgen und Stellungnahmen verschleiert [...], schädlich sein kann», wie das Gericht in seiner Urteilsbegründung schreibt.

Selbsthilfegruppen werden professioneller und mächtiger

Entstanden sind Selbsthilfegruppen in Deutschland in den siebziger Jahren. Damals galten sie als unabhängig und verbündeten sich teilweise mit der kapitalismuskritischen Gesundheitsbewegung jener Jahre. Die Ärzteschaft schimpfte anfangs über diese «wildgewordenen Patientenhorden».[275] Im Laufe der Jahre wurden die Selbsthilfegruppen immer wichtiger, sie ermöglichten dem einzelnen Patienten, sich vom Herrschaftswissen der «Halbgötter in Weiß» zu emanzipieren oder gegenüber knauserigen Kassen-Funktionären die eigenen Rechte durchzusetzen. Vor allem aber waren und sind Selbsthilfegruppen ein Forum, in dem sich Kranke und deren Angehörige im Alltag mit Rat und Hilfe gegenseitig unterstützen.

Inzwischen ist die anfangs kritische Basisbewegung weitgehend etabliert: Es gibt bereits rund 100 000 Selbsthilfegruppen und Verbände in Deutschland, in denen sich mehr als drei Millionen Patienten organisiert haben. Besonders in den vergangenen zehn Jahren haben sich die Gruppen zudem eine landes- und bundesweite Verbandsstruktur gegeben. Die einstmals «lästigen» Betroffenen nehmen heute einen geregelten Einfluss auf die Gesundheitspolitik. Die Lobbyvertreter der Selbsthilfe verschaffen sich Zugang zu den entsprechenden Bundestagsausschüssen und können sich dort für ihre Anliegen einsetzen. Noch wichtiger ist ihre Beteiligung am Gemeinsamen Bundesauschuss (G-BA), dem höchsten Selbstverwaltungsorgan im Gesundheitswesen, das darüber entscheidet, welche Leistungen die Krankenkassen bezahlen und welche nicht. Neben je neun Vertretern der Ärzteschaft und der Krankenkassen sitzen in diesem Gremium auch neun Patientenvertreter. Sie verfügen über Antrags- und Mitspracherecht. Nur abstimmen dürfen sie nicht, auch wenn ihre Vertreter dieses Recht immer wieder für sich einfordern.

Seit der Gesundheitsreform im Jahr 2000 sind die Krankenkassen zudem verpflichtet, die Selbsthilfeorganisationen finanziell zu unterstützen. Für das Jahr 2005 hat jede Kasse für jeden Versicherten durchschnittlich 0,38 Euro an eine Patientengruppe bezahlt. Um an das Geld zu kommen, müssen die Gruppen Anträge stellen. Finanziert werden können Organisationen pauschal oder für einzelne Projekte. Insgesamt flossen auf diesem Weg mehr als

27 Millionen Euro von den gesetzlichen Krankenkassen an Selbsthilfegruppen.[276] Das entspricht zwar nur etwa zwei Dritteln der
Summe, die gesetzlich vorgeschrieben ist, immerhin haben sich
die Fördermittel in den zurückliegenden fünf Jahren aber mehr
als verdoppelt.[277]

Das größte Kapital der Selbsthilfe: Glaubwürdigkeit

Aus Sicht der Pharmaindustrie verfügen Patientengruppen über
ein unschätzbares Kapital: ihre hohe Glaubwürdigkeit. Wenn
Kranke in ihrer Selbsthilfegruppe Informationen über neue Be-
handlungsmethoden oder Medikamente bekommen, betrachten
sie diese Informationen gern als unabhängig und vertrauenswür-
dig. Genau darauf kommt es einem Pharmaunternehmen an. Gelingt es ihnen, Patienten in Selbsthilfegruppen von den Produkten
des eigenen Konzerns zu überzeugen, gehen diese, so das Kalkül,
zu ihrem Arzt und verlangen genau jenes Medikament. Geht die
Rechnung auf, ist diese Form von Marketing viel effektiver, als
Ärzte zu beschenken.

Wolf-Dieter Ludwig, Vorsitzender der Arzneimittelkommission der Deutschen Ärzteschaft, beobachtet derzeit genau diese
Veränderung: «Es sieht so aus, als verlagere die pharmazeutische
Industrie ihre Werbestrategien von den Ärzten weg und hin zu
den Patienten.»[278] Wozu den Ärzten die ganzen Kongressreisen,
Anwendungsbeobachtungen, Espressomaschinen oder Praxissoftware schenken, wenn das Geld bei Patientengruppen womöglich
viel besser aufgehoben ist?

Zahlen aus den USA zeigen, dass jeder Dollar, der für Werbung
direkt bei Patienten investiert wird, den Firmen einen zusätzlichen
Umsatz von 4,20 Dollar beschert.[279] Damit ist nach Angaben von
Gerd Glaeske, Gesundheitsökonom an der Uni Bremen, der Effekt
dreimal so hoch wie beim Arzt. «Wenn Firmen zehn Prozent mehr

in Selbsthilfegruppen investieren, wächst ihr Umsatz um ein Prozent im Jahr. Wenn sie zehn Prozent mehr in das Marketing bei Ärzten investieren, wächst der Umsatz nur zwischen 0,2 und 0,3 Prozent.» Laut Glaeske kommen mittlerweile 24 Prozent der Finanzen, die Selbsthilfegruppen zur Verfügung stehen, von Pharmaunternehmen.

Wolf-Dieter Ludwig, der hauptberuflich als Chefarzt und Krebsspezialist in einer Berliner Klinik arbeitet, berichtet, dass die Pharmaindustrie sogar dazu übergeht, selbst Patientengruppen zu gründen, in denen dann etwa Krebspatienten ermuntert würden, wenig sinnvolle Medikamente bei ihrem Arzt einzufordern. «Es wird der Eindruck erweckt, der behandelnde Arzt behandle aus Kostengründen falsch, wenn er seinem Krebspatienten nicht auf jeden Fall das teure Erythropoetin – ein Mittel gegen Blutarmut – verordnet. Dabei hilft das keineswegs jedem.»[280] Immer mehr Patienten, sagt Professor Ludwig, fordern heute neue, in ihrer Wirkung jedoch noch unzureichend untersuchte Arzneimittel ein. «Das erlebe ich jede Woche zwei- bis dreimal. Uns Ärzte kostet es viel Zeit, diese inhaltlich nicht korrekten Informationen richtigzustellen. Und für Patienten ist es problematisch, weil Erwartungen geweckt werden, die kein Arzt erfüllen kann.»[281]

Die Selbsthilfestudie der Krankenkassen

Im November 2006 stellte Gerd Glaeske erste Ergebnisse seiner Studie «Einfluss des pharmazeutisch-industriellen Komplexes auf die Selbsthilfe» vor. Nach Glaeske haben die Pharmakonzerne längst erkannt, dass Selbsthilfegruppen entscheidenden Einfluss auf die Patienten haben, weil diese die in der Gruppe empfohlenen Medikamente wiederum direkt von ihren Ärzten verlangen und damit den Umsatz ankurbeln. Bei der Unterwanderung der Szene mache sich die Pharmaindustrie dabei auch die chronische Finanznot der Selbsthilfegruppen zunutze.

Glaeske und seine Koautorin Kirsten Schubert vom Zentrum für Sozialpolitik der Uni Bremen untersuchten für ihre im Auftrag der Krankenkassen erstellte Studie acht große Selbsthilfeorganisationen: die Deutsche Alzheimer Gesellschaft (10 000 Mitglieder), den Deutschen Neurodermitis Bund (2500 Mitglieder), den Bundesverband Neurodermitiskranker in Deutschland (17 500 Mitglieder), den Bundesselbsthilfeverband für Osteoporose (15 000 Mitglieder), das Kuratorium Knochengesundheit (2000 Mitglieder), die Deutsche Parkinson Vereinigung (22 000 Mitglieder), den Deutschen Psoriasis Bund (8000 Mitglieder) und die Psoriasis Selbsthilfe (Psoriasis bezeichnet eine Hautkrankheit mit starken Schuppenflechten). Nach Auswertung des Studienmaterials fanden sich bezahlte Anzeigen von Pharmaunternehmen in sechs von acht Mitgliederzeitschriften der Selbsthilfeverbände. Bei sechs Verbänden wurde auf deren Internetseiten auf Pharmaprodukte hingewiesen. In den medizinischen Beiräten von fünf der acht Verbände saßen Wissenschaftler mit Sponsoring-Verbindungen zur Industrie, die von den Beiratsmitgliedern aber nicht offengelegt worden waren. Professor Reichmann von der Parkinson-Vereinigung tritt zum Beispiel auch auf Veranstaltungen der Pharmakonzerne Teva und Lundbeck auf, um deren Produkte anzupreisen (siehe unten).

Glaeske rief nach der Vorstellung seiner Studie die Selbsthilfe-Aktivisten dazu auf, für mehr Transparenz in den eigenen Organisationen zu sorgen. «Nur wenn erkennbar ist, wer hinter einer Botschaft steckt, können die Patienten gezielt nach anbieterunabhängigen Informationen Ausschau halten.» Die Pharmaindustrie hat daran verständlicherweise weniger Interesse. Denn die Manipulation von Patienten funktioniert am besten, wenn diese nicht wissen, wer der wahre Absender der Medikamenten-Ratschläge ist, die sie erhalten.

Patienten als «Bodentruppen»

Selten erfährt man direkt, wie die Pharmaindustrie wirklich über Selbsthilfegruppen denkt, und genauso selten treten die Strategien der Manipulation offen zutage. Einen jener seltenen Fälle zitierte die Fachzeitschrift «British Medical Journal» im Jahr 2003, es handelte sich um die freimütigen Bekenntnisse eines britischen Pharmabosses. Der Direktor der Association of the British Pharmaceutical Industry (ABPI), des Verbands der Pharmaindustrie in Großbritannien, hatte in privatem Rahmen zugegeben, wie die Pharmaindustrie plant, Selbsthilfegruppen generalstabsmäßig zu unterwandern. Nach diesem als «Schlachtplan» bezeichneten Vorgehen sollen «Bodentruppen in Form von Patientengruppen aufgebaut, wohlgesinnte Medizin-Öffentlichkeit und Mitarbeiter des Gesundheitswesens eingesetzt werden», um die uninformierten Patienten anzuführen. Mit Hilfe dieser Truppen sollen «politische, ideologische und professionelle Widerstände geschwächt werden».[282]

Nicht nur in Großbritannien, auch in Deutschland ist dieses Denken inzwischen verbreitet und macht sich kaum verhohlen bemerkbar. Hierzulande vertritt der Bundesverband der Pharmazeutischen Industrie (BPI) die Interessen der mittelständischen Pharmahersteller. Auch er schult Pharmamitarbeiter im Umgang mit Selbsthilfegruppen. Unter dem Titel: «Patienten als Zielgruppe im Pharma-Business» bot das zum BPI gehörige «Colloquium Pharmazeuticum» im Oktober 2006 eine Tagung für Pharmamanager an. Das Einladungsschreiben versprach: «Die Chancen, die in der Ansprache des Patienten als Endkunden liegen, wurden bisher kaum genutzt. Da jedoch Patienten bei der Verschreibungsentscheidung zunehmend an Bedeutung gewinnen, zeigt das Seminar Optionen auf, wie man diese Zielgruppe umsatzwirksam einbeziehen kann.» Für eine Gebühr von 619 Euro pro Tag (zuzüglich Mehrwertsteuer) konnten die Pharmamanager dann Vorträge hören über «die Bedeutung des Patienten bei drohendem Verlust der Erstattungsfähigkeit, bei Patentauslauf oder beim Krisenmanagement». Die Einladung versprach außerdem: «Das Seminar gibt Ihnen Anregungen, wie Sie das Potential einer patientenorientierten Marketingstrategie unter Beachtung rechtlicher Grenzen nutzen können» – vermutlich also Manipulationen, die gerade noch legal sind.[283]

Weil das Seminar, das «speziell für Mitarbeiter der Bereiche Marketing und Produktmanagement der Pharmaindustrie entwickelt worden» ist, offenbar den Nerv der Zeit trifft, soll es unter dem gleichen Titel erneut am 18. September 2007 im Jolly Hotel in Köln stattfinden, diesmal zum Preis von 659 Euro plus Mehrwertsteuer.[284]

Pharmakonzerne betreiben Selbsthilfe-Homepages

Welche Lektionen die Pharmakonzerne schon gelernt haben, sieht man an ihren Versuchen, mit Patientenhomepages im Internet Fuß zu fassen. So hat der Bundesverband der Pharmazeutischen Industrie (BPI) die Internet-Seite http://www.selbsthilfe.de eingerichtet, erst im Jahr 2006 wurde sie an die Agentur «medandmore communication» übertragen. Der Pharmakonzern Bayer wiederum hatte die Homepage http://www.selbsthilfegruppen.de initiiert und bis Ende April 2005 unterhalten, inzwischen wurde die Seite an eine Agentur in Leverkusen übertragen, wo auch die Bayer AG sitzt.

Auch für einzelne seltene Erkrankungen findet sich ein Pharmasponsor: Wer die Seite http://www.schwellungen.de anklickt, denkt zunächst, auf der Homepage einer klassischen Selbsthilfegruppe zu sein, der HAE-Vereinigung. Die Abkürzung steht für hereditäres Angioödem, eine seltene Erbkrankheit, bei der es zu immer wiederkehrenden Schwellungen der Haut, der Schleimhäute und der inneren Organe kommt. Auf der Homepage wird den Patienten versprochen, «nicht mehr allein zu sein mit Sorgen und Problemen, Ansprechpartner zu finden und Ängste durch Erfahrungsaustausch mit anderen Betroffenen abzubauen». Als Inhaber der Internetadresse wird neuerdings die HAE-Vereinigung angegeben – im November 2006 war die Seite aber noch auf den Pharmakonzern ZLB Behring zugelassen, der Medikamente für HAE-Patienten herstellt. Wenige Monate zuvor verschickte die HAE-Vereinigung eine Pressemitteilung, in der erklärt wird, wie wichtig es für Patienten sei, sich auf bewährte Medikamente verlassen zu können: «Im Fall von HAE ist das ein gut verträgliches und sicheres Präparat von ZLB Behring.» Erstaunlich war, dass die kleine Selbsthilfegruppe für diese Pressemitteilung auf die weltweit renommierte und nicht gerade billige Werbeagentur Edelman zurückgreifen konnte. Zum «Führungsteam» von Edelman gehört Martin Flörkemeier. Er gestand Mitte 2006 gegenüber der Tageszeitung «taz» allgemein: «Die Pharmafirmen haben ein Interesse daran, ihre Beziehungen zur Selbsthilfe zu pflegen. [...] Menschen wie du und ich, neutrale Fürsprecher abseits offizieller Pressestatements, erzeugen im Betroffenheitspaket ein gutes Gefühl.»[285]

Im Jahr 2005 sind die Ausgaben der Krankenkassen für das Präparat Berinert, um das es hier geht, um 96 Prozent gestiegen. Eine Tagesdosis des Medikaments kostet 649 Euro.[286] Inzwischen heißt ZLB Behring übrigens CSL Behring und auf http://www.schwellungen.de findet sich nun immerhin klein am Rand der Hinweis: «Mit freundlicher Unterstützung von CSL Behring».

Multiple Sklerose, die Gruppe «Amsel» und die Firma Serono

Eine andere Homepage, http://www.leben-mit-ms.de, richtet sich an Patienten mit Multipler Sklerose, sie verschafft Zugang zu einer Online-Community und jeder Menge Erfahrungsberichten von Betroffenen. Betrieben wird die Internet-Seite aber nicht von Patienten, sondern vom Pharmakonzern Serono. Weil eine Website nicht reicht, betreibt Serono auch noch eine zweite: http://www.ms-netzwerk.de. Hier kann man kostenlos die Zeitschrift «MS-Dialog» abonnieren, und Patienten erfahren in der Rubrik «MS behandeln» Neues über «die Ziele der medikamentösen Therapie mit den heute verfügbaren Mitteln». Wohl überflüssig zu erwähnen, dass der Pharmakonzern Serono mit Rebif ein Medikament für Multiple-Sklerose-Patienten herstellt.

Der Einfluss von Serono erstreckt sich über die beiden Homepages hinaus auch auf die «Deutsche Multiple Sklerose Gesellschaft» (DMSG). Die Selbsthilfeorganisation wurde 1952 gegründet, ihrem Selbstverständnis nach ist sie «eine große und starke Gemeinschaft von MS-Erkrankten, ihren Angehörigen und vielen engagierten ehrenamtlichen Helfern und hauptberuflichen Mitarbeitern».[287] Interessant für die Pharmaindustrie wurde die DMSG aber erst Mitte der neunziger Jahre, als mit dem Medikament Interferon ein neuer erstattungsfähiger Wirkstoff auf den Markt kam. Seitdem arbeitet die DMSG eng mit Pharmaherstellern zusammen: Im «Industrieforum M.S.», zu dem neben Serono auch die Pharmafirmen aventis, Biogen und Schering gehören, brachte man zum Beispiel gemeinsam eine PR-Kampagne auf den Weg: Auf Plakatwänden wurde ein Paar gezeigt, das sich umarmt, daneben der Spruch: «Multiple Sklerose? Wir lassen Sie nicht allein», mit dem die DMSG für sich warb.[288]

Der Landesverband Baden-Württemberg der DMSG nennt sich «Aktion Multipler Sklerose Erkrankter», kurz Amsel. Landesvorsitzender der Amsel ist Peter Koch, der gleichzeitig Mitarbeiter beim Pharmaunternehmen Serono ist. Koch sieht darin keine Interessenkonflikte, er ist vielmehr der Ansicht, dass man diese beiden Rollen «sehr wohl miteinander verbinden» kann: «Natürlich kann ich unabhängig sein, wenn ich für die Pharmaindustrie arbeite.»[289] Im Online-Forum der Multiple-Sklerose-Kranken wird unterdessen munter über Kochs Doppelrolle diskutiert. In einer am 22. Dezember 2006 verfassten Wortmeldung heißt es: «Haltet ihr es für gut und richtig, dass der Vorsitzende der Amsel gleichzeitig Pharma-Manager ist? In der Firma muss er doch täglich hoffen und beten, dass kein Mittel gefunden wird, um MS zu heilen, da sonst Serono pleite ist. Und bei der Amsel? Da verbreitet er Hoffnung, dass MS bald heilbar ist. Wie will er für neutrale Information in einem Verband der Betroffenen zuständig sein, wenn er doch täglich in der Firma sieht, dass die echten Daten doch anders aussehen als in Amsel und DMSG propagiert? Ich finde, Herr Koch, bei allem Respekt vor Ihrer Leistung in der Amsel, es ist Zeit, zurückzutreten oder sich einen anderen Arbeitgeber zu suchen! Pharma und Selbsthilfe-Gruppen so zu vereinen schadet den Betroffenen!»[290] Nahezu alle Wortmeldungen auf diesen Beitrag haben sich der Rücktrittsforderung angeschlossen. Peter Koch allerdings ist weiterhin beim Pharmakonzern Serono beschäftigt und Chef der Selbsthilfeorganisation Amsel.

2005 machte Serono übrigens weltweit 2,6 Milliarden Dollar Umsatz, vor allem mit seinem MS-Medikament Rebif. Es ist innerhalb der Gruppe der Interferone nach Angaben des Arzneiverordnungsreports das teuerste: Die Jahrestherapiekosten belaufen sich auf 24 246 Euro – pro Patienten.[291]

Der Pharmakonzern Roche und die Selbsthilfeorganisationen

Besondere Aktivitäten beim Unterwandern von Selbsthilfegruppen zeigt das Schweizer Pharmaunternehmen Roche. Nach Angaben der Stiftung «Lebensblicke», die sich für Darmkrebsfrüherkennung engagiert, wandte sich zum Beispiel Roche an sie, um die Gründung einer Selbsthilfegruppe gegen Darmkrebs anzuregen, wie Dirk Wuppermann vom Stiftungsrat der «Lebensblicke» berichtet.[292] Passenderweise gibt es von Roche seit einiger Zeit auch ein Präparat, das Patienten mit Metastasen einige Monate mehr Lebenszeit bringen soll. Eine spezielle Selbsthilfegruppe Darmkrebs gibt es zwar noch nicht, aber immerhin hat sich bereits jemand die Website http://www.leben-mit-darmkrebs.de sichern lassen.[293] Inhaber der Internet-Adresse und administrativer Ansprechpartner ist – das Pharmaunternehmen Roche.

Noch größeres Engagement zeigte Roche aber beim Thema Brustkrebs: Im Jahr 2000 gingen mehrere Brustkrebsinitiativen auf das Angebot der Firma Roche ein, sich für zwei Jahre sponsern zu lassen. Das Bündnis nannte sich «Koalition Brustkrebs», traf sich, wie die Journalistin Martina Keller in der «Zeit» schreibt, viermal im Jahr, Fahrtkosten und Unterkunft der Frauen übernahm Roche. «Die Treffen liefen als Roche-Veranstaltung und wurden von einer professionellen Moderatorin geleitet, Roche-Produktmanagerin Erna Batke-Grimm war meist anwesend. Der Konzern bestellte als Koordinatorin eine langjährige PR-Mitarbeiterin der Pharmaindustrie, die auch die Pressearbeit übernahm. Außerdem sponserte Roche die erste Brustkrebsdemonstration in Berlin, zu der mehr als 1000 Frauen anreisten.»[294]

Roche finanziert Mamazone, und Mamazone wirbt für ein Roche-Präparat

Besonders häufig unter den Brustkrebsinitiativen schafft es die Gruppe «Mamazone» in die Medien. Mamazone kürt jährlich einen Brustkrebsforscher zum «Busenfreund» und schult Frauen zu «Diplompatientinnen». Die Patientinneninitiative wurde unter Mitwirkung des Pharmaunternehmens Roche gegründet und wird auch heute noch wesentlich von ihm finanziert.[295] Im Jahr 2005 erhielt Mamazone von Roche 40 000 Euro, im Jahr 2006 waren es bereits 60 000 Euro.[296]

Die Gründerin von Mamazone, Ursula Goldmann-Posch, ist zudem Mitherausgeberin des «Überlebensbuchs Brustkrebs», in dem Frauen suggeriert wird, die neuesten und teuersten Substanzen seien auch die wirksamsten, wie Krebsspezialist Wolf-Dieter Ludwig von der Arzneimittelkommission der deutschen Ärzteschaft kritisiert. «Aber diese Gleichsetzung ist absolut unzulässig», so Ludwig.[297] Passenderweise ist der Pharmakonzern Roche, der Mamazone so großzügig unterstützt, gleichzeitig der Hersteller des Brustkrebsmedikaments Herceptin. Eine Dosis Herceptin kostet 815,57 Euro.[298]

Herceptin wurde Ende des Jahres 2000 in Deutschland für Frauen mit Brustkrebs im fortgeschrittenen Stadium zugelassen, das heißt für Frauen, bei denen sich bereits Metastasen gebildet hatten. Dreißig Prozent der an metastasierendem Brustkrebs erkrankten Frauen profitieren von der Herceptin-Therapie. Mamazone machte sich dafür stark, dass das Präparat auch Frauen im Frühstadium, das heißt vor dem Auftreten von Metastasen, zur Verfügung steht. Im Sommer 2006 wurde Herceptin auch zur vorsorglichen Therapie zur Verhinderung von Rückfällen nach einer erfolgreichen Operation zugelassen.[299] Pharmakologen sind dennoch zurückhaltend und sehen den Wirkstoff kritisch. Bereits in dem für Medizinstudenten gedachten «Taschenbuch der Arzneibehandlung» findet sich der Hinweis: «Die Behandlung mit Trastuzumab [Wirkstoffname von Herceptin, d. Verf.] hat aber auch erhebliche Risiken. Infusionsassoziierte Symptome wie Fieber, Schüttelfrost, Hautausschlag, Übelkeit, Erbrechen sind mit 40 bis 50 Prozent die häufigsten Nebenwirkungen. In den USA sind in den 18 Monaten nach der Zulassung 62 schwere Nebenwirkungen (darunter 15 Todesfälle) bei der ersten Infusion berichtet worden.»[300] Ein besonderes Problem sind außerdem schwere Herzschäden. Auf ihrer Internetseite schreibt Mamazone in der Rubrik «FAQ – Häufige Fragen» über Herceptin dagegen: «Therapeutische Wirksamkeit ohne therapeutischen Schaden».[301]

Die einst von Roche finanzierte Koalition Brustkrebs zerbrach an der Frage, wie weit das Sponsoring der Pharmakonzerne gehen darf. Die pharmaunabhängigen Gruppen innerhalb dieser Koalition setzten sich ab und gründeten die «Stiftung Koalition Brustkrebs». Helga Ebel von der unabhängigen Stiftungsgruppe erklärt, warum es für die Pharmakonzerne so wertvoll ist, nicht selbst als Absender ihrer Arzneimittel-Informationen in Erscheinung zu treten: «Wenn Frauen Informationen der Pharmaindustrie lesen, dann wissen sie: Das ist Werbung», sagt Ebel. «Aber wenn sie betroffenen Frauen etwas empfehlen, obwohl es überhaupt nicht belegt ist, dann hinterfragen die Patientinnen das nicht, und das ist ethisch bedenklich.»[302] Die Pharmaindustrie verbirgt sich hinter den Selbsthilfegruppen wie in einem trojanischen Pferd, und die verzweifelten Patientinnen und Patienten wissen oft nicht, wer ihnen da mit welchen Absichten neue angebliche Wundermittel andrehen will.

«Wir sind doch kein Caritasverein»: Die Pharmaindustrie und die Parkinson-Selbsthilfe

Wie weit der Einfluss auf einzelne Selbsthilfeorganisationen geht, sieht man am Beispiel der Deutschen Parkinson Vereinigung (dPV). In ihrer Zeitschrift, den «dPV-Nachrichten», wird schon mal ein neues Arzneimittel wie Stalevo von Orion Pharma über zwei Seiten beworben. Klickt man die Homepage der dPV an, findet man Links zu http://www.stalevo.de, dem «Kompetenzportal für Morbus Parkinson von der Orion Pharma GmbH», wie es in schönster Werbesprache heißt. Andere Links führen zu http://www.parkinson24.de, den Parkinsonseiten des Pharmakonzerns Pfizer, und zu http://www.parkinson-web.de, eine Homepage, hinter der das Pharmaunternehmen GlaxoSmithKline steckt.

Im ärztlichen Beirat der dPV sitzt Professor Dr. Heinz Reichmann aus Dresden als eines von sieben Mitgliedern. Der ärztliche Beirat kümmert sich nach eigenen Angaben um die Verbesserung der Lebensqualität von Parkinsonkranken, was «nur unter ständiger Einnahme von Medikamenten möglich» ist.[303] Im September

2005 trat Reichmann aber auch auf einer Pressekonferenz der Pharmaunternehmen Teva und Lundbeck in München auf. Die Firmen hatten eingeladen, um ein neues Parkinson-Medikament vorzustellen. Reichmann unterstützte das Anliegen, indem er auf dieser Pressekonferenz über die gute Wirksamkeit und Verträglichkeit des neuen Medikaments Azilect berichtete.[304] Auf der Seite «Aktuelle Medikamente» der dPV findet sich nun auch prompt das Medikament Azilect von der Firma Lundbeck, das Reichmann im Auftrag der Pharmaunternehmen mit vorgestellt hatte. Nach Angaben des Pharmakologen Uwe Fricke handelt es sich bei Azilect dagegen lediglich um ein Analogpräparat, und der Arzneiverordnungsreport schreibt: Ob Azilect dem bisherigen Wirkstoff Selegilin überlegen oder besser verträglich ist, «ist bisher nicht abschätzbar, da keine Vergleichsuntersuchungen und vor allem keine Langzeitstudien vorliegen. Aus diesem Grund kann die neue Substanz nicht für die Routinetherapie empfohlen werden, zumal die Therapiekosten [von Azilect, Anm. d. Verf.] 7–8fach höher als mit Selegilin liegen.»[305]

Ein besonders enges Verhältnis scheint die Deutsche Parkinson Vereinigung zudem mit Orion Pharma zu pflegen. Das Pharmaunternehmen finanziert nicht nur die Zeitschrift der Selbsthilfeorganisation, die «Parkinson Nachrichten», sondern auch Veranstaltungen. Der Marketingleiter von Orion Pharma gab vor kurzem unmissverständlich zu: «Wir sind doch kein Caritasverein, natürlich erwarten wir Gegenleistungen für die Finanzierung der Mitgliederzeitschrift, der Vorträge und Versammlungen. Es werden gezielt in Veranstaltungen der dPV unsere Produkte beworben, wie jetzt zum Beispiel Stalevo, ein neues Kombinationspräparat. Es gibt ein konkretes Kalkül, wie viel wir für Marketing ausgeben und um wie viel der Umsatz gesteigert werden muss.»[306]

7. Wie erkenne ich, ob mein Arzt manipuliert ist? Wo kann ich mich als Patient unabhängig informieren?

Leider gibt es kein Buch, keine Zeitschrift und keine Internetseite, die die Namen von Ärzten auflistet, die sich bereitwillig von der Pharmaindustrie manipulieren lassen. Was bleibt also übrig, wenn man solche Ärzte meiden will, außer sich auf Mundpropaganda und eigene Erfahrung zu verlassen? Es gibt schließlich nicht mal ein Verzeichnis jener Ärzte, die es besser machen wollen und sich an evidenzbasierter Medizin orientieren. Man kann als Patient aber immerhin ein paar kritische Bücher oder Zeitschriften lesen (siehe unten). Oder eben den Versuch unternehmen, seinen Arzt selbst zu testen. Es ist gar nicht so schwierig, wie Sie vielleicht denken!

Wenn ich beim Arzt bin ...

Achten Sie zum Beispiel beim Besuch in der Praxis darauf, ob Ihnen gleich zu Beginn ein Zettel mit «individuellen Gesundheitsleistungen» (Igel) in die Hand gedrückt wird. Nicht alle, aber viele dieser Leistungen sind medizinisch überflüssig und reine Geschäftemacherei. Ärzte, die fleißig «igeln», sind womöglich weniger an der Gesundheit ihrer Patienten als an deren Geld interessiert und vermutlich auch offener für Pharmageschenke. Also bitte nur mit Vorsicht genießen.

Beginnen Sie bei Ihrem nächsten Arztbesuch doch einfach mal darüber zu reden, was Ihnen wichtig ist. Sagen Sie Ihrem Arzt zum Beispiel, dass Sie nicht in jedem Fall ein Medikament erwarten. Wenn er Ihnen sagt, dass Ihre Symptome mit Medikament nach sechs Tagen verschwinden und ohne Medikament nach sieben Tagen, dann teilen Sie ihm mit, welche Variante Sie vorziehen.

Wenn Sie nicht in einer Notlage sind und nicht dringender Hilfe bedürfen, fühlen Sie sich vielleicht auch stark genug, Ihrem Arzt ein paar kritische Fragen zu stellen. Sie brauchen dazu kein großes Vorwissen. Sie müssen sich nur trauen. Allein seine Reaktion auf Ihre Fragen verrät schon einiges über seine Berufsauffassung. Wenn Ihr Arzt ein aufgeklärter Mensch ist und die Ansicht vertritt, dass mündige Patienten ein Gewinn sind, kann er mit Ihren Fragen umgehen. Wenn nicht, hat er es auch nicht verdient, Ihr Arzt zu sein.

- Wenn Ihr Arzt Ihnen ein Medikament verordnet, das erst neu auf dem Markt ist: Fragen Sie ihn, ob es nicht auch ein älteres Mittel gibt. Ältere Medikamente haben den Vorteil, dass sie besser untersucht sind und man ihre Nebenwirkungen besser kennt. Außerdem gibt es von älteren Medikamenten meist günstigere Kopien, sogenannte Generika, das senkt die Ausgaben der Krankenkassen und damit Ihre Beiträge. Die Pharmaindustrie verdient sich nämlich dumm und dämlich an dem Mythos, wonach ein neues Medikament automatisch besser ist als ein älteres.
- Fragen Sie Ihren Arzt, ob es belegt ist, dass das Medikament, das er Ihnen verordnet, besser ist als ein anderes Medikament.
- Fragen Sie Ihren Arzt, ob er eine Studie kennt, die die Vorteile des Medikaments belegt, und ob diese Studie in einer anerkannten wissenschaftlichen Fachzeitschrift erschienen ist. (Wenn er eine deutsche Zeitschrift nennt, ist das bereits ein Grund zu zweifeln – leider gibt es keine international anerkannte deutsche Medizinzeitschrift mehr.)
- Fragen Sie ihn, ob der Nutzen des Medikaments in einem angemessenen Verhältnis zu seinen Nebenwirkungen steht und wie es sich mit den anderen Medikamenten verträgt, die Sie einnehmen.
- Fragen Sie Ihren Arzt, was er von evidenzbasierter Medizin hält, einer neuen Richtung, die sich streng an beweisbare Erkenntnisse aus wissenschaftlicher Forschung hält. (Falls Sie davon

noch nichts gehört haben, sollten Sie vorher Kapitel 3 in diesem Buch lesen.)

Mit diesen medizinischen Fragen können Sie testen, ob Ihr Arzt in seiner Medikamentenauswahl leichtfertig vorgeht oder ob er sich gründlich informiert. Wenn Sie darüber hinaus ein paar härtere Fragen stellen wollen, sprechen Sie ihn auf folgende Themen an – allerdings besteht dabei die Gefahr, dass er Ihre Fragen als Ausdruck des Misstrauens empfindet und dadurch Ihr Verhältnis gestört wird. Falls Sie dieses Risiko eingehen wollen:

- Fragen Sie Ihren Arzt, ob er Geschenke oder Zuwendungen von dem Pharmaunternehmen erhält, dessen Medikament er Ihnen gerade verordnet hat. Mag sein, dass er Ihnen darauf keine direkte Antwort gibt. Aber seine Reaktion auf diese Frage kann auch schon interessant sein.
- Fragen Sie Ihren Arzt, ob er Ihnen dieses Medikament im Rahmen einer sogenannten Anwendungsbeobachtung (AWB) verordnet. AWBs sind in der Regel Scheinstudien, bei denen der Arzt für einen Patienten, der das Präparat nimmt, Geld vom Pharmahersteller bekommt (siehe Kapitel 5). Mehr als eine Million Patienten in Deutschland sind Objekte solcher Anwendungsbeobachtungen.
- Fragen Sie Ihren Arzt, ob er häufig Pharmareferenten empfängt und ob er sich Zeit für sie frei hält. Kein Arzt ist schließlich verpflichtet, Pharmareferenten zu empfangen. Immer mehr lehnen die Besuche sogar grundsätzlich ab (siehe Kapitel 5).

Wenn Ihr Arzt nur eine der letzten drei Fragen mit Ja beantwortet, sollten Sie darüber nachdenken, ihn zu wechseln.

Wenn Sie selbst Arzt sind ...

Aber auch wenn Sie selbst Arzt sind, sollten Sie sich gelegentlich diese Fragen stellen und überlegen, wie unabhängig Sie wirklich sind. Woher beziehen Sie zum Beispiel Ihre Informationen über neue Präparate? Vom Pharmareferenten? Das können Sie getrost vergessen! Mehr als 90 Prozent der Informationen in den Prospekten der Pharmaunternehmen sind nicht durch wissenschaftliche Studien belegt (siehe Kapitel 5). Natürlich ist nicht alles falsch, was Pharmareferenten erzählen. Aber es ist so, wie die Expertin Marcia Angell schreibt: «Die Informationen der Unternehmen sind gemischt mit Übertreibungen, einseitigen und falschen Aussagen, und häufig kann man das eine vom anderen nicht unterscheiden.»[307]

«No-free-lunch», die Organisation unabhängiger Ärzte in den USA, stellt auf ihrer Homepage Medizinern vier Fragen[308]:

- Haben Sie jemals Celebrex verordnet (ein Rheuma-Medikament ähnlich wie Vioxx)?
- Ärgern Sie sich über Leute, die etwas gegen Gratisessen und Geschenke einzuwenden haben?
- Ist auf dem Stift, mit dem Sie gerade schreiben, ein Medikamenten-Logo drauf?
- Trinken Sie Ihren Morgenkaffee aus einem Lipitor-Becher? (In Deutschland müsste die Frage lauten: Trinken Sie Ihren Kaffee aus einem Sortis-Becher, weil der Cholesterinsenker Lipitor hierzulande unter dem Namen Sortis verkauft wird.)

Die Auflösung verraten die Ärzte von No-free-lunch gleich mit: «Wenn Sie zwei oder mehr dieser Fragen mit Ja beantwortet haben, sind Sie womöglich abhängig von einem Pharmaunternehmen.» Wenn Sie sich als Arzt dem deutschen Pendant von No-free-lunch anschließen wollen, gehen Sie im Internet auf die Seite http://www.mezis.de.

Ein Arzt, der seinen Beruf ernst nimmt, sollte sich so unabhängig, kritisch und objektiv wie möglich informieren. Ein Weg dazu sind die Veröffentlichungen der Arzneimittelkommission der deutschen Ärzteschaft, zum Beispiel «Wirkstoff aktuell», die zusammen mit der Kassenärztlichen Bundesvereinigung herausgegeben werden und im Internet kostenlos abrufbar sind unter http://www.akdae.de. «Wirkstoff aktuell» bewertet vor allem neue Medikamente und will «dem niedergelassenen Arzt neutrale Informationen für seine Verordnungsentscheidung» liefern.[309] Unter http://www.akdea.de finden sich außerdem Therapieempfehlungen und die Möglichkeit, das Buch «Evidenzbasierte Therapie-Leitlinien» zu bestellen.

Jedem Arzt zu empfehlen ist außerdem das «arznei-telegramm» (a-t), eine nur wenige Seiten umfassende Monatszeitschrift, die von unabhängigen Medizinern in Berlin gemacht wird und schnell und zuverlässig über unerwünschte Nebenwirkungen, unseriöse Werbeversprechen und andere Pharmatricks berichtet (siehe Kapitel 3). Das «a-t» ist anzeigenfrei, neutral und wird ausschließlich über Abonnements finanziert (Jahresabo 48 Euro). Abonnenten haben auch Zugang zur online-Datenbank, in der man gezielt nach Medikamenten- und Wirkstoffnamen suchen kann und dann Bewertungen findet. In der Datenbank hat man außerdem Zugriff auf alle «a-t»-Ausgaben seit 1990.

Das Institut für Qualität und Wirtschaftlichkeit im Gesundheitswesen (IQWiG) veröffentlicht die Abschlussberichte seiner bisherigen Medikamenten-Prüfungen vollständig auf seiner Homepage http://www.iqwig.de unter der Rubrik «Publikationen des IQWiG». Die Liste ist noch nicht besonders umfangreich, da das Institut erst im Jahr 2004 mit der Arbeit begonnen hat. Aber was bereits bearbeitet wurde, ist mustergültig: Hier werden zu jeweils einer bestimmten Fragestellung alle weltweit wichtigen Studien aufgearbeitet und dann in einem für jeden Arzt lesenswerten Bericht veröffentlicht (alle Informationen des IQWiG stehen auf der Homepage des Instituts kostenlos zur Verfügung).

Vor allem für Ärzte, aber auch für Patienten interessant ist die Homepage des Deutschen Netzwerks Evidenzbasierte Medizin, eines im Jahr 2000 gegründeten Vereins aller, die in Deutschland an evidenzbasierter Medizin interessiert sind: http://www.ebm-netzwerk.de. Hier kann man lernen, wie man weltweit in medizi-

nischen Datenbanken nach Studienergebnissen sucht, man kann
sich über Geschichte und Grundlage der evidenzbasierten Medizin
informieren und unabhängige Behandlungsleitlinien lesen.

Wenn ich in der Apotheke bin ...

Wenn Sie mit dem Rezept, das Ihnen Ihr Arzt ausgestellt hat, in
die Apotheke gehen, ist das auch eine gute Möglichkeit, die Apotheke zu testen. Ist auf Ihrem Rezeptschein das Feld «nec aut
idem» nicht angekreuzt, eine Substitution also erlaubt, kann Ihnen Ihr Apotheker auch ein anderes, gleichwertiges Medikament
geben, in der Regel handelt es sich dabei um ein Generikum. Die
Frage ist nur, von welcher Firma er Ihnen ein Generikum gibt.
Offiziell soll er eines der drei günstigsten auswählen. Doch so genau nahmen es Apotheker damit zumindest in der Vergangenheit
nicht. Wenn er Ihnen zum Beispiel ein Generikum von Ratiopharm
oder Hexal reicht, fragen Sie ihn ruhig, ob es das gleiche Mittel
nicht auch von 1-A-Pharma, von Aliud oder von TAD gibt, die oft
billiger sind. Denn Ihr Apotheker erhält womöglich finanzielle Anreize von Pharmaunternehmen dafür, dass er Ihnen Medikamente
ganz bestimmter Hersteller gibt.

Wenn ich zu Hause bin ...

Ein Klassiker der Pharmakritik sind die «Bitteren Pillen». Als 1983
die erste Ausgabe des Arzneimittellexikons erschien, war die Reaktion gespalten: Die Fachwelt tobte: «Schlicht ein Skandal», «Panik-
mache», «schlechter Krimi», schimpfte etwa das «Ärzteblatt».[310]
Beim breiten Publikum war das Buch dagegen auf Anhieb ein
Bestseller. In der ersten Ausgabe der «Bitteren Pillen» bewerteten die Autoren Kurt Langbein, Hans-Peter Martin, Peter Sichrov-
sky und Hans Weiss 1400 Medikamente: Bei mehr als der Hälfte
(58 Prozent) kamen sie zu dem Urteil «wenig zweckmäßig» oder

«abzuraten». In der aktuellen Ausgabe der «Bitteren Pillen 2005 – 2007» werden knapp 3300 Medikamente getestet, aber nur noch 25 Prozent davon schlecht beurteilt. Das liege aber nicht daran, dass sie ängstlicher geworden seien, versichern die Autoren, sondern dass der Großteil der damals schlecht bewerteten Arzneimittel inzwischen vom Markt verschwunden ist. «Nach wie vor sind wir vollkommen unabhängig und können es uns leisten, ohne Rücksicht auf die Pharmaindustrie Empfehlungen abzugeben, die wissenschaftlich seriös sind und einzig das Wohl der Patienten im Auge haben», beteuern die Verfasser auch in der aktuellen Ausgabe der «Bitteren Pillen». Inzwischen kommt der Klassiker etwa alle drei Jahre neu überarbeitet heraus und kann noch immer als bestes Nachschlagewerk für Laien gelten, die sich kurz und klar über einzelne Medikamente informieren wollen.

Im Prinzip ähnlich, wenn auch umfangreicher und ein wenig umständlicher ist das «Handbuch Medikamente» der Stiftung Warentest. Es sortiert nach möglichen Beschwerden, von «Akne» bis «Übergewicht», und prüft auf mehr als 1200 Seiten, ob und welche Medikamente zur Therapie zweckmäßig sind. Wie bei den «Bitteren Pillen» fungiert auch hier der Bremer Gesundheitsökonom Gerd Glaeske als Gutachter. Die aktuelle Ausgabe des «Handbuchs Medikamente» stammt aus dem Jahr 2004, für März 2008 ist jedoch eine Neuausgabe angekündigt. Ergänzt wird das Werk durch das «Handbuch Selbstmedikation», ebenfalls herausgegeben von der Stiftung Warentest. Es berücksichtigt nur diejenigen Mittel, die auch ohne Rezept erhältlich sind.

2005 hat die Stiftung Warentest ein weiteres, rundum gelungenes Buch auf den Markt gebracht: Es heißt «Die andere Medizin» und bewertet alternative Heilmethoden von der Akupunktur über Bachblütentherapie und Feldenkrais bis zur Traditionellen Chinesischen Medizin. Der renommierte britische Mediziner Edzard Ernst hat das Buch als Schlussgutachter betreut. Ernst ist jemand, der auch Heilmethoden wie die «Geistheilung» oder «Pendel und

Wünschelrute» nüchtern anhand wissenschaftlicher Studien überprüft. Über die gerade in Deutschland sehr beliebte Homöopathie fällt das Buch ein ernüchterndes Urteil: Die in der Homöopathie eingesetzten Medikamente seien oft so verdünnt, dass «eine Wirksamkeit mit den heutigen naturwissenschaftlichen Vorstellungen nicht zu begründen ist». Häufig sei die Ursubstanz sogar «so weit verdünnt, dass kein Molekül der Ausgangssubstanz mehr enthalten sein kann. Demnach kann sie auch keine arzneiliche Wirkung entfalten.»[311] Überzeugte Anhänger der Homöopathie kann man mit wissenschaftlichen Erkenntnissen aber vermutlich nicht beeindrucken. Für alle anderen ist jedoch die Warnung gedacht, sich zumindest bei ernsthaften Erkrankungen eher auf Therapien zu verlassen, deren Nutzen auch belegt ist. [312]

Das Institut für Qualität und Wirtschaftlichkeit im Gesundheitswesen (IQWiG) hat im Internet auch eine Seite für Patienten eingerichtet: http://www.gesundheitsinformation.de. Die Seite ist übersichtlich, gut verständlich und von hoher Qualität, aber noch nicht besonders umfassend. Ein Beispiel: Unter dem Punkt «Baby» wird lediglich die Frage beantwortet, ob Soja-Babynahrung Säuglinge mit erhöhtem Allergierisiko vor Allergien oder Nahrungsunverträglichkeiten schützt. (Antwort: Dafür gibt es keine Belege.) Keine Informationen finden sich dagegen zu Fragen, die alle Eltern interessieren, etwa: Welche Impfungen sind ratsam? Soll wirklich jedes Baby Vitamin-D-Tabletten schlucken? Die Homepage ist noch im Aufbau, und es wäre wünschenswert, wenn bald noch mehr Inhalte auf ihr zu finden wären. Ebenfalls noch im Aufbau befindet sich die Homepage des Gemeinsamen Bundesausschusses (www.g-ba.de), die evidenzbasierte Informationen für Patienten anbietet. Bisher gibt es diese dort allerdings nur zur chronisch obstruktiven Lungenerkrankung, außerdem kann man sich über Nutzen und Schaden der Brustkrebs-Früherkennung, der Darmkrebs-Früherkennung und zum Neugeborenen-Screening informieren.[313] Auf der gemeinsamen Homepage der gesetzlichen Krankenkassen http://www.gkv.info/gkv kann man dagegen zum Beispiel nach-schauen, welche Arzneimittel heute in der Apotheke von einer Zu-zahlung befreit sind.

«Gute Pillen – Schlechte Pillen» schließlich ist die beste unabhän-gige Zeitschrift für Laien über Arzneimittel und Behandlungsme-thoden. Gegründet wurde das Blatt erst 2005. Es umfasst nur zwölf Seiten, erscheint alle zwei Monate, kommt sachlich und ohne viele Fotos daher. «Gute Pillen – Schlechte Pillen» ist eine Kooperation von drei bereits etablierten pharmakritischen Blättern: dem oben erwähnten «arznei-telegramm», dem von Klinikärzten gemachten «Arzneimittelbrief» und dem «Pharma-Brief», dem Mitteilungsor-gan der BuKo-Pharmakampagne, das hauptsächlich über Arznei-mittel- und Pharmaskandale weltweit berichtet. Während sich die drei bisherigen Zeitschriften vor allem an ein Fachpublikum aus Ärzten und Apothekern richten, wendet sich «Gute Pillen – Schlechte Pillen» wie sein amerikanisches Vorbild «Worst Pills – Best Pills» an ein Laienpublikum, das über aktuelle Erkenntnisse zu Wirkungen und Risiken von Arzneimitteln informiert werden will. Das Jahresabo kostet 15 Euro, im Internet findet man das Blatt unter http://www.gutepillen-schlechtepillen.de.

Auch die Macher dieser Zeitschrift fühlen sich der evidenzbasier-ten Medizin verpflichtet. Im Editorial der ersten Ausgabe beschreibt die Redaktion den Lesern ihr Ziel: «Sie sollen sich in Gesundheits-fragen selbst eine fundierte Meinung bilden können. ‹Gute Pillen – Schlechte Pillen› ist frei von kommerziellen Interessen, informiert Sie über Medikamente und über Methoden, auch ohne Medika-mente gesund zu werden, gibt Ihnen Tipps für den Arztbesuch und warnt vor unseriösen Heilsversprechungen.»[314]

Was will man mehr?

Anmerkungen

Zitate, die nicht durch Quellen belegt sind, stammen in der Regel aus persönlichen Gesprächen der Zitierten mit dem Autor.

1 http://www.die-forschenden-pharma-unternehmen.de/patienten/cathrinhuebener/ (1.5.2007)
2 Neue Zürcher Zeitung, 21.3.2006
3 Zur Umwandlung des BfArM in die DAMA siehe Seite 68f.
4 Buko Pharma-Brief Spezial 2/2005, S. 2 (Internet: http://www.bukopharma.de/Pharma-Brief/PB-Archiv/2005/200502spezial.pdf 1.5.2007)
5 Schwabe/Paffrath (2007), S. 50. Herstellerfirmen und Preisangaben laut http://www.dimdi.de/static/de/amg/pharmsearch.htm (8.1.2007)
6 Schwabe/Paffrath (2007), S. 59
7 Schwabe/Paffrath (2007), S. 68
8 Schwabe/Paffrath (2007), S. 54
9 Schwabe/Paffrath (2007), S. 79
10 Einer ersten Übersicht zufolge sieht die Bilanz für das Jahr 2006 etwas besser aus: von 27 neuen Medikamenten schaffen immerhin 15 die Bewertung A. Auf längere Sicht ändert das aber nichts an der auffälligen Innovationsschwäche der Pharmaindustrie, s. U. Fricke, Neue Arzneimittel 2006, in: AVP, Band 34, April 2007, S. 51.
11 Angell (2005), S. 91
12 Schwabe/Paffrath (2007) S. 106
13 http://www.fda.gov/cder/rdmt/pstable.htm (1.5.2007)
14 Hans Halter, Triumphe der Heilkunst, in: Der Spiegel, 14/1999, S. 132ff.
15 Schwabe/Paffrath (2007), S. 119
16 Angell (2005), S. 94
17 Angell (2005), S. 94

18 Internet: http://www.akdae.de/40/Esomeprazol.pdf (1.5.2007)

19 Zitiert nach ManagerMagazin 12/2006, S. 81

20 Ebd.

21 Angell (2005), S. 61

22 M. Angell, The Pharmaceutical Industry – To Whom is it Accountable, in: New England Journal of Medicine (NEJM) 25/2000, 1902 bis 1904.

23 Public Citizen Congress Watch, «2002 Drug Industry Profits: Hefty Pharmaceutical Company Margins Dwarf Other Industries», S. 5 f. Internet: http://www.citizen.org/documents/PharmaReport.pdf (1.5.2007)

24 S. Gaisser, M. Nusser, Th. Reiß (2005), Stärkung des Pharma-Innovationsstandortes Deutschland. Zusammenfassung, S. 3, S. 5, Internet: http://www.isi.fhg.de/t/ZusammenfassungPharmaInno.pdf (1.5.2007)

25 M. Nusser, A. Tischendorf (Hg.), Innovative Pharmaindustrie als Chance für den Wirtschaftsstandort Deutschland. Eine Studie im Auftrag von PhRAM (Pharmaceutical Research and Manufacturers of America), dem Branchenverband der forschenden Pharmaindustrie in den USA und der deutschen LAWG (Local American Working Group), S. 29 f., Internet: http://www.isi.fhg.de/t/projekte/PharmaWirtschaftsstandortDeutschland.pdf (1.5.2007).

26 Gaisser, Nusser, Reiß (2005), a. a. O.

27 Zitiert nach Wirtschaftswoche, 10.7.2003

28 Public Citizen Congress Watch, «2002 Drug Industry Profits: Hefty Pharmaceutical Company Margins Dwarf Other Industries», S. 1, Internet: http://www.citizen.org/documents/PharmaReport.pdf (1.5.2007)

29 Langbein, Martin, Weiss (2005), S. 671

30 Schwabe/Paffrath (2007), S. 704

31 Angell (2005), S. 100

32 Angell (2005), S. 96

33 Schwabe/Paffrath (2007), S. 697, Schwabe/Paffrath (2006), S. 705

34 Angaben beziehen sich auf das Jahr 2005, nach Schwabe/Paffrath (2007), S. 696 f.

35 Faksimile der Anzeige in: Neukirchen (2005), S. 189
36 IQWiG (2005), Nutzenbewertung der Statine unter besonderer Berücksichtigung von Atorvastatin, Internet: http://www.iqwig.de/download/NutzenbewertungStatine.pdf (1.5.2007)
37 Die Zeit 51/2004, S. 39
38 Financial Times Deutschland, 30.11.2004, S. 10
39 Stellungnahme des VFA im Internet: http://www.bundestag.de/ausschuesse/archiv15/a13/a13aanhoerungen/03Sitzung/cStellungn/VerbandForschenderArzneimittelhersteller.pdf (1.5.2007)
40 Schwabe/Paffrath (2007), S. 11
41 s. Pressemitteilung des BKK Bundesverbands vom 20.6.2007
42 Zitiert nach ManagerMagazin 12/2006
43 Glaeske/Janhsen (2006), S. 22
44 Zitiert nach ManagerMagazin 12/2006
45 http://www.bundestag.de/wissen/archiv/sachgeb/lobbyliste/lobbylisteaktuell.pdf (1.5.2007)
46 http://www.bundestag.de/aktuell/archiv/2006/lobbyismus/index.html (1.5.2007)
47 A. Blasberg (2004), Eine fast anonyme Macht, in: Die Tageszeitung, 15.5.2004
48 H. H. v. Arnim, Mit 35 ausgesorgt, in: Stern 7/1997 vom 6.2.1997
49 Zitiert nach Blasberg (2004)
50 Blasberg (2004)
51 Zitiert nach W. Gehrmann (2002): Handel mit Hautgout, in: Die Zeit, 31.1.2002, S. 17
52 Pharmahersteller fürchten Nachteile für Patienten, in: Ärztezeitung, 11.11.2002
53 Zitiert nach «Industrie plant Entlassungen», in: Pharmazeutische Zeitung 46/2002, Internet: http://www.pharmazeutische-zeitung.de/fileadmin/pza/2002-46/wuh1.htm (1.5.2007)
54 Ebd.
55 Ebd.
56 Pressemitteilung des Bundesministeriums für Gesundheit vom 5.3.2003
57 Verband Forschender Arzneimittelhersteller (2006), Die Arzneimittelindustrie in Deutschland, Berlin, S. 13 (VFA-Broschüre)

58 Zitiert nach stern, 20.4.2006
59 http://www.vfa.de/de/presse/pressemitteilungen/pm0532006.html (1.5.2007)
60 Interview im stern, 17.8.2006
61 Eigene Berechnungen nach Daten von NDC Health
62 Zitiert nach FAZ, 28.11.2004
63 Schwabe/Paffrath (2007), S. 43f.
64 http://www.forbes.com/lists/2006/10/2ORL.html (1.5.2007)
65 FAZ, 29.6.1995
66 Handelsblatt, 29.6.1995
67 Die Zeit, 21.7.1995
68 Zitiert nach: Deutsches Allgemeines Sonntagsblatt, 18.8.1995
69 Die Zeit, 21.7.1995
70 Zitiert nach Der Spiegel, 20.3.2006
71 Bundestagsdrucksache 15/1525 vom 8.9.2003, S. 9 und S. 86
72 Die Zeit, 24.5.1991
73 Beschlussempfehlung des Gesundheitsausschusses, Bundestags-drucksache 13/4407, Internet: http://dip.bundestag.de/btd/13/044/1304407.pdf (1.5.2007)
74 Zitiert nach Die Zeit, 22.3.1996
75 Die Zeit, 22.3.1996
76 Die Zeit, 6.4.2006
77 Die Zeit, 31.1.2002
78 Internet http://www.transparency.de/2001-11-19-Gesund.248.98.html (1.5.2007)
79 Die Zeit, 6.4.2006
80 Zitiert nach FAZ, 14.4.2005
81 Der Spiegel 14/2007, 2.4.2007
82 Zitiert nach Der Spiegel 14/2007, 2.4.2007
83 arznei-telegramm 2/2007, S. 17f.
84 Frankfurter Rundschau, 18.3.2005
85 Der Spiegel 14/2007, 2.4.2007
86 Internet: http://www.vfa.de/de/presse/pressemitteilungen/pm0552006.html (1.5.2007)
87 Süddeutsche Zeitung, 14.4.2005
88 Süddeutsche Zeitung, 21.12.2006

89 arznei-telegramm 2/2007, S. 17
90 Pressemitteilung des Gesundheitsministeriums Nr. 155/2006, http://
    www.bmg.bund.de/DE/Presse/Pressemitteilungen/Presse-4-2006/
    pm-20-12-06-155.html (1.5.2007)
91 http://www.vfa.de/de/presse/pressemitteilungen/pm0542006.html
    (1.5.2007)
92 http://www.presseportal.de/story.htx?nr=915969&firmaid=21085
    (1.5.2007)
93 Zitiert nach: Der Spiegel, 15.1.2007
94 FAZ, 12.1.2007
95 Süddeutsche Zeitung, 16.2.2004.
96 FS Arzneimittelindustrie e.V., Kodex für die Zusammenarbeit der
    pharmazeutischen Industrie mit Ärzten, Apothekern und anderen
    Angehörigen medizinischer Fachkreise. Neuauflage 2006, Berlin
    2006
97 Der Jahresbericht 2006 des FSA findet sich im Internet unter:
    http://www.fs-arzneimittelindustrie.de (1.5.2007)
98 Zitiert nach Financial Times Deutschland, 4.8.2005
99 Zitiert nach FAZ, 31.7.1997
100 Buko-Pharmabrief Nr. 7–8/1997, Internet: http://www.bukopharma.
    de/Pharma-Brief/PB-Archiv/1997/phbf9707-08.html (1.5.2007)
101 Auflistung in Text intern, 30.1.1998
102 Zitiert nach stern, 18.9.1997
103 Zitiert ebd.
104 Tageszeitung, 13.1.1998
105 Berliner Zeitung, 23.9.1995
106 Zitiert nach Der Tagesspiegel 7.10.1995
107 Zitiert nach Buko-Pharmabrief Nr. 7–8/1997 Internet: http://www.
    bukopharma.de/Pharma-Brief/PB-Archiv/1997/phbf9707-08.html
    (1.5.2007)
108 Ebd.
109 Rede von L. Hansen auf der Pressekonferenz zum Arzneiverord-
    nungsreport 2005 am 14.10.2005 in Berlin.
110 Zitiert nach stern, 17.8.2006
111 Zum Urteil des Bundessozialgerichts siehe http://lexetius.com/
    2006,2293 (1.5.2007)

112 «Me too»-Liste im Internet: http://www.kvno.de/importiert/metoo 2007.pdf (1.5.2007)

113 Zahlen gemäß ABDA-Statistik 2007 «Effektive Arzneimittelausgaben der GKV in Deutschland», Quelle: Apothekenrechenzentren

114 http://www.aerztlichepraxis.de/artikelpolitikarzneiversorgungarzneiverordungs-report1162217693.htm (1.5.2007)

115 Schwabe/Paffrath (2007), S. 11

116 Die Zeit, 12.6.2003, Tageszeitung, 7.7.2006

117 Zitiert nach Tageszeitung, 7.7.2006

118 Spiegel, 6.6.2005

119 Tageszeitung, 7.7.2006

120 Selbstdarstellung, zitiert nach http://www.arznei-telegramm.de/wir/ wir2.php3? (1.5.2007)

121 Ergänzte, überarbeitete und übersetzte Version des Editorials von Sackett, http://www.ebm-netzwerk.de/grundlagen/grundlagen/definitionen (1.5.2007)

122 Ebd.

123 Ebd.

124 Ebd.

125 EBM-Bewertungnoten für Studien (AHCPR-Categories for quality of evidence on which recommendations are made, Internet: www. payer.de/arztpatient/gesundheitsoekonomie02.htm (1.5.2007):
1a: evidence obtained from meta-analysis of randomized controlled trial
1b: evidence obtained from at least one randomized controlled trial
2a: evidence obtained from at least one well-designed controlled study without randomization
2b: evidence obtained from at least one other type of well-designed quasi-experimental study
3: evidence obtained from well-designed non-experimental studies (comparative, correlation or case studies)
4: evidence obtained from expert committee reports or opinions and/or clinical experiences of respected authors

126 www.cochrane.de/de/index.htm (1.5.2007)

127 www.g-ba.de/downloads/39-261-216/2004-12-21-Generalauftrag-IQWiG.pdf (1.5.2007)

128 www.iqwig.de/download/NutzenbewertungStatine.pdf (1.5.2007)

129 Michael Berger, Am Ende der Aufklärung steht das Goldene Kalb, GGW 2/2003 (April), 3. Jg., Internet: www.evibase.de/gastbeitraege/berger/dasgoldenelamm.pdf (1.5.2007)

130 IQWiG-Jahresbericht 2005, S. 12, Internet: www.iqwig.de/download/Jahresbericht2005.pdf (1.5.2007)

131 www.iqwig.de/kurzwirksame-insulinanaloga-bei-diabetes-typ-2.323.html (1.5.2007)

132 Ebd.

133 Schwabe/Paffrath (2007), S. 156 ff.

134 Kurt Langbein, in: T. Leif, R. Speth (2003): Die stille Macht. Lobbyismus in Deutschland, Wiesbaden

135 Interview mit Massaad in «Eltern for Family», 1.8.2005, S. 127

136 Zitiert nach der RBB-Sendung «Kontraste» vom 13.4.2006, Internet: www.rbb-online.de//kontraste/beitragjsp/key=rbbbeitrag4096437.html (1.5.2007)

137 www.zdf.de/ZDFde/inhalt/11/0,1872,3907563,00.html (1.5.2007)

138 Zitiert nach der RBB-Sendung «Kontraste» vom 13.4.2006, Internet: www.rbb-online.de//kontraste/beitragjsp/key=rbbbeitrag4096437.html (1.5.2007)

139 Zeitschrift PharmR (2006), Heft 4, S. 177–182

140 Zeitschrift Pharm.Ind. 67, Nr. 12, 1399–1412 (2005)

141 Zeitschrift GesPol (2005), Heft 3, S. 59–71

142 Die Dokumente der «Forschungsvorhaben des VdC» sind auf der Internetseite Legacy Tobaco Document Library der University of California zu finden. Internet: http://legacy.library.ucsf.edu/cgi/getdoc?tid=fot71f00&fmt=pdf&ref=results (1.5.2007)

143 www.g-ba.de/informationen/aktuell/pressemitteilungen/2/ (1.5.2007)

144 Ebd.

145 BPI-Pressemitteilung im Internet: www.presseportal.de/print.htx?nr=849859 (1.5.2007)

146 VFA-Pressemitteilung im Internet: www.vfa.de/de/presse/pressemitteilungen/pm0272006.html (1.5.2007)

147 Sanofi-Aventis-Pressemitteilung im Internet: www.sanofi-aventis.de/live/de/de/layout.jsp?cnt=BCC562B7-B31E-4134-BBAF-C853FC02A5E5 (1.5.2007)

148 Lilly-Pressemitteilung im Internet: www.lilly-pharma.de/Deutsch-land-im-Abseits-Rueckschritt-fuer-die-medizinisc.3176.0.html (1.5.2007)
149 Zitiert nach Süddeutsche Zeitung, 22.2.2006
150 Ebd.
151 BPI-Geschäftsbericht 2006, S. 40 f.
152 Stellungnahme des Bundesrates zum GKV-WSG, Drucksache 755/06 (Beschluss), S. 8
153 Ebd., S. 60
154 Schwabe/Paffrath (2007), S. 163
155 arznei-telegramm 11/2006, S. 103 f.
156 Zitiert nach Süddeutsche Zeitung, 19.9.2006
157 Zitate von Niebling und Funken in: Süddeutsche Zeitung, 19.9.2006
158 Zitiert nach Süddeutsche Zeitung, 12.10.2006
159 Zitiert nach Focus 43/2006, S. 96
160 K. D. Kossow, Kochens Krieg, in: Der Hausarzt 19/2006, S. 19
161 Zensur im Doppelpack, in: arznei-telegramm 11/2006, S. 103
162 Zitiert nach Focus 43/2006, S. 96
163 JAMA 2002; 287; 612.
164 Klaus Koch, Klinische Leitlinien: Die Pharmaindustrie schreibt mit, in: Deutsches Ärzteblatt, 15.2.2002
165 Ebd.
166 Süddeutsche Zeitung, 20.10.2005
167 Zitiert ebd.
168 Klaus Koch, Hormonersatztherapie: Das Ende einer Legende, in: Deutsches Ärzteblatt 26.7.2002
169 Focus, 14.10.2002
170 Peter Schönhöfer, Korrumpierung der Fachkreise durch das Pharmamarketing, Vortrag auf dem 6. Lüneburger Sicherheitsforum am 2.8.2005
171 Deutsches Ärzteblatt, 5.8.2002, Internet: www.aerzteblatt.de/v4/ar-chiv/artikel.asp?id=32512 (1.5.2007)
172 Zitiert nach Deutsches Ärzteblatt, 26.7.2002
173 Zitiert nach Deutsches Ärzteblatt, 5.8.2002
174 Ausriss-Faksimile der Patienteninformation, ebd. Eine ähnliche Mitteilung «Hormontherapie weiterhin sinnvoll?» von Teichmann vom

16.7.2002 findet sich im Internet unter: www.presseportal.de/story. htx?nr=365133&firmaid=44123 (1.5.2007)
175 Zitiert nach Deutsches Ärzteblatt, 5.8.2002
176 Deutsches Ärzteblatt, 4.10.2002
177 Focus, 14.10.2002
178 Ebd.
179 Deutsches Ärzteblatt, 4.10.2002
180 Peter Schönhöfer, Korrumpierung der Fachkreise durch das Pharmamarketing, Vortrag auf dem 6. Lüneburger Sicherheitsforum am 2.8.2005
181 Bittere Pillen (2005), S. 193
182 Peter Schönhöfer, Korrumpierung der Fachkreise durch das Pharmamarketing, Vortrag auf dem 6. Lüneburger Sicherheitsforum am 2.8.2005
183 arznei-telegramm 2004, Nr. 11, S. 127
184 Ebd.
185 Bittere Pillen (2005), S. 197
186 arznei-telegramm 2004, Nr. 11, S. 127
187 Der Spiegel, 8.11.2004
188 Zitiert ebd.
189 Ebd.
190 Zitiert nach Ärztezeitung, 29.3.2004
191 www.akdae.de/20/20/Archiv/2004/20041203.html (1.5.2007)
192 Peter Schönhöfer, Korrumpierung der Fachkreise durch das Pharmamarketing, Vortrag auf dem 6. Lüneburger Sicherheitsforum am 2.8.2005
193 Karen Dente, Big Pharma is watching you, in: Die Zeit, 6.4.2006
194 Anne Wilde Mathews, At Medical Journals, Writers Paid by Industry Play Big Role, in: Wall Street Journal, 13.12.2005, Internet: www.post-gazette.com/pg/05347/621668.stm (1.5.2007)
195 Ebd.
196 Zitiert ebd.
197 F. Davidoff u. a., Sponsorship, Authorship, and Accountability, in: New England Journal of Medicine, 13.9.2001, 345:825–827
198 P. C. Gøtzsche u. a., Ghost Authorship in Industry-Initiated Randomised Trials, in: PLoS Med Januar 2007, 4(1): e19

199 Deutsches Ärzteblatt, 16.1.2007

200 Fiona Godlee, Can we tame the monster?, in: BUJ 2006; 333 (7558)

201 Zitiert nach Deutsches Ärzteblatt, 16.1.2007

202 Epd-Medien vom 1.6.2005

203 Ebd.

204 Ebd.

205 Inhaltsangabe zu den einzelnen Folgen von «In aller Freundschaft» im Internet unter: www.mdr.de/in-aller-freundschaft/alle-folgen/ 129119.html (1.5.2007)

206 Epd-Medien, 17.9.2005 Nr. 73, S. 21

207 Ebd.

208 Langbein/Martin/Weiss (2005), S. 169, Scholz/Schwabe (2005), S. 668f., Schwabe/Paffrath (2007), S. 404

209 Epd-Medien 17.9.2005 Nr. 73, S. 19f.

210 Epd-Medien,1.6.2005

211 ManagerMagazin 11/2003, 1.11.2003

212 Ebd., s. a. Angell (2005), S. 128

213 Internet: www.novonordisk.de/documents/articlepage/document/Pat PresseMediaprize2007.asp (1.5.2007)

214 www.diabetesstiftung.de/pmedienpreis.html (1.5.2007)

215 www.astrazeneca.de/az/content/100klinische/020aktuell/010stud1/ index.jsp;jsessionid=C558E16C00884C12C4B255F9ADE7A58D (1.5.2007)

216 www.aids-stiftung.de/cgi-bin/WebObjects/aidsstiftung.woa/2/wa/ MediaContentWithId/1000950.pdf?wosid=WpO7FmohaOCIbJCO 8dLqbg (1.5.2007)

217 www.pfizer.ch/internet/de/home/pfizerauszeichnungen/journalis-tenpreis.html (1.5.2007)

218 Martina Keller, Geben und einnehmen, in: Die Zeit 21/2005, 19.5.2005

219 C. Gottschling, Wenn die Seele plötzlich irrt, in: Focus 30, 26.7.1999

220 BuKo-Pharmabrief März/April 2007, S. 3f.

221 Angell (2005), S. 101

222 Internet:www.lilly-pharma.de/index.php?id=3294&type=0 (1.5.2007)

223 Die Zeit, 30.11.2006

224 Ebd.

225 Internet: www.netzeitung.de/medien/262007.html (1.5.2007)

226 Laut Budget der KV Nordrhein 2007. Siehe im Internet die Euro-Beträge pro Arztgruppe und Quartal: www.kvno.de/mitglieder/arznmitl/amrigr07/anlab2007.html (1.5.2007)

227 Schwabe / Paffrath (2007), S. 428 f.

228 www.gesetze-im-internet.de/sgb5/115c.html (1.5.2007)

229 T. Kaiser u. a., Sind die Aussagen medizinischer Werbeprospekte korrekt?, in: arznei-telegramm 2/2004, S. 21–23

230 Ebd., S. 22

231 Ebd., S. 23

232 Zitiert nach Berliner Zeitung, 26.1.2007

233 Zitiert nach Buko-Pharmabrief Spezial 1/2006, S. 17

234 Magnus Heier, Der Pharmareferent lässt grüßen, in: Frankfurter Allgemeine Sonntagszeitung vom 21.11.2004, S. 67

235 JAMA 2000, 283, 373–380

236 Niedersächsisches Ärzteblatt 1/2007, S. 54

237 Zitiert nach Die Presse, 30.5.2006

238 Deutsches Ärzteblatt, 26.1.2007

239 BMJ 2003; 326, 1352

240 Martina Keller, Rebellion im Krankenzimmer, Deutschlandfunk, 28.4.2006, Internet: www.dradio.de/dlf/sendungen/dossier/479955/ (1.5.2007)

241 www.mezis.de, www.nofreelunch.org (1.5.2007)

242 Zitiert nach www.mezis.de (1.5.2007)

243 Zitiert nach Tagesspiegel, 4.1.2007

244 Dieter Petzold, Das kranke Deutschland, Frankfurt 2006

245 Forbes-Liste der deutschen Milliardäre. Internet: www.spiegel.de/ wirtschaft/0,1518,470800,00.html (1.5.2007)

246 Dies sind Ergebnisse einer Datenerhebung der Firma Medimed unter mehreren tausend Ärzten, über die die Zeitschrift «Generika» berichtete. Generika Heft 1/2004.

247 Deutsche Ärztezeitung, 23.1.2007

248 Zitiert nach www.tagesschau.de/aktuell/meldungen/0,1185,OID378 6328TYP6THENAVREF1BAB,00.html (1.5.2007)

249 www1.ratiopharm.com/de/de/pub/pressecenter/presscenterdeutsch-

land.cfm?fuseaction=output.detailspage&cid=439&oid=3727&sid=1 (1.5.2007)

250 Zitiert nach FAZ, 18.11.2006

251 Rede von Philipp Daniel Merckle, zitiert nach der Ratiopharm-Mitarbeiterzeitung «Pharmer» 1/2006

252 Zitiert nach «Pharmer» 3/2006, S. 2

253 Kleine Zeitung (Österreich), 10.1.2007

254 Ganzseitige Anzeige in: Bunte 49/2006

255 Horizont, 7.12.2006, S. 60

256 Zitiert nach FAZ, 14.12.2005

257 Pragal, NStZ 2005, S. 133 ff.

258 Pressemitteilung der Techniker Krankenkasse vom 27.10.2006

259 Zitiert nach Frankfurter Allgemeine Sonntagszeitung, 21.11.2004

260 Zitiert nach Süddeutsche Zeitung, 15.3.2002

261 M. Andersen u. a., How Conducting a Clinical Trial Affects Physicans' Guideline Adherence and Drug Preferences, in: JAMA Juni 21, 2006, 295, S. 2759–2764

262 Berechnungen nach Schwabe/Paffrath (2007), S. 156–167

263 Transparenzmängel, Korruption und Betrug im deutschen Gesundheitswesen. Grundsatzpapier von Transparency Deutschland. Stand August 2005, S. 27 f. Internet: www.transparency.de/uploads/media/GesundheitspapierVersion05.pdf (1.5.2007)

264 Wolf-Dieter Ludwig, Interaktion zwischen Arzt und pharmazeutischer Industrie: Wege zu mehr Transparenz und Glaubwürdigkeit, Vortrag auf dem 6. Lüneburger Sicherheitsforum für die Wirtschaft am 2.8.2005

265 Die VFA-Unternehmen haben angekündigt, ihre Anwendungsbeobachtungen seit 1.5.2007 entweder auf www.clinicaltrials.gov oder unter www.vfa.de/nis registrieren zu lassen

266 Zitiert nach Süddeutsche Zeitung, 15.3.2002

267 Zitiert nach Frankfurter Allgemeine Sonntagszeitung, 21.11.2004

268 arznei-telegramm 9/1998, S. 82

269 Zitiert nach Süddeutsche Zeitung, 15.3.2002

270 Zeitschrift Arzneiverordnung in der Praxis (AVP), Ausgabe 2/2002, S. 20

271 Wolf-Dieter Ludwig, Interaktion zwischen Arzt und pharmazeuti-

scher Industrie: Wege zu mehr Transparenz und Glaubwürdigkeit, Vortrag auf dem 6. Lüneburger Sicherheitsforum für die Wirtschaft am 2.8.2005

272 Zitiert nach Stern 34/2006 vom 17.8.2006, S. 92ff.

273 Zitiert nach «Hessische Niedersächsische Allgemeine» (HNA) vom 4.11.2006

274 Ebd.

275 Keller (2005)

276 Internet: www.nakos.de/site/foerderung/zahlen/krankenkassen/ (1.5.2007)

277 Im Jahr 2000 gaben die Kassen erst 9,6 Millionen Euro für die Selbsthilfe aus

278 Interview in Berliner Zeitung, 26.1.2007, S. 13

279 Martina Keller, Patient gesucht, in: Die Zeit 51/2006, 14.12.2006

280 Interview in Tagesspiegel, 4.1.2007, S. 29

281 Interview in Berliner Zeitung, 26.1.2007, S. 13

282 A. Herxheimer, Relationships between the pharmaceutical industry and patients' organisations, in: BMJ 2003; 326; 1208–1210

283 Programm der Tagung im Internet unter: http://downloads.brain-guide.com/events/PDF/e12621.pdf (1.5.2007)

284 «Patienten als Zielgruppe im Pharmabusiness», Internet: www.coll-pharm.de/default.aspx?id=2&control=programmvorschaucp (1.5.2007)

285 Die Tageszeitung, 15.6.2006, Internet: www.taz.de/pt/2006/06/15/a0180.1/text (6.4.2007)

286 Schwabe/Paffrath (2007), S. 1010

287 www.dmsg.de/dmsg-bundesverband/index.php?kategorie=wirueber uns (1.5.2007)

288 Erika Feyerabend, Problematische Partnerschaften. Selbsthilfegruppen und Pharmaindustrie, in: «Dr. Med. Mabuse» Nr. 154, März/April 2005, S. 58

289 Zitiert nach ARD-Magazin Panorama vom 27.10.2005, Internet: http://daserste.ndr.de/container/file/tcid-2847874.pdf (6.4.2007)

290 www.dmsg.de/foren/index.php?kategorie=msforen&tnr=8&mnr=29922&beitragnr=29922&aktposnav=0&threadaktposnav=416&threadshowtheme=&archivflag=2&print=1 (1.5.2007)

291 Schwabe/Paffrath (2007), S. 666

292 Keller (2005)

293 Keller (2005)

294 Keller (2005)

295 Transparency International Deutschland, Transparenzmängel, Korruption und Betrug im deutschen Gesundheitswesen. Kontrolle und Prävention als gesellschaftliche Aufgabe, 2005, S. 61

296 Tageszeitung (taz) 15.6.2006, Internet: www.taz.de/pt/2006/06/15/a0180.1/text (1.5.2007)

297 Zitiert nach Keller (2005)

298 Apothekenverkaufspreis nach Gelbe Liste vom 6.4.2007

299 Hamburger Abendblatt, 21.2.2007, S. 33

300 Scholz/Schwabe (2005), S. 867

301 www.mamazone.de/05faq/faq0042.html (1.5.2007)

302 Zitiert nach Keller (2005)

303 Selbstdarstellung im Internet: www.parkinson-vereinigung.de/?pg=beiraete (1.5.2007)

304 Ärzte Zeitung, 9.9.2005, und Deutsches Ärzteblatt 102, 47, 25.11.2005

305 Schwabe/Paffrath (2007), S. 89

306 Zitiert nach Gerd Glaeske, «Studienergebnisse – Selbsthilfe und Pharmaindustrie», Vortrag auf dem Workshop der Techniker Krankenkasse zum Thema «Selbsthilfe in der Umklammerung von Interessensgruppen» am 31.1.2007 in Hamburg

307 Angell (2005), S. 241

308 Internet: www.nofreelunch.org (1.5.2007)

309 Internet: www.akdae.de/40/index.html (1.5.2007)

310 Zitiert nach Der Spiegel 52/1983, 26.12.1983

311 Stiftung Warentest, Die andere Medizin. «Alternative» Heilmethoden für Sie bewertet, Berlin 2005, S. 163

312 Die Deutsche Homöopathie-Union (DHU) hatte gegen das Buch geklagt und vor dem Landgericht Hamburg im Januar 2006 sogar eine einstweilige Verfügung erwirkt. Hintergrund war, dass den Verfassern des Buches ein Fehler unterlaufen war bei der Bewertung eines homöopathischen Heuschnupfenmittels. Danach wurde in dem Buchtext ein Satz geändert, und das Werk ist seitdem wieder erhält-

lich. An dem Gesamturteil über die Homöopathie hat sich nach Angaben der Stiftung Warentest dagegen nichts verändert
313 Internetwww.g-ba.de/informationen/patienteninformationen/patienteninformationen/ (1.5.2007)
314 «Gute Pillen – Schlechte Pillen» Nr. 1 / 2005, S. 1

Literaturverzeichnis

M. Angell (2005), Der Pharma-Bluff. Wie innovativ die Pillenindustrie wirklich ist, Bonn / Bad Homburg.

G. Glaeske, K. Janhsen (2006), GEK-Arzneimittel-Report 2006. Auswertungsergebnisse der GEK-Arzneimitteldaten aus den Jahren 2004–2005, Bremen, Schwäbisch Gmünd.

M. Grill (2006), Das Pharma-Duell, in: Stern 25 / 2006, S. 114 ff.

M. Grill (2005), Der Pharma-Skandal, in: Stern 46 / 2005, S. 228 ff.

M. Grill (2007), Die Schein-Forscher, in: Stern 5 / 2007, S. 108 ff.

M. Keller (2005), Geben und Einnehmen, in: Die Zeit 21 / 2005, S. 17 ff.

K. Langbein, H.-P. Martin, H. Weiss (2005), Bittere Pillen. Nutzen und Risiken der Arzneimittel. Ein kritischer Ratgeber. Überarbeitete Neuausgabe 2005–2007, Köln.

H. Neukirchen (2005), Der Pharma-Report. Das große Geschäft mit unserer Gesundheit, München.

O. Pragal (2006), Die Korruption innerhalb des privaten Sektors und ihre strafrechtliche Kontrolle durch § 299 StGB. Erscheinungsformen, Rechtsgut, Tatbestandsauslegung und ein Reformvorschlag, Hamburg (= Schriften der Bucerius Law School, Band II/6).

H. Scholz, U. Schwabe (2005), Taschenbuch der Arzneibehandlung. Angewandte Pharmakologie, Berlin, Heidelberg.

U. Schwabe, D. Paffrath (2006), Arzneiverordnungsreport 2005. Aktuelle Daten, Kosten, Trends und Kommentare, Heidelberg.

U. Schwabe, D. Paffrath (2007), Arzneiverordnungsreport 2006. Aktuelle Daten, Kosten, Trends und Kommentare, Heidelberg.

Transparency International (2006), Jahrbuch Korruption 2006. Schwerpunkt: Gesundheitswesen, Berlin.

Danksagung

Einer Legende nach entsteht Fortschritt dadurch, dass Zwerge auf den Schultern von Riesen stehen und somit ein wenig weiter sehen als die Riesen selbst. Auch dieses Buch wäre nicht möglich gewesen ohne die Bücher und Arbeiten von anderen. Entscheidende Einsichten verdanke ich der früheren Herausgeberin der Fachzeitschrift «New England Journal of Medicine», Marcia Angell, dem Leiter des Instituts für Qualität und Wirtschaftlichkeit im Gesundheitswesen, Prof. Dr. Peter T. Sawicki, sowie den Pharmakologen Prof. Dr. Ulrich Schwabe von der Universität Heidelberg und Prof. Dr. Peter Schönhöfer aus Bremen. Für das Kapitel über die Pharma-Schleichwerbung in der ARD bin ich dem Kollegen Volker Lilienthal von epd-Medien zu Dank verpflichtet, für gesundheitsökonomische Überlegungen Prof. Dr. Gerd Glaeske vom Zentrum für Sozialpolitik an der Uni Bremen.

Danken möchte ich vor allem aber auch jenen Ärzten, Apothekern, Pharmareferenten und Pharmamanagern, die mir zum Teil seit Jahren bereitwillig Auskunft erteilen und mich auf dem Laufenden halten – auch wenn sie ihren Namen aus Angst vor Konsequenzen lieber nicht in diesem Buch lesen wollen.

Dem «stern» danke ich, dass er seine Journalisten nach wie vor zu investigativen Geschichten ermuntert, ihnen die nötige Zeit und Ressourcen gewährt, und das in einer Phase, in der sich immer weniger Medien fundierte Recherchen leisten. Nur auf diesem Fundament konnte ich in den vergangenen zwei Jahren bereits mehrere Pharma-Geschichten recherchieren und schreiben.

Ganz herzlich danke ich dem Medizinredakteur beim IQWiG, Klaus Koch, und Professor Ulrich Schwabe dafür, dass sie als Fachleute bereit waren, das Manuskript zu lesen – sollten sich dennoch Fehler eingeschlichen haben, gehen sie selbstverständlich auf mein Konto. Julia Verrath vom Rowohlt Verlag danke ich für die stets angenehme und engagierte Zusammenarbeit.

Am allermeisten aber danke ich meiner Frau Karin Dohr. Sie war nicht nur die erste und besonders kritische Leserin des Buchs, sondern hat durch ihre anhaltende Neugier und ihr Staunen über die Machenschaften der Pharmaindustrie mich immer wieder ermuntert, weiterzuschreiben und gleichzeitig die wesentlichen Dinge nicht aus den Augen zu verlieren.